AF294085

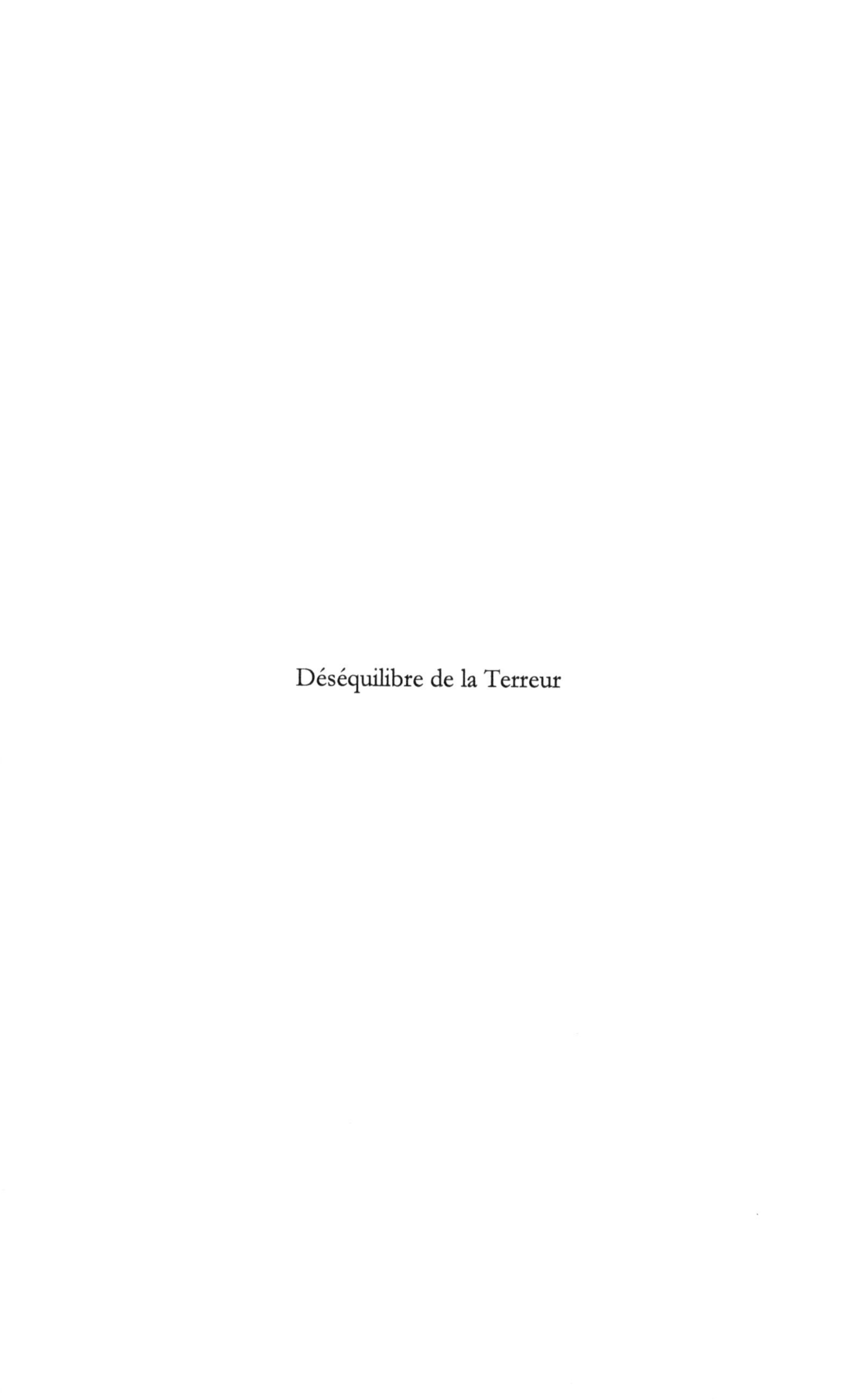

Déséquilibre de la Terreur

Patrick Pascal

Ancien Ambassadeur

Déséquilibre de la Terreur

Géopolitique actuelle

JDH Éditions

Décryptages

« *Cette entreprise de la monarchie universelle, le plus grand fléau dont l'espèce humaine puisse être menacée, et la cause assurée de la guerre éternelle.* »

(Germaine de Staël, *Dix années d'exil*)

« *Je suis Cyrus qui ai conquis pour les Perses cet empire. Ne m'envie pas l'infime poignée de terre qui recouvre ce sol.* »

(Épitaphe du tombeau de Cyrus à Pasargades)

Préface

Le monde nouveau et celui de Hobbes

La guerre en Ukraine, à partir du 24 février 2022, a éclaté comme un coup de tonnerre sur l'ensemble d'un continent européen qui croyait jusque-là à une paix durable favorisant, malgré les complexités et un élargissement posant problème, la construction européenne. La secousse, d'ordre tellurique, s'est répandue comme une onde de choc que rien ne pouvait endiguer pour produire à tout le moins des effets mondialisés, sinon faire redouter la perspective d'une conflagration à l'échelle de la planète.

Quelles que soient les raisons, les justifications, les spécificités aussi de ce conflit majeur par rapport à d'autres foyers de crise, car impliquant directement une grande puissance nucléaire, un État souverain d'une quarantaine de millions d'habitants a été l'objet d'une guerre de haute intensité sur le continent européen ; cette guerre a connu une ampleur inégalée depuis le Second Conflit mondial ; les principes fondamentaux de la Charte de l'ONU ont été violés ; les problèmes de l'Europe s'en sont trouvés accrus ; les conséquences économiques s'en sont fait sentir à l'échelle des continents, y compris dans les pays du Sud où l'approvisionnement alimentaire notamment a été perturbé par les entraves aux flux d'approvisionnements maritimes à travers la mer Noire ; la force primant le droit de manière tumultueuse, des effets durables sont susceptibles aussi par entraînement et mimétisme de rejaillir dans d'autres zones de tension, qu'il s'agisse du Proche et Moyen-Orient ou encore du détroit de Taïwan.

Dès lors, le système international bâti depuis 1945, notamment dans le cadre de l'ONU, paraît désorganisé, sinon en lambeaux. À la dérégulation économique qui a accompagné au cours des dernières décennies un processus de globalisation des échanges – dont toutes les réalisations n'ont pas été négatives – a succédé une remise en cause des règles de fonctionnement du système international ; le droit et la diplomatie ont ainsi été relégués au second plan. Ce caractère instable de ce que l'on ne peut nommer aujourd'hui qu'avec hésitation la « société internationale » a même contaminé la sphère nucléaire militaire. Pourtant, un équilibre, celui dit « de la terreur », s'était instauré après la crise des missiles de Cuba en 1962, garantissant une prévisibilité et un minimum de stabilité dans les rapports entre les plus grandes puissances.

Au cours de la guerre en Ukraine, des déclarations de nature subliminale et parfois bien plus explicites ont été formulées à plusieurs reprises au sujet de l'usage éventuel d'armes nucléaires. Ces menaces n'ont suscité aucune formulation reconventionnelle du côté occidental malgré l'assurance de « graves conséquences » ; la destruction de l'armée russe ou encore de celle de la flotte russe de la mer Noire a ainsi parfois été évoquée. Ne s'agit-il pas dès lors d'un début d'effritement de la dissuasion sur le continent européen ? En effet, sur ce théâtre, il y aurait ceux qui annoncent ce qu'ils pourraient faire et ceux qui disent clairement ce qu'ils ne feraient pas dans tel ou tel cas de figure.

De telles entorses à la « grammaire » de la dissuasion révèlent sans ambages que l'Ukraine que nous avons soutenue ne fait cependant pas partie de nos « intérêts vitaux ». On est bien loin des propos du général de Gaulle à un interlocuteur soviétique : « *Eh bien, Monsieur l'Ambassadeur, nous mourrons ensemble !* ».

Nous ne sommes plus dès lors dans « l'équilibre de la terreur » qui, de manière paradoxale, avait apporté de la stabilité au système international, mais plutôt dans un « déséquilibre » à partir du moment où un État nucléaire affronte un État non doté. Le discours de la Russie – et sa pratique même de la guerre depuis le début du conflit – est d'ailleurs celui de la terreur.

S'il faut toujours parier sur la rationalité des acteurs dotés de l'arme nucléaire – et il semble d'ailleurs que les Américains et les Russes n'aient jamais cessé leur dialogue sur ces questions sensibles – la volatilité de la situation internationale actuelle ne peut que nous conduire à repenser aux tortures mentales du Dr. Oppenheimer. Non, Hiroshima et Nagasaki n'auront pas donné la garantie d'avoir été un moment ultime, mais partager le cauchemar du physicien américain est finalement salutaire et devrait nous ramener à une conception plus classique de la dissuasion.

Ce nouveau « Déséquilibre de la Terreur » ne se limite pas au monde de la stratégie militaire. Dans la mesure où nombre de positions actuelles sont présentées, fût-ce de façon artificielle et au service d'un certain narratif, comme l'opposition d'ensembles (Orient-Occident), de systèmes (autocraties et démocraties) au terme de la mutation des blocs de la guerre froide, l'évolution interne des sociétés mérite aussi un examen plus avant ; ce dernier peut être abordé sous l'angle des héritages historiques, des rapports entre la politique et le droit ou encore de l'importance du facteur religieux qu'il ne faut pas confondre avec la spiritualité.

Le projet russe en Ukraine s'est inscrit dans une tradition de type impérial visant à la restauration de l'influence sinon à la domination de nouvelles terres. Si tel fut bien le cas, l'usage de la force, tel qu'il sied au tsar, n'a pas eu l'effet de repoussoir interne que l'on pourrait l'imaginer, mais au contraire a pu conduire à un renforcement de la légitimité. Sur le plan international, il est clair que le président russe, plutôt que de séduire, préfère être craint. Cette analyse du mode de gouvernance appliqué à une autocratie peut aussi être transposée aux sociétés de l'Ouest où il faut naturellement tenir compte d'une grande diversité. Non seulement le phénomène des populismes retient alors notre attention mais aussi plus globalement l'évolution de démocraties où, sous l'effet de la guerre après la pandémie, le discours s'est radicalisé afin de contenir, le cas échéant, les oppositions de plus en plus centrifuges. Au phénomène de la guerre et de la crispation interne de certaines sociétés, il faudrait ajouter une analyse des menaces transnationales devenues déjà des périls bien réels, qu'il s'agisse des flux migratoires incontrôlés, du terrorisme ou même de l'atteinte aux libertés sous l'effet de nouvelles technologies échappant à toute régulation.

Face à ces crises et ces problèmes, y a-t-il d'ailleurs encore un système international ? Telle est la question posée alors que le Conseil de sécurité de l'ONU est désormais paralysé. Le monde de la guerre froide s'est achevé en 1990/1991 avec la décomposition de l'Union soviétique et à la suite de la première guerre du Golfe en janvier 1991 ; il a donné lieu à un « Nouvel ordre international », en réalité dominé par les États-Unis, mais où la coopération multilatérale entre les puissances n'était pas absente. On assiste aujourd'hui à l'affirmation d'un monde multipolaire qu'il ne faut pas confondre avec les pratiques multilatérales.

Le monde paraît être revenu aujourd'hui à un état de nature, tel que décrit par Thomas Hobbes au XVIIe siècle dans le *Léviathan*, où la force prime le droit ; le monde est moins unipolaire que celui dénoncé par le président Poutine dans son fameux discours de 2007 à la *Wehrkunde* de Munich ; pour l'Europe, le concept d'autonomie stratégique peine à progresser mais il pourrait être favorisé par les circonstances ; l'opposition Orient-Occident n'est pas la réalité que voudraient imposer certains narratifs, car les relations internationales sont devenues plus volatiles et les alliances sont sectorielles et finalement « à la carte » ; dès lors, il est difficile d'envisager de véritables blocs.

Mais notre Monde nouveau – qui s'apparente finalement à celui de Hobbes – apparaît être un système en voie de déstructuration et aussi de recomposition. La menace nucléaire, impensable au cours de la guerre froide, à l'exception de la crise des missiles de Cuba en 1962, révèle une situation pouvant être caractérisée « d'infra-nucléaire ». Les craquements qui se font entendre partout ne peuvent être ignorés ; en Ukraine, nous ne défendons pas la démocratie ou la civilisation occidentale, mais le droit, fondement d'un minimum d'ordre international. Comme à l'époque de Hobbes, il faudra bien restaurer une forme de contrat social à l'échelle de l'Humanité tout entière.

Qu'il s'agisse des belligérants, de ceux qui les assistent ou de plus lointains observateurs, le thème de la guerre est devenu omniprésent, obsédant même, amplifié par de puissants médias. Des chefs militaires viennent s'y exprimer, enfreignant le principe autrefois intangible selon lequel l'armée devait rester une « *grande muette* » dans une république et demeurer toujours soumise au pouvoir civil. Les comparaisons historiques fleurissent, le Donbass et les Sudètes s'emmêlent, évoquer de nécessaires négociations expose à la dénonciation d'un pacifisme suspect, à l'insulte se voulant suprême d'une référence à Munich en 1938 et même à l'accusation de « lâcheté » ; Nasser fut un temps comparé à Hitler par un chef de gouvernement français va-t-en-guerre lors de la crise de Suez en 1956, et Poutine serait devenu le nouvel Hitler de l'ère nucléaire. Accablés dans un tel climat, les peuples même encore libres ne se voient plus offrir d'autre issue que l'envoi de leurs enfants dans des « *troupes au sol* », sur toile de fond d'une invasion de l'Europe et d'une possible Troisième Guerre mondiale.

Ce délire collectif fait oublier d'autres menaces à l'échelle mondiale et qui requièrent la coopération de tous, à propos du réchauffement climatique, véritable bombe à retardement d'une capacité de destruction incomparable, du sous-développement, des migrations incontrôlées ou encore de la prolifération nucléaire. Dès lors, évoquer la diplomatie sans apriori et le dialogue n'est pas de la faiblesse, mais l'expression d'un haut sens des responsabilités. Cela vaut pour l'Ukraine, comme pour tous les conflits de la planète.

La diplomatie peut se développer en soutien de la guerre, comme l'a montré avec un talent indéniable Sergueï Lavrov dans la mobilisation discrète mais redoutablement efficace d'un « Sud global », mais elle peut aussi permettre d'éviter l'irréparable, comme a tenté un temps d'y parvenir le secrétaire d'État Antony Blinken avec ses navettes au Proche-Orient. Mais que ferions-nous demain face à un Iran nucléaire et une Corée du Nord qui ne serait plus sous une double tutelle russe et chinoise ? De qui avons-nous d'ores et déjà besoin pour conjurer de tels périls ?

C'est à ces graves questions qu'il nous faut nous efforcer de répondre. Et ces interrogations requièrent une réflexion sans apriori sur l'état du monde ainsi qu'une mise en perspective. Il faut s'efforcer de substituer à l'analyse du temps court et aux réactions épidermiques, qui prévalent bien souvent aujourd'hui, l'examen de séquences plus longues. Celles-ci doivent être à la dimension de l'Histoire, comme la survivance de l'univers mental de Hobbes, plusieurs siècles après, est là pour nous le rappeler.

1

La diplomatie et ses outils

Y a-t-il encore une place pour la diplomatie ? La diplomatie procède à partir de réalités et d'intérêts tangibles ; elle met en cause des vies humaines. Elle est pluridisciplinaire et doit réunir un grand nombre de spécialités : le droit, l'Histoire, la géographie, l'économie, la stratégie militaire, des matières technologiques, des langues étrangères, etc. La liste n'est pas limitative. Elle procède à partir de ces composantes de manière parfois même artisanale. C'est la valeur ajoutée du diplomate. Elle ne doit jamais oublier, malgré parfois sa visibilité réduite, car elle est plus généralement discrète, sinon secrète, qu'elle n'est que la « superstructure » d'un monde qui vit, survit, se débat, se défend et le plus souvent souffre. Le système international est par définition évolutif et ne se stabilise, quand il y parvient, que pour des périodes limitées dans le temps à l'échelle de l'Histoire. Le diplomate devra donc faire face tous azimuts, en 2024 et sans doute bien au-delà, aux défis anciens du Monde nouveau.

L'outil diplomatique : l'économie générale de la réforme du Quai d'Orsay

En catimini, entre les deux tours de la dernière élection présidentielle française, a été publié au *Journal officiel* le décret réformant par ordonnance le recrutement des diplomates du Quai d'Orsay. Au grand jour, il importe aujourd'hui, sans vouloir aucunement interférer dans des débats de politique intérieure, de retracer l'évolution d'une grande institution et de s'interroger sur cette importante réforme.

La suppression de deux corps du ministère – celui des ministres plénipotentiaires et celui des conseillers des Affaires étrangères – s'est inscrite dans une refonte d'ensemble de la haute fonction publique voulue par l'Exécutif. L'extinction du corps diplomatique a fait suite à la disparition du corps préfectoral et à la transformation de l'ENA en Institut national du service public. À l'évidence, la réforme du Quai a été déterminée par le souhait d'une administration publique commune, de mutations rapides des agents de l'État et de leur inter-changeabilité, tous changements censés être les garants d'une modernité.

Concrètement, les personnels du cadre « A », c'est-à-dire l'échelon supérieur – qui représentaient alors environ 700 personnes – devaient rejoindre d'ici 2023 le nouveau « corps des Administrateurs de l'État ». L'annonce de ces changements radicaux et de la disparition de toute perspective de carrière dans la diplomatie a suscité de nombreuses critiques dans la classe politique au nom d'une « compétence » qu'il faudrait préserver et du refus de nominations de « complaisance ». Les personnels, tous syndicats confondus, ont annoncé une grève – la deuxième depuis celle de 2003 concernant le problème des rémunérations. Mais l'on a assez peu entendu les principales figures du Quai d'Orsay lui-même.

Le message principal de la réforme semble avoir été celui de la nécessaire « adaptation » en lieu et place de la « connaissance » et de « l'expertise ». Mais l'on peut considérer que c'est précisément la possession de ces dernières qualités qui facilite la flexibilité des agents, si elles n'en sont pas même la condition sine qua non. Imagine-t-on un fonctionnaire du corps préfectoral ou de l'administration des impôts rapidement et pleinement opérationnel dans une représentation diplomatique ou consulaire à Shanghai, Saint-Pétersbourg ou Riyad ?

La réforme est intervenue au terme d'une longue période de vaches maigres, étalée sur plusieurs dizaines d'années, où les effectifs et les moyens ont été beaucoup réduits. Il faut désormais revenir sur une évolution qui s'est déroulée parallèlement, à la fois cause et conséquence d'une diplomatie moins profilée, affectant un réseau diplomatique qui fut quantitativement et par l'implantation le deuxième puis le troisième au monde après celui des États-Unis et de la Chine.

L'expression « corps diplomatique » est trompeuse car elle sous-entend par elle-même un certain corporatisme, une fermeture du corps sur lui-même, sentiment renforcé par la relative méconnaissance du travail des agents diplomatiques et consulaires, voire de leurs rémunérations et de leur retraite. Il est possible que le Quai d'Orsay, pour n'avoir pas assez communiqué sur ces divers aspects, porte une part de responsabilité dans cette grande méconnaissance. On peut tout de même espérer, étant entendu que les clichés ont la vie dure, que l'opinion publique ne s'en tienne plus à la « diplomatie de la tasse de thé » ou aux chocolats d'une grande marque servis aux réceptions de l'ambassadeur ainsi que la publicité les ont popularisés.

En réalité, la diplomatie n'est pas un métier, mais plusieurs métiers très éloignés les uns des autres que les agents du Quai d'Orsay exercent en alternance tout au long de leur carrière. Il n'y a rien de commun en effet entre une affectation dans un poste bilatéral à Berlin-Est au cœur de la guerre froide – où il s'agit avant tout dans un relatif enfermement de produire des analyses pour le « Département » comme l'on dit, c'est-à-dire la maison mère – l'exercice de la diplomatie publique à New York, aux Nations Unies, à l'Assemblée générale et au Conseil de sécurité, et la protection des communautés françaises expatriées dans des pays en guerre ou encore menacés par des risques sismiques, au Proche-Orient, en Asie centrale ou aujourd'hui en Ukraine. Découvrir la supposée nécessité de l'adaptation équivaut à vouloir inventer la poudre.

La diplomatie, qui consiste principalement à informer son gouvernement, négocier en son nom et représenter son pays, nécessite une approche « culturelle » qui ne s'improvise pas. Elle est souvent devenue plus technocratique, notamment dans les enceintes multilatérales à Bruxelles, New York, Genève ou Vienne, mais elle n'est pas que cela. Le Quai d'Orsay pouvait se targuer de disposer par exemple d'un corps d'arabisants remarquables dont la spécialisation, notamment linguistique, et la longue fréquentation de cultures et histoires spécifiques ont souvent fait la différence. N'ayons pas peur de le dire, sans la vanité quelque peu infantile du premier élève de la classe – car ce n'est pas le rang qui compte mais ce qu'il permet d'accomplir – la diplomatie française au Proche et Moyen-Orient fut incomparable. Un tel outil ne nous fait-il pas actuellement cruellement défaut ?

Si l'objectif est aujourd'hui « d'ouvrir » le Quai d'Orsay à des profils et milieux diversifiés, constatons que cela est réalisé depuis bien longtemps. L'aspect le plus visible pour l'opinion est la nomination de personnalités extérieures aux fonctions de chefs de poste qui a commencé avec l'élection de François Mitterrand en 1981. Un chef d'entreprise fut ainsi nommé à Washington, un homme des médias et de la culture à Copenhague, un dirigeant du Parti socialiste à Rome et la liste n'est pas exhaustive. Ce changement, qui a permis d'insuffler un air extérieur, s'est généralement révélé positif et il n'a pas été fortement contesté car il n'a jamais atteint l'ampleur du *spoil system* à l'américaine. Tout est question de proportion et de qualité, et le processus s'est poursuivi en dépit de l'alternance politique.

Le Quai d'Orsay était une maison plutôt accueillante et elle était d'autant moins une tour d'ivoire que ses agents titulaires pouvaient aussi en sortir. Ils y sont d'ailleurs encouragés afin d'enrichir leur parcours pour le plus grand bénéfice de la collectivité. C'est ce que l'on a appelé la « mobilité », laquelle se pratique sous forme de détachement (NB : affectation dans une autre administration ou dans une entreprise publique), de mise à disposition financée par l'administration d'origine (par exemple auprès de l'Institut du Monde arabe en qualité de directeur du cabinet de son président) ou par le biais de la mise en disponibilité – dont le maximum légal est de dix ans – dans un organisme ou une entreprise privés qui prennent alors en charge la rémunération. La mobilité dans le secteur privé est mise en œuvre, au regard des questions de déontologie, sous le contrôle d'une commission spécialisée de Bercy. Un agent ne peut ainsi être recruté par une entreprise privée dont il aurait eu préalablement à connaître dans l'exercice de ses fonctions au service de l'État. De la même façon, sont aussi « encadrées » les activités dans le secteur privé des anciens chefs de postes diplomatiques pendant les trois années après le début de leur retraite de l'Administration. Ajoutons, au même registre, que le patrimoine des ambassadeurs en activité est soumis à une déclaration obligatoire, prévue par la loi, auprès de la Haute Autorité de la Transparence.

De plus, il convient de rappeler que les diplomates, en particulier les ambassadeurs, représentent non seulement le président de la République, qui les nomme par décret pris en Conseil des ministres, mais aussi l'ensemble du gouvernement et des administrations de l'État. Les délégations pour la session ordinaire de l'Assemblée générale de l'ONU comprennent depuis déjà une quarantaine d'années des parlementaires de diverses formations politiques ainsi que des syndicalistes. Dans les grands postes par la taille, diverses administrations ont des représentants, à commencer par Bercy et la Défense. À titre d'exemple, les réunions hebdomadaires des chefs de service à Londres réunissent plusieurs dizaines de personnes venues de tous horizons (cf. Attaché maritime, fiscal, judiciaire, etc.). Ce n'est pas maintenant que les agents du Quai vont découvrir la diversité administrative.

Spirales ascendantes et descendantes

La suppression du corps diplomatique n'est finalement pas une invention *ex nihilo* mais l'aboutissement d'une évolution. Le monde changeant, il est normal que le Quai d'Orsay évolue également et c'est ce qu'il a fait pendant bien des années. Outre l'évolution technocratique, le ministère a évolué dans sa composition sociologique. Le recrutement par la voie de l'ENA à partir de la réforme de Michel Debré a été un net progrès par rapport à la sélection directe par cooptation qui avait caractérisé les Républiques précédentes.
Les concours dits « d'Orient » du Quai, qui font appel non seulement à des compétences linguistiques particulières et « rares » mais aussi à la maîtrise de matières générales – ce qui fait du concours l'un des plus longs de la fonction publique – ont conforté cette évolution sociologique du corps diplomatique. Si l'ENA a assuré en effet l'unité républicaine du recrutement de la haute fonction publique, l'École n'a pas assez permis la promotion de couches sociales modestes. À l'Institut des Langues orientales (INALCO), en revanche, des étudiants venus de tous horizons et passionnés par des langues et cultures diverses ont pu y découvrir une vocation pour les Affaires étrangères et se tourner vers les concours que cette ad-

ministration offrait. La suppression des concours d'Orient conduirait plutôt à une régression sociale.

Réforme ou pas réforme, dans un monde de plus en plus complexe où les États se sont affaiblis, il en est aussi résulté l'affadissement du discours de politique étrangère. Le déplacement graduel vers Bruxelles du centre de gravité des nations européennes a aussi joué son rôle. Le temps n'est plus où Maurice Couve de Murville, ministre des Affaires étrangères du général de Gaulle, pouvait dire : « *La France ne parle qu'une fois.* » À la fin des années 70, le président Giscard d'Estaing exprimait encore lors de la session spéciale de l'ONU consacrée au désarmement un discours structuré et d'ampleur sur la question, qui constituerait un viatique pendant des années pour les diplomates du Quai d'Orsay chargés de ces sujets. Pour faire simple, disons que la mondialisation est passée par là et a brouillé bien des cartes.

Mais il ne faudrait pas se retrancher exclusivement derrière des facteurs extérieurs et la politique interne des États doit aussi être prise en compte. Au fond, les grands ministres des Affaires étrangères ont aussi été aux côtés de grands présidents – outre leurs mérites intrinsèques naturellement – et cela vaut aux États-Unis même pour Henry Kissinger et Richard Nixon. Outre Couve de Murville déjà cité, vient à l'esprit Michel Jobert sous la trop brève présidence de Georges Pompidou, et cette liste pourrait être naturellement complétée. Mais il y eut aussi, reconnaissons-le, des profils plus évanescents. Le Pr. Zorgbibe a procédé à la réédition de l'un de ses ouvrages, en lui redonnant son titre originel : *Delcassé, l'inconnu du Quai d'Orsay.* Si un livre est consacré à un « inconnu », c'est bien que son action globale n'a pas été négligeable, quelle que soit la perception extérieure. À une période plus récente, le Quai a eu ainsi à sa tête des ministres qui n'étaient pas tous de mauvais gestionnaires ou avaient négligé les questions d'organisation interne.

Les institutions contre la République ou la République contre les institutions ?

Une administration est au service de l'État, a fortiori lorsque celui-ci est républicain. Il ne s'agit donc pas de refuser a priori une réforme qui peut avoir des mérites (cf. supra), mais il aurait été préférable que la question soit débattue en amont. Faute de ne pas l'avoir été avant, elle risque fort de l'être après, ne serait-ce que pour mettre au point les modalités d'application car, comme toujours, « le diable est dans les détails ».

Un chef d'état-major, gâté par la République, s'est opposé frontalement et publiquement au chef de l'État et il est hors de question d'adopter un comportement, toutes proportions gardées, de nature « putschiste ». En effet, si une institution ne peut mettre en cause la république qu'elle doit servir, il est aussi essentiel que la république n'affaiblisse pas elle-même les institutions sur lesquelles elle repose. Disons-le brutalement, l'Église de France a pris de grands risques pour ne pas avoir tiré jusqu'à présent les conséquences du rapport Sauvé. L'Éducation est un perpétuel chantier paraissant difficile à ordonner, les institutions politiques sont elles-mêmes mises en cause avec des appels – qui ne sont pas toujours injustifiés d'ailleurs – à une nouvelle République qui serait par exemple caractérisée par une stricte séparation des pouvoirs. Que reste-t-il dans ce contexte ? L'armée, incontestablement, malgré les écarts d'un général sorti de son rôle ; le Quai d'Orsay, petit par la taille, souvent jalousé, à commencer par Bercy, mais qui fonctionnait jusqu'à présent plutôt bien et avec compétence.
Veut-on, parce qu'il ne dispose que de peu d'appuis dans l'opinion, le jeter en pâture, au nom d'un soi-disant égalitarisme et de la « diversité », faute d'être en mesure de mener à bien d'autres réformes essentielles ? Le grand danger est en réalité que la réforme, telle qu'elle est annoncée, ne conduise à un *taylorisme* de la fonction diplomatique. Ce travail en miettes, là où s'imposent vision d'ensemble et perspective, équivaudrait de manière différemment formulée à une « Ubérisation » auto-destructrice.

L'Hôtel du Quai d'Orsay, voulu par Guizot sous la monarchie de Juillet et achevé sous le Second Empire, fut le premier bâtiment à Paris conçu pour abriter un ministère. Cette vitrine de l'excellence et du rayonnement français risque de devenir le musée d'une déchéance suicidaire. Le temps s'arrêterait alors dans le Salon de l'Horloge qui fut le théâtre de tant de moments historiques, du Congrès de Paris au terme de la guerre de Crimée à la Déclaration par laquelle Robert Schuman posa en 1950 l'un des fondements de la construction européenne.

Vraiment, le Quai d'Orsay vaut bien un détour et mérite d'être mieux connu. Il ne faut pas en être jaloux comme Napoléon III qui, bien qu'ayant voulu sa magnificence, dit un jour au titulaire du portefeuille des Affaires étrangères, non sans une pointe de jalousie : « *Mais, mon cher Ministre, vous êtes bien mieux logé que moi !* » Le Quai d'Orsay n'a pas l'habitude de se plaindre, encore moins de manifester, et il n'a malgré ces temps de disette budgétaire générale pas trop de raisons pour cela. Il souhaite simplement qu'on le respecte pour ce qu'il est vraiment, qu'on le laisse continuer à servir la République et faire rayonner la France.

La diplomatie économique

Par rapport à la diplomatie classique, qui reposait sur les relations politiques entre États, la diplomatie économique – dont on pourrait dire aussi qu'elle a toujours existé sous diverses formes – est tout de même une novation dont le développement a coïncidé grosso modo avec la mondialisation. Dans un monde où la concurrence entre économies et grandes entreprises est exacerbée, les États s'engagent désormais à soutenir ces dernières, en particulier sur les marchés d'économies dirigées et où l'accès aux décideurs se fait au plus haut niveau. Les petites et moyennes entreprises (PME) ne sont pas pour autant délaissées quand celles-ci s'engagent avec audace, compte tenu de leur taille et de leurs moyens, sur des marchés extérieurs. Les secteurs stratégiques, qui concernent naturellement les industries d'armement, mais aussi les secteurs des transports, de l'énergie ou encore de l'espace sont au cœur de la diplomatie économique, quelle que soit la structure des entreprises, que l'État soit actionnaire majoritaire ou que les entreprises soient dépendantes de l'actionnariat privé. L'exemple suivant concernant la promotion de l'utilisation des satellites en Asie centrale, région relativement peu connue du monde, est une illustration de la diplomatie économique.

Le premier satellite turkmène de télécommunications *TürkmenÄlem 52°E* (NB : signifiant monde ou paix turkmène comme *Mir* en russe ; position géostationnaire 52° Est), construit à Cannes par Thales Alenia Space, a été lancé avec succès le 28 avril 2015. La perfection technique du lancement et l'excellent fonctionnement depuis lors du satellite – destiné à la télévision, à la radiodiffusion et à internet – furent l'aboutissement d'un processus de négociation et de développement technique étalé sur plus de cinq années.

Le montage de l'opération s'est avéré assez complexe. Le ministère turkmène des Communications a signé en novembre 2011 divers engagements contractuels avec Thales Alenia Space pour la fabrication et la livraison du satellite à l'organisme étatique turkmène NSSC (National System of Satellite Communications). De son côté, la société Space Systems International (SSI-Monaco) avait obtenu dès 2009 une licence du gouvernement monégasque pour l'exploitation de la position orbitale 52° Est. L'autorité turkmène s'est donc également engagée auprès de SSI pour l'utilisation de cette position orbitale réservant à la société monégasque 12 des 38 canaux de télécommunication du futur satellite pour son propre compte et la responsabilité de commercialiser les autres. C'est la raison pour laquelle le satellite turkmène fut à la fois enregistré comme TürkmenÄlem 52° opéré par Turkménistan National Space Agency et MonacoSAT 1.

Le Turkménistan est ainsi devenu client des satellites Spacebus produits par Thales Alenia Space. Spacebus est le nom donné à la famille des plates-formes (NB : modules de service destinés à apporter toutes les fonctions nécessaires au satellite quelle que soit la charge utile spécifique de la mission, qu'il s'agisse de télécommunication, d'observation de la Terre, de navigation ou de mission scientifique). Ces satellites de télécommunications géostationnaires ont été développés à partir des années 80 par Aérospatiale, devenue Alcatel Space, puis Alcatel Alenia Space, enfin Thales Alenia Space en 2007. Le nom de Spacebus fut attribué par référence au programme aéronautique Airbus. Tous les produits de la gamme ont été exportés.

Outre l'utilisation d'une plate-forme générique, conçue à l'origine pour s'adapter aux diverses missions et aux évolutions des capacités des lanceurs – ce qui avait pour effet de bénéficier d'un coût de série – le choix fut fait d'un satellite « *ITAR-free* » de la gamme Spacebus 4000 (NB : 6ᵉ 4000C2 d'un poids supérieur à 4 tonnes), c'est-à-dire dénué de composants interdits à l'exportation par la loi américaine d'application extra-territoriale. Thales, maître d'œuvre du projet et principal contractant de l'État turkmène, fit alors le choix, parmi un très large éventail de possibilités, du lanceur chinois Longue Marche 3B (CZ-3B), dont la fiabilité était jusqu'alors totale et dont le prix était attrayant par rapport à Ariane 5.

La règle ITAR s'est finalement durcie au cours de la décennie 2010, faisant tomber certains composants sous le coup de nouvelles interdictions, et des pressions furent exercées sur Thales afin que la société mette un terme à sa gamme « ITAR-free ». Thales se résolut à rompre le contrat signé auprès de China Great Wall Industry Corp., ce qui impliqua naturellement des pénalités. La solution technique Ariane 5 demeurait mais son coût aurait annulé les avantages commerciaux retirés d'un contrat initial qui ne pouvait plus être renégocié avec les autorités turkmènes. Divers lanceurs furent examinés, dont le Proton russe, mais le choix fut finalement fait de la fusée Falcon 9 de la nouvelle société Space X. Cette décision était extrêmement audacieuse car, au moment de la signature du contrat, le lanceur n'existait encore que sur les plans de ses concepteurs.

La suite ne fut pas un long fleuve tranquille, Thales en tant que maître d'œuvre s'exposant à l'attente et à l'impatience du Turkménistan pour un projet revêtant une dimension nationale forte ainsi qu'en termes de prestige régional. Le lancement du 27 avril à Cape Canaveral, suivi au milieu de la nuit turkmène à partir du Centre de contrôle d'Achgabat (NB : un back-up du Centre avait été implanté dans le nord du pays, non loin de l'Ouzbékistan, près de la ville de Dashoguz), avait d'ailleurs été précédé quelques semaines auparavant d'un échec de Falcon 9.

L'issue du projet est à la mesure d'années de négociations et de développements techniques (cf. infrastructures au sol, formation de personnel, etc.). TürkmenÄlem 52°E couvre désormais de manière prioritaire une zone Turkménistan-Kazakhstan-Ouzbékistan de façon à ce que ses diffusions puissent être réceptionnées par des antennes paraboliques de taille réduite ; le champ est élargi à la Russie, à la Scandinavie jusqu'au nord-ouest de la France et au sud du Royaume-Uni ; la zone MENA (Middle East and North Africa) privilégie la péninsule d'Arabie avec des extensions au sud en direction du Soudan et de l'Éthiopie. La durée de vie du satellite sera au moins égale à quinze années.

Le succès de ce premier satellite de télécommunications a aussi ouvert la voie à un marché potentiel de satellites élargi à l'observation de la Terre (NB : satellites optiques et radars), à des fins civiles comme, le cas échéant, militaires dans une zone frontalière, notamment de l'Iran et de l'Afghanistan. Le président de Thales Alenia Space reçut un accueil privilégié du président turkmène Berdymuhamedov en juin 2015. D'une manière générale, les relations bilatérales franco-turkmènes s'en trouvèrent renforcées, avec notamment l'accueil à Paris en juillet 2015 de Rashid Meredov, ministre des Affaires étrangères du Turkménistan, par son homologue Laurent Fabius. Plus de vingt ans (1994) après la visite accomplie par le président Mitterrand, dont bénéficièrent les intérêts français dans le pays, le projet d'une visite présidentielle française fut envisagé pour 2016, mais il ne fut finalement pas réalisé. Mais au total, le projet TürkmenÄlem 52° E fut un exemple très réussi de ce que l'on appelle la « diplomatie économique », associant tout au long du processus les représentants de l'État et les entreprises.

Éloge du soft power

Le *soft power* est aussi un instrument qui peut être mis au service de la diplomatie. Les Jeux olympiques en fournissent une illustration. Conçus à des fins pacifiques, il y a désormais exactement un siècle à l'ère moderne, ils sont finalement le feu sacré dérobé à Zeus sur l'Olympe, symbolisé par une vasque brûlant de manière continue et, cette année, par une géniale montgolfière embrasée dont les élévations vers le ciel furent renouvelées. Il s'agit d'une entreprise prométhéenne suprême où rien n'est assez grand ni assez beau, où les athlètes ne se fixent d'autre limite que l'or, les records olympiques et du monde, la gloire et une aspiration à l'éternité.

Dans l'ordre des grands événements mondiaux, et même au-delà du sport, les Jeux constituent un *soft power* considérable, incomparable, espéré durable pour le pays d'accueil ou un démultiplicateur de son rayonnement. Paris 2024 a su l'exploiter pleinement, indépendamment d'assez faibles polémiques, en assurant la superproduction de sa cité, de la Seine, de son histoire et de ses mythes.

Et pour les athlètes les plus titrés ou qui ont réalisé une ou des performances exceptionnelles, ils garantissent un accès au Panthéon et rappellent le poids unique des individus au sein des plus grandes constructions. Jesse Owens fut plus fort que Berlin. En retour, le champion peut magnifier la collectivité elle-même ; à cet égard, le tableau des médailles, décompte quelque peu notarial, a-t-il une si grande importance ? Il suffit d'un seul titre olympique pour faire exister, un temps tout au moins, un pays sur la carte du monde.

Il est vrai cependant que la hiérarchie finale traduit, sinon la richesse, la force de structures de formation, d'encadrement, et un niveau de développement suffisamment élevé pour permettre l'accès à l'élite de la hiérarchie sportive ; à Paris 2024, ce diagnostic aura été confirmé : à l'exception de la Chine et, compte tenu de l'absence de la Russie, le Top 10 – qui peut faire penser à un G7 élargi à la marge – est exclusivement composé de nations nanties, occidentales et européennes. Se rapprocher de ce groupe, et a fortiori y entrer, confère un statut enviable à l'heure de la déstructuration du monde.

La rivalité concurrentielle

Le terme « soft » power est partiellement trompeur, même si Joseph Nye – professeur à Harvard, qui servit notamment sous les présidents Carter et Clinton, puis présida la Commission trilatérale – forgea le concept et voulut croire, en le transposant dans l'univers des relations internationales, à de possibles rivalités entre nations sans écarts majeurs (*competitive rivalry*).

Cette pensée teintée d'irénisme et appliquée à des situations de concurrence entre puissances – caractérisées par des crises larvées (ex.

Taïwan) ou même des affrontements par alliés interposés (cf. aujourd'hui Ukraine) – peut sembler relever de vœux pieux. Elle eut néanmoins le mérite de théoriser l'intérêt pour les États-Unis de maximiser le *soft power*, c'est-à-dire aussi les relations profitables d'interdépendance.

Force est de constater que le *soft power* s'est immiscé dans de nombreux domaines de la vie publique, à commencer par la sphère culturelle. Celle-ci servirait-elle aussi « comme la géographie, à faire la guerre », pour paraphraser le géographe Yves Lacoste ?

Le troublant concert de Palmyre

Mais il faut aussi savoir positiver et la culture ne saurait aucunement être réduite à la poursuite de la guerre par d'autres moyens. On se souvient ainsi du Concert de Palmyre dirigé en 2015 par Valery Gergiev, dans un contexte qui était celui de la guerre en Syrie. Le chef d'origine ossète, immense artiste et mondialement connu, à la tête de l'orchestre du Théâtre Mariinsky de Saint-Pétersbourg, s'était prêté à l'organisation quelque peu précipitée de la manifestation à la suite de l'intervention militaire russe dans le pays ; il y avait d'ailleurs dans les gradins plus d'uniformes militaires que civils et le président russe lui-même était intervenu en visioconférence pour célébrer la renaissance de la culture en ces lieux. Mais est-il si scandaleux – malgré les intentions relevant à l'évidence de la propagande – que les images d'un concert se soient substituées à celles de destructions d'un patrimoine millénaire et à d'autres abominations commises sur place par Daech, telle l'exécution à Palmyre même du directeur syrien des Antiquités ?

Au-delà de la catharsis

S'il est bien trop prématuré de dresser un bilan des Jeux olympiques de Paris 2024, l'enthousiasme collectif s'est avéré jusqu'ici incontestable, bien au-delà même des frontières de la France. Celle-ci a étonné le monde, et ses propres habitants se sont même sans doute surpris eux-mêmes de céder à un tel engouement, dans le contexte d'une situation politique intérieure délicate, pour recourir à un euphémisme pudique. La France qui aura sublimé un temps des passions négatives sortira-t-elle transformée de l'événement ? Y aurait-il une capacité des Jeux à opérer des transformations intérieures bénéfiques ?

Il faut espérer que la conscience à réaliser de grands projets et à innover, à exprimer des passions positives, à montrer et à bénéficier d'une ouverture sur le monde feront école. Mais, s'il ne s'agit pas de jouer les Cassandre, cet héritage devra être entretenu pour ne pas se dissoudre. L'exemple des Jeux de Londres de 2012 mérite que l'on s'y arrête un instant. Des similitudes avec les caractéristiques des Jeux de Paris peuvent rétrospectivement y être identifiées, qu'il s'agisse de la qualité de l'organisation, de l'enthousiasme collectif ou encore de l'abnégation de dizaines de milliers de bénévoles. Qui aurait pu alors imaginer, en contradiction avec cette atmosphère d'ouverture sans retenue, une évolution vers le Brexit qui naturellement fut le résultat de facteurs complexes ?

Quoi qu'il en soit, le *soft power* est finalement de tout temps. Ne fut-il pas même déjà le ressort principal des conquêtes d'Alexandre le Grand, grâce à la diffusion de la civilisation hellénistique ? Plus près de nous, il fut incontestablement une arme en temps de paix d'un âge d'or des États-Unis au cours des années Eisenhower de l'immédiat après-guerre ; cette énumération n'est pas limitative. Un pouvoir et une civilisation ne s'imposent en effet vraiment dans la durée que par la séduction qu'ils exercent. Les Jeux olympiques peuvent en constituer un médium incomparable. Il faut souhaiter à Paris 2024 d'avoir été à la fois un exutoire et un révélateur identitaire dans une nouvelle modernité.

La nouvelle Marseillaise

L'impression la plus nouvelle, la plus surprenante, procurée par l'événement des Jeux olympiques sur les Français a peut-être été produite par ce qu'ils croyaient le mieux connaître, faire partie de leur expression collective et correspondre à la fois à leur image intériorisée de la nation, amplifiée par le son, à savoir *La Marseillaise*.

La mezzo-soprano Axelle Saint-Cirel, bravant la pluie et les éléments, a donné le ton du haut des formes arrondies somptueuses des toits du Grand Palais, lors de la cérémonie d'ouverture.

L'orchestre symphonique *Divertimento* de Seine–Saint-Denis, dirigé par Zahia Ziouani pour la cérémonie de clôture, s'est inscrit dans la même interprétation pour restituer l'hymne d'un projet grandiose, cinématographique même. Mais les tonalités, qui brossaient à leur manière un vaste historique, sont-elles devenues également celles d'une musique nouvelle ou redécouverte, sorte de marche à suivre pour une nation plus apaisée ? La puissance évocatrice de grandes entreprises passées aurait alors rejoint la force d'un universalisme intact et sans limites.

La musique, y compris celle sublimée par la voix admirable d'une cantatrice, semble avoir pris le pas sur les paroles. *La Marseillaise* a ainsi évolué, sans nécessairement le répudier, du chant de guerre révolutionnaire pour l'armée du Rhin en 1792 repris par la République espagnole, les combattants de la Longue Marche de Mao ou encore le Chili de Salvador Allende.

L'exaltation du combat contre la domination étrangère et l'appel patriotique à la mobilisation générale se sont fondus en un chant pour la liberté. Le rythme de la musique s'est ralenti – tel que l'avait notamment souhaité le président Giscard d'Estaing, pour éloigner l'hymne d'un chant de guerre – et les sonorités se sont adoucies.

C'est presque comme si l'on entendait *La Marseillaise* pour la première fois. Le roulement du tambour était recouvert par le piano ; les phrases musicales en paraissaient même parfois inachevées, comme un destin en suspension. Le spectacle de la cérémonie d'ouverture des Jeux s'était achevé sur quelques notes subtiles, cristallines, presque féminines, à peine perceptibles, égrenées dans le final. L'interprétation du Stade de France les a répandues. À chacun d'entendre avec la nouvelle *Marseillaise*.

2

Une épidémie de crises internationales

Guerre de haute intensité sur le continent européen, exacerbation des tensions au Proche et Moyen-Orient sur toile de fond d'un Iran au seuil nucléaire, paralysie du Conseil de sécurité des Nations Unies, lente prise de conscience européenne, multiplication des pôles de puissance et alliances « à la carte » sous l'ombre portée d'une Chine aspirant aux plus hautes destinées, il est possible que le monde vive un moment de basculement stratégique succédant à une période qui commença en 1991 avec l'effacement de l'Union soviétique, la première guerre du Golfe et l'affirmation de la puissance américaine dans un système de facto unipolaire.

Le caractère très instable de la situation internationale ne peut mieux être illustré que par les hésitations américaines actuelles sur divers théâtres d'opérations majeurs, en Ukraine comme au Proche-Orient, dans les relations avec la Russie et avec la Chine, sur toile de fond d'élections présidentielles. Le système international paraît en lambeaux et il faudra bien le reconstruire, le contexte fût-il bouleversé.

L'impasse en Ukraine

Les perspectives pour l'Ukraine sont actuellement plutôt sombres et le président Zelensky a même envisagé une défaite en cas de cessation du soutien américain. Mais les États-Unis – paralysés longtemps au Congrès pour le renouvellement de leur dernière aide financière à hauteur de 60 milliards de dollars et avec une opinion publique de plus en plus rétive – ne peuvent pour autant laisser se dérouler un effondrement militaire partiel, et a fortiori plus important encore, de l'Ukraine.

Un tel scénario raviverait le « syndrome vietnamien » de l'abandon d'un pays puissamment soutenu puis délaissé et, sans se référer à l'Asie du Sud-Est, c'est aussi à l'Afghanistan que l'on peut penser dont le retrait – envisagé par la présidence Trump pour le mois de mai 2021 et finalement réalisé en août de la même année par le président Biden – se solda le 15 août par le retour au pouvoir des talibans à Kaboul.

Malgré l'aide considérable, tant militaire que financière, apportée initialement par les États-Unis à l'Ukraine, une issue fatale pour Kiev conduirait à la mise en cause inévitable de la fiabilité de Washington en tant que « protecteur » et garant de la sécurité européenne. L'image et la crédibilité des États-Unis en seraient profondément altérées et le courant isolationniste dans ce pays – selon un processus cyclique – s'en trouverait vraisemblablement renforcé.

Dans la situation de blocage politique interne qui a longtemps prévalu à Washington, l'administration démocrate n'a pu que confirmer qu'elle n'a jamais envisagé l'envoi de troupes au sol en Ukraine tout en réaffirmant une détermination à défendre chaque pouce du territoire de l'OTAN (cf. La formule « *not an inch…* » du président Biden). Telle fut sans doute la portée principale des déplacements à Paris et à Bruxelles du secrétaire d'État Antony Blinken.

Le rôle des alliés européens est en effet devenu plus important pour Washington dans l'appui à l'Ukraine, mais ceux-ci seraient-ils en mesure de prendre le relais et de se substituer à une administration paralysée, tel Gulliver empêtré ? Un engagement plus marqué de la France aurait-il une portée suffisante ?

Faute de certitudes, un gel du conflit, sinon son règlement diplomatique rapide, aurait pu s'avérer une voie à explorer afin de conjurer un désastre politique, dans le contexte de la campagne présidentielle américaine. Le président Biden aurait inversé une spirale négative pour lui et souligné une sagesse de nature à lui donner, face à son rival, la stature d'un grand artisan de la paix. Dans l'impasse actuelle, à l'approche des élections présidentielles, un relatif statu quo demeure pour l'administration démocrate le meilleur cas de figure.

Mourir pour le Donbass ?

Personne en Europe n'a jamais voulu mourir pour le Donbass où les responsabilités dans la guerre qui s'y est développée à partir de 2014 ainsi que dans la non-application des accords de Minsk par les parties au différend ne sont pas parfaitement établies. Mais l'agression russe contre l'Ukraine en février 2022 n'en demeure pas moins inacceptable au regard du droit d'une nation à vivre en liberté, de la violation des principes du droit international, de la mise en cause du fonctionnement du système international en raison de la responsabilité d'un membre permanent du Conseil de sécurité de l'ONU et des perturbations considérables apportées au développement de l'Europe, sans oublier les conséquences économiques pour de nombreux pays du monde.

L'impasse s'est traduite notamment non seulement par le quasi-gel des positions militaires sur une ligne de front de plus de 1 000 km, mais elle s'est aussi accompagnée d'une poursuite des destructions et de pertes considérables de vies humaines. Elle fait toujours craindre pour Kiev un épuisement progressif, faute de munitions suffisantes et d'hommes, et même un effondrement partiel, voire de plus grande ampleur. Et cela d'autant plus que l'aide américaine ne sera pas éternellement renouvelable et que l'Europe – qui parle pourtant « d'économie de guerre » – ne pourra suppléer cette défaillance à court et moyen terme.

Les propos du Pape, dont la formulation a parfois heurté (cf. « *Le courage du drapeau blanc* »), et ceux plus récents d'Elon Musk (« *Plus le conflit se prolonge, plus la Russie gagnera de territoires* »), se sont finalement rejoints sur la perspective de lendemains qui pourraient être plus cruels encore sur le plan militaire pour l'Ukraine. La Russie, plutôt en position de force globalement, n'a pas intérêt a priori à négocier, même si la guerre est aussi destructrice pour elle et parce qu'elle peut se satisfaire de frontières floues (cf. conflits gelés) inhérentes à sa vision impériale. Mais un cessez-le-feu de facto ou formel pourrait s'avérer une mesure de survie pour l'Ukraine en attendant des jours meilleurs. Le président Zelensky ayant abaissé l'âge de la conscription à 25 ans, les jeunes Ukrainiens eux-mêmes ont-ils toujours envie de mourir, dans le meilleur des cas, pour quelques « arpents de terre » dans le Donbass ?

Ukraine : après la guerre, la diplomatie ?

Les données de la guerre en Ukraine n'ont pas fondamentalement changé depuis 2023 ; il importe de les rappeler alors que la guerre en Ukraine a été reléguée au second plan sur nos écrans radars, tandis que l'opinion se polarisait sur le Proche et Moyen-Orient.

Il était alors affirmé que les scénarios militaires détermineraient la sortie de crise. La guerre d'agression, quelles qu'en soient les motivations, avait naturellement entraîné une réaction de Kiev ; la Charte de l'ONU avait été violée et le système international s'en était trouvé perturbé ; une guerre de haute intensité sur le continent européen ne pouvait pas ne pas handicaper la prospérité et le développement de l'Europe.

Mais le contexte avait déjà changé, plus d'un an après le début du conflit : si les Ukrainiens n'avaient pu aller au bout de négociations, « le révolver sur la tempe » (cf. entretiens d'Istanbul, mars 2023), une contre-offensive de leur part ne laissait pas augurer d'un succès ; la puissante artillerie russe et la maîtrise du ciel par la Russie devaient être prises en compte ; une lassitude de l'opinion (*war fatigue*) se faisait jour aux États-Unis comme en Europe ; le coût de la guerre, tout autant que celui prévisible de la reconstruction, commençaient à apparaître comme des charges insupportables pour les soutiens de Kiev.

Des initiatives diplomatiques pointaient çà et là (cf. Chine, Afrique) qui, conjuguées, faisaient naître l'espoir de parvenir à un résultat. Les débats du G7 à Hiroshima avaient confirmé que les États-Unis s'étaient fixé des limites à ne pas dépasser ; du côté russe, la question de la Crimée était une ligne rouge implicite, dévoilée par des déclarations plus que subliminales sur l'emploi éventuel de l'arme nucléaire tactique. La France, qui s'était efforcée, en amont de la crise, de préserver des canaux de communication avec Moscou, avait peut-être envisagé des négociations de manière prématurée et ne s'engageait plus vraiment quand il l'aurait fallu pour éviter l'enlisement ou, pire, l'escalade. Revient-on désormais à une voie diplomatique alors que vient de se tenir une première conférence internationale en Suisse ?

La guerre en Ukraine a profondément affecté la prospérité de l'Europe et perturbé ses mécanismes, au-delà même des Traités qui la régissent. Cela n'est pas tenable. « L'Otanisation » de l'Europe – après le diagnostic contraire de la « *mort cérébrale* » – avec notamment l'adhésion de la Finlande et de la Suède, ne peut que ruiner les projets d'une autonomie stratégique européenne à terme qui ne se limiterait d'ailleurs pas aux questions militaires, mais engloberait aussi les hautes technologies. Il faudra également tenir compte dans la révision du système international, sinon sa refonte, des nouveaux pôles de puissance : ceux-ci considèrent le conflit en Ukraine comme une guerre parmi d'autres et ont des intérêts propres.

Sortie de guerre : zone tampon ou neutralisation ?

Alors que le ton est monté, notamment entre la France et la Russie, il peut paraître hors de circonstances de réfléchir à une sortie de crise en Ukraine ou tout au moins à des pistes en vue d'un apaisement des tensions. En effet, les efforts de « dissuasion conventionnelle » à la française (NB : l'hypothèse de troupes au sol dans le cadre d'une plus grande ambiguïté stratégique) furent-ils crédibles dans une démarche isolée ? Une dissuasion classique en filigrane (NB : l'accord de sécurité France-Ukraine se réfère à une « dissuasion active ») n'est-elle pas une orientation aventureuse ?

Si l'on fait le constat de l'impasse militaire ukrainienne (cf. défaut relatif des États-Unis, insuffisance des armements, problèmes de recrutement), on ne saurait exclure que la Russie soit aussi susceptible de rechercher une porte de sortie. L'évocation relativement récente par V. Poutine d'une « zone tampon » n'est pas nécessairement une simple référence à un cessez-le-feu de facto (cf. conflit gelé) ou formalisé (cf. Panmunjom en Corée). On peut aussi imaginer que, dans l'esprit des responsables russes, la zone tampon équivaudrait à une forme de « neutralisation » à l'échelle de l'Ukraine tout entière. Cet objectif ne requerrait pas inévitablement, à ce stade, une large négociation sur la sécurité européenne. En l'absence d'un règlement formel, la ligne de démarcation entre la Russie et l'Ukraine demeurerait floue, le conflit pourrait reprendre et l'inclusion de Kiev dans une alliance comme l'OTAN s'en trouverait dès lors empêchée. Il peut s'agir là d'une raison supplémentaire pour V. Poutine pour ne pas négocier.

Il convient de corriger les idées reçues sur la neutralité en distinguant les États qui ont une politique de neutralité de ceux qui optent pour un statut de neutralité permanente. Les premiers manifestent une volonté de rester en dehors des blocs et des alliances, ce qui fut le cas de la Finlande et de la Suède avant leur entrée dans l'OTAN. De la neutralité permanente découlent en revanche des droits et obligations internationaux établis par traités. Il s'agit d'un engagement à ne pas recourir à la force, hormis pour défendre son indépendance et son intégrité territoriale ; la neutralité n'est donc pas synonyme de désarmement. Cet engagement est reconnu de manière symétrique par d'autres États qui garantissent d'utiliser la force contre ceux qui manqueraient au statut de neutralité. Ce statut est historiquement ancien : le fondement juridique de la neutralité suisse date de 1815 ; le Traité d'État autrichien de 1955 impliqua l'URSS, la France, le Royaume-Uni et les États-Unis. Le non-respect du « Protocole » de Budapest de 1994 ne plaide pas en ce sens, mais il ne s'agissait pas d'un véritable traité, et la transposition à l'Ukraine de la neutralité permanente concernerait la communauté internationale tout entière.

Entre Paris et Moscou, la comédie et l'amertume

La douche écossaise finalement glaciale qui a été infligée à la France – selon les informations disponibles – lors d'un entretien téléphonique entre le ministre français de la Défense et son homologue russe d'alors, Serguei Choïgu, a résulté de la conjonction d'une posture politique calculée et aussi de sentiments moins maîtrisés.
En s'interrogeant de manière provocante sur la participation éventuelle des services secrets français dans le récent attentat de Moscou revendiqué par l'État islamique – alors que la France faisait état d'une disposition à une coopération accrue dans la lutte contre le

terrorisme –, le ministre Choïgu a rappelé que les relations avec la Russie s'établissaient toujours selon un rapport de forces. De plus, il était logique qu'après n'avoir eu de cesse, ces derniers mois et années, de dénoncer l'Occident « collectif », Moscou ne pouvait avoir un échange avec la France sans se montrer extrêmement rigide. À cet égard, le communiqué sur l'entretien téléphonique émanant du côté russe était aussi destiné à une opinion intérieure. Au total, les propos choquants incriminant la France ont pu nous conduire à dire du pouvoir russe, comme le Pape Pie VII aurait qualifié Napoléon qui l'emprisonna même : « *Comediante ! Tragediante !* ».

Il faut aussi voir dans cette réaction russe l'expression d'une amertume profonde de la Russie – surtout après les récentes prises de position du président de la République française – qui a toujours considéré la France comme un partenaire à part au sein de la communauté occidentale. Il y a dans cette aigreur une part de refoulé, constatée aussi en d'autres temps par Paris avec Saddam Hussein ou encore Bachar El-Assad qui, malgré leurs turpitudes, avaient pensé pouvoir préserver les amitiés d'antan.

Mais l'initiative française, totalement justifiée, visant à rétablir un canal de communication politique, n'est pas nécessairement mort-née. Elle doit être mise en perspective. Les processus de normalisation entre États, à l'expérience, commencent souvent par la coopération sécuritaire. Même lors des « beaux jours » de la coopération franco-soviétique, des invectives pouvaient éclater en tête-à-tête. La différence cette fois-ci est que les choses aient été rendues publiques, à l'ère de la guerre de communication.

Damas : les leçons d'une frappe

Sur un autre théâtre d'opérations, la frappe intervenue sur le Consulat d'Iran à Damas, attribuée à Israël, qui a tué de hauts responsables de l'unité Al Qods iranienne, spécialisée dans les opérations extérieures, est une double prouesse. La précision de la frappe : l'opération aurait été réalisée avec des avions F-35 et des missiles, mais elle peut tout aussi bien avoir été entreprise à partir des hauteurs du Golan proche, tenues par Israël ; bien que le quartier de Mezze où se trouve l'implantation diplomatique iranienne s'avère excentré et moins densément peuplé que le cœur de la capitale, des victimes collatérales ont été, semble-t-il, évitées. La seconde prouesse relève de la qualité extrême du renseignement qui a permis d'identifier la présence des cibles sur le lieu visé et la réalisation des frappes en temps réel. De tels « exploits » ont été depuis lors renouvelés, comme le montre la guerre entre Israël et le Hezbollah.

Si Israël est bien l'auteur, le message adressé parut également double : Israël conserve la capacité d'intervenir en tout temps et en tous lieux (cf. éliminations en Iran même de scientifiques impliqués dans le programme nucléaire, au cœur du fief du Hezbollah à Beyrouth ou encore en Syrie sur les aéroports d'Alep et de Damas) ; en frappant l'ambassade d'Iran en Syrie – car le Consulat en fait partie intégrante – Israël n'a pas recherché nécessairement l'escalade mais s'est adressé directement à Téhéran pour la dissuader d'entreprendre des opérations militaires d'envergure par Hezbollah interposé et d'élargir un second front après celui du 7 octobre/Gaza.

Un silence assourdissant de Moscou

Hormis le mutisme prévisible d'Israël, les premières réactions des États concernés méritent d'être relevées. La plus vive est sans surprise venue de Téhéran. Celle de Moscou fut plutôt mesurée.

Absorbée par l'Ukraine, la Russie est en effet relativement inaudible d'une manière générale à propos des développements au Moyen-Orient. Ce silence, qui peut paraître étonnant pour un pays notamment implanté militairement en Syrie – avec le port de Tartous et une base aérienne depuis l'intervention de 2015 – peut s'expliquer également par d'autres raisons que la guerre en Ukraine.

Dans ce contexte, il existe aussi une tendance inverse consistant à sur-interpréter la relation entre Moscou et Téhéran. La récente rencontre au Turkménistan de V. Poutine et du nouveau président iranien Massoud Pezeskhian en est une illustration. Le but du déplacement du président russe était en fait de participer à une réunion régulière des pays riverains de la mer Caspienne.

Il est clair que la Russie et l'Iran se retrouvent dans une commune posture d'hostilité à l'Occident. Les relations entre les deux pays se sont intensifiées, notamment à la faveur de la guerre en Ukraine, avec la fourniture par Téhéran d'équipements à usage militaire, tels les drones Shahed-136 ; il est aussi question de livraisons russes d'avions de chasse Sukhoï Su-35 mais seuls des avions d'entraînement Yak-130 ont jusqu'à présent été mis à disposition des pilotes de chasse iraniens.

Mais un tel rapprochement ne saurait en aucun cas traduire une forme d'alliance. Si l'on met la relation en perspective depuis la révolution des mollahs, on ne peut que constater une relative prudence – voire même une crainte – à l'égard du prosélytisme du régime chiite. Moscou a fait preuve d'une telle attitude dans la construction de la centrale nucléaire civile de Busher et d'une grande responsabilité dans les discussions multilatérales ayant abouti à l'accord du 14 juillet 2015 sur le programme nucléaire iranien ; ce n'est pas la Russie qui s'est retirée du traité garantissant des contrôles de l'AIEA. Imaginer que Moscou pourrait favoriser aujourd'hui plus qu'hier la prolifération nucléaire est hasardeux ; cela ne serait aucunement son intérêt et vaut d'ailleurs aussi pour la Corée du Nord.

Dans la crise aiguë avec le Hezbollah, c'est-à-dire l'Iran, l'on n'a pas ou très peu entendu Moscou. Tel avait d'ailleurs été le cas lors des frappes attribuées à Israël sur le Consulat d'Iran à Damas en avril dernier. Les données du problème étaient alors les suivantes : la Russie et l'Iran étaient déjà perçus comme des alliés proches, mais Moscou, qui a la maîtrise du ciel syrien, a toujours laissé Israël réaliser ses frappes sur la Syrie au cours des années écoulées ; sa politique à l'égard du monde arabe et islamique est complexe et il ne s'agissait pas pour elle de se brouiller avec le monde sunnite, alors que la région du Proche-Orient est depuis plusieurs dizaines d'années déjà le terrain d'affrontement, par alliés interposés, des puissances sunnite et chiite.

La Russie ne peut qu'être préoccupée désormais par le recul iranien au Proche-Orient ; l'effondrement du Hezbollah et en Syrie des Pasdarans, pourrait s'avérer dommageable pour sa propre présence dans la région. C'est cela qui importe à Moscou. Son silence mériterait donc d'être mieux décodé.

Quant au régime syrien lui-même qui a dû sa survie à Moscou et à Téhéran, son fondement bassiste, c'est-à-dire laïc, est diamétralement opposé au prosélytisme théocratique iranien. Il convient de plus de se souvenir qu'Israël et la Syrie ne se sont plus affrontés depuis l'accord de désengagement du Golan de 1974 et constituaient finalement les meilleurs partenaires-adversaires. Est-on assuré que la guerre d'Assad contre des forces islamistes telles que Daech et Al-Qaeda n'ait pas eu au fond les faveurs de Tel-Aviv ? L'Ouest a-t-il eu sur ce point la même lucidité ? Quoi qu'il en soit aujourd'hui, la guerre à Gaza passe aussi par Téhéran. N'aurait-il d'ailleurs pas fallu commencer par là ?

Des Palestiniens, d'Israël et de l'Iran

On peut avoir une sympathie fondée en faveur des Palestiniens, pour les avoir connus de par le monde, notamment en Syrie où ils étaient d'ailleurs correctement traités. Les Palestiniens ont été les victimes de presque tous, y compris aujourd'hui à l'évidence du Hamas.

Plusieurs occasions d'établir l'État palestinien n'ont pas été saisies, notamment par Yasser Arafat, à la suite des entretiens de Camp David II, sous l'égide du président Clinton, avec le Premier ministre Ehud Barak. Mais n'en fut-il déjà ainsi avec le Plan de Partage de 1947 ? Qui s'engage aujourd'hui véritablement en faveur d'un État palestinien ? De hautes personnalités au demeurant respectables furent parfois évoquées, mais ont-elles concrètement pesé ? Le discours du Caire du président Obama n'a-t-il pas fait long feu ? Le secrétaire général de l'ONU Boutros Ghali paya son engagement, en particulier après la tragédie de Cana au Sud Liban en 1996, par le fait qu'il ne fut pas reconduit dans ses fonctions.

Le moment paraît désormais paroxystique et l'Iran, « mastermind » de beaucoup de violences dans la région à travers ses « proxies », s'est posé, par ambition de puissance, en défenseur des Palestiniens contre Israël dont il nie l'existence ; le risque pour Téhéran était de finir par devenir la cible principale. Le président Biden avait lancé l'alerte du risque d'une « attaque massive » de l'Iran sur Israël. Cette annonce publique a eu dans un premier temps des mérites pour lui (cf. apaiser les tensions au sein de son Parti démocrate ; rechercher un effet dissuasif sur l'Iran ; détourner l'attention de la paralysie de Washington sur l'Ukraine). Téhéran a depuis lors renouvelé une attaque massive sur son ennemi désigné avec plus de 200 missiles qui ne pouvait rester sans riposte.

Aujourd'hui, la question de l'État palestinien passe par le préalable de la neutralisation de l'Iran, ce qu'en réalité beaucoup souhaitent dans le monde arabe et au-delà. Cela peut s'avérer tragique pour tant de remarquables Iraniens. La « normalisation » alléguée entre Téhéran et Riyad est-elle crédible après plusieurs dizaines d'années d'opposition dans « l'arc chiite », proche et moyen-oriental ? L'ennemi de Riyad n'est-il pas devenu l'Iran plutôt qu'Israël ?

Quoi qu'il en soit, chacun se doit d'être clair dans un Orient de plus en plus « compliqué » et dangereux : non, les Juifs ne sont pas une population extérieure à la région considérée ; oui, Israël doit avant tout se préoccuper de sa sécurité qui peut s'appuyer sur la création d'un État palestinien ; non, les soutiens des Palestiniens ne peuvent continuer à mettre parfois en avant certaines revendications irréalistes, tel le retour de tous les réfugiés depuis 1948. Cela signifierait la fin d'Israël. La perspective de deux États requiert de mettre un terme aux demi-vérités et aux phantasmes qui ne peuvent en réalité que différer un règlement politique absolument essentiel.

Le remodelage du Moyen-Orient

Cet objectif a été évoqué par certains responsables israéliens notamment après le 7 octobre 2023 et les affrontements qui ont succédé à cette tragédie, à Gaza, au Liban et avec les Houthis du Yémen. Mais la toile de fond est l'Iran parrain de mouvements islamistes qui opèrent dans ces pays et annoncé depuis longtemps au « seuil nucléaire ». L'hésitation sur les scénarios militaires de Tel-Aviv, désireux de rétablir sa propre capacité de dissuasion dans la région, à l'égard de Téhéran révèle l'ampleur de la cible et des conséquences qu'une entreprise d'envergure pourrait provoquer.

Dans le contexte de l'opération de l'armée israélienne (IDF) entreprise au Sud Liban, la FINUL (Force intérimaire des Nations Unies) a été au cœur de la polémique, notamment entre le secrétariat de l'ONU lui-même et les gouvernements de certains des principaux contributeurs de troupes à la Force – en particulier l'Italie, ainsi que l'Espagne et la France – et le gouvernement israélien. Chargée en vertu de la résolution 1701 du Conseil de sécurité de 2006 d'accompagner, en liaison avec l'armée libanaise, la démilitarisation de la zone entre le fleuve Litani et la frontière israélienne, la FINUL n'a jamais pu accomplir sa mission, en particulier en ce qui concerne le désarmement du Hezbollah prévu également par des résolutions antérieures ; les 10 000 hommes de la Force étant aujourd'hui encore sur le terrain, les éléments du Hezbollah peuvent en faire un certain usage de « bouclier » ce qui gêne à l'évidence les opérations des IDF. L'ONU comme les États contributeurs à la Force sont fondés à se soucier de la sécurité des contingents ; mais on peut aussi estimer que la FINUL, qui n'a pu accomplir sa mission, assure aussi de facto une sorte de protection du Hezbollah qui ne repose sur aucun fondement de droit international tandis que l'on assiste à une réécriture de la résolution 1701.

Les affrontements au Sud Liban ne sont que l'un des aspects de la décomposition du Liban, dont les structures étatiques étaient déjà affaiblies et où les coups portés au Hezbollah pourraient conduire à faire se retrouver à nouveau face à face des communautés s'étant combattues férocement au cours de la guerre civile de 1975 à 1990.

Un tel cas de figure, dans un contexte sensiblement différent, n'est pas à exclure en Syrie en cas de destruction du Hezbollah et d'élimination des Pasdarans iraniens. La question du rôle de la Russie dans le pays, sinon de sa présence, pourrait alors se poser en des termes nouveaux. Bachar al-Assad serait-il dès lors en mesure d'éviter des affrontements inter-communautaires dans des zones dont il a repris le contrôle au cours de la dernière phase de la guerre ayant débuté en 2011 ? Les puissances occidentales ne devraient-elles pas alors reconsidérer leur politique à l'égard de ce pays et de la région tout entière ?

3

Un moment de basculement stratégique ?

Le président Biden ne pouvait s'être engagé à la légère, en annonçant à de simples fins intérieures une attaque « massive » de l'Iran sur Israël. Une telle démarche aurait nui in fine à la crédibilité de la parole présidentielle et aux États-Unis.

Les inquiétudes reposaient sur des menaces réelles, fomentées à Téhéran et réalisées par des « alliés », qu'il s'agisse des Houthies, du Hezbollah ou du Hamas. Une escalade significative s'est produite, dont les premiers signes ont été les tirs à partir du Sud Liban, puis l'arraisonnement d'un navire supposé « lié » à Israël, enfin des salves tirées depuis le territoire iranien. Le président américain n'avait donc pas surestimé le danger.

La dialectique de la décision

C'est dans ce type de situations qu'intervient la dialectique du centre et de la périphérie en matière de décision stratégique. *Essence of Decision* a été analysé par Graham Allison dans son fameux ouvrage sur la crise des missiles de Cuba en 1962, mais il s'agit ici sensiblement d'autre chose. Le Moyen-Orient ne peut être traité qu'au plus haut niveau politique. Mais la prise de décision ultime résulte de plus en plus d'un faisceau considérable d'informations de terrain collectées par les militaires, le renseignement, triées par la bureaucratie, remontant à l'échelon suprême, c'est-à-dire jusqu'au Bureau ovale dans le cas des États-Unis.

Telle est la dialectique qui peut conduire parfois les subordonnés – dans une inversion de l'ordre de la chaîne de commandement – à influencer, de façon non intentionnelle, le centre du pouvoir. La conversion de toutes les données devient complexe, comme s'il s'agissait de la traduction de plusieurs langues en une seule ligne, claire et opérationnelle. En raison de la surabondance des données captées, où se situe le seuil de déclenchement d'une large action de prévention, voire d'une riposte massive ?

Le cas de figure décrit ici n'est pas sans précédent, malgré l'évolution du système international et celle des moyens technologiques : l'invasion du Koweït en août 1990 a conduit le Conseil de sécurité à se réunir de façon continue jusqu'à la guerre du Golfe de 1991 et à adopter une série de résolutions très techniques jusqu'à la résolution 678 autorisant le recours à la force pour libérer le Koweït. La spécificité des procédures de l'ONU, hermétiques pour de nombreux politiques, eut pour effet possible que la périphérie ait pu influencer le centre. Ultérieurement, Colin Powell, en exhibant en 2003 une fiole d'anthrax pour dénoncer le risque que faisaient peser les supposées armes de destruction massive de l'Irak, commit-il un mensonge ou se trompa-t-il sur la base de données techniques qu'il ne maîtrisait pas ? Quoi qu'il en soit, il y eut la guerre avec l'opération « Tempête du Désert » (*Desert Storm*). L'exemple inverse est l'Ukraine où les renseignements occidentaux étaient fiables, mais n'ont pas été pris en compte – ou insuffisamment – par le pouvoir politique à Kiev avant le 24 février 2022.

La périphérie est-elle en passe de gouverner le centre ? La technologie de dominer la réflexion politique à l'heure de l'intelligence artificielle ? Les temps semblent avoir bien changé, mais John F. Kennedy, en s'appuyant sur sa propre expérience de 1962, estima in fine que « *l'essence de la décision ultime reste impénétrable pour l'observateur et souvent, en vérité, pour le décideur lui-même…* ».

La diagonale du fou

Les rapports internationaux reposent principalement sur des intérêts. Dans un monde d'émotions collectives, immédiates et épidermiques, qui prennent désormais souvent le pas sur la froide analyse, ce principe de base ne doit-il pas être réexaminé à la lumière de quelques crises contemporaines ?

Khrouchtchev fut démis de ses fonctions en 1964 par le Praesidium du Comité central du PCUS qui dénonça son « aventurisme ». La qualification visait à l'évidence la crise des fusées de Cuba vécue en URSS comme une humiliation. Le retrait des fusées américaines Jupiter de Turquie, non annoncé publiquement par Washington, renforça la perception d'une reculade de Moscou. Mais pourquoi en effet les missiles furent-ils installés dans l'île, malgré les nettes mises en garde de Washington ? Améliorer une capacité de frappe nucléaire en premier (*first strike*) de l'URSS qui ne pouvait que provoquer une vigoureuse réaction de Kennedy ? Où fut la logique ?

La période Brejnev traduisit une plus grande rationalité soviétique, mais la guerre en Ukraine de la Russie, État successeur de l'URSS, ne relève-t-elle pas plutôt, en raison de mauvais calculs initiaux, des spasmes d'un projet impérial suranné ? Quelle que soit l'issue militaire, une guerre anachronique n'a-t-elle pas été perdue dès le 24 février 2022 face à des soldats de Valmy incarnant la lutte pour la liberté ?

L'attaque d'Israël par l'Iran fut présentée par la République islamique comme l'expression de « l'apogée » de la puissance iranienne. Une autre lecture pourrait souligner le constat d'une infériorité technologique de Téhéran – programme nucléaire excepté – alors que 99 % des vecteurs n'ont pas atteint leur cible. De plus, l'Iran aura réussi avant tout à renforcer une solidarité autour de Tel-Aviv, mise à mal en raison des développements à Gaza. L'ubris est une histoire ancienne remontant à l'Antiquité qui a joué bien des tours, notamment à la Perse.

Après les 13 jours de la crise de Cuba, il y eut les 12 jours des bombardements de Noël 1972, afin de faire plier le régime nord-vietnamien. Dans son ouvrage *Kissinger*, le Pr Charles Zorgbibe a développé la « théorie du fou » du tandem composé avec Nixon. Kissinger avait étudié à Harvard « *les utilisations politiques de la folie* ». Y aurait-il donc une folie inconsciente et subie et une folie simulée

aux vertus dissuasives ? Un responsable du régime iranien ne vient-
il d'ailleurs pas de déclarer : « *Nous sommes plus fous que vous ne l'imagi-
nez* » ?

Reconstruire le système international ?

Dans la mesure où un membre permanent du Conseil de sécurité
s'est affranchi des principes fondamentaux de la Charte des Nations
Unies, le système international reposant sur l'ONU s'en est trouvé
plus que fragilisé et, en réalité, bloqué et impuissant. Hormis le Conseil, seul doté d'un pouvoir de décision si les membres permanents
s'accordent, quels sont les autres organes principaux de l'Organisation, à commencer par le secrétaire général ?

Il y eut de grands secrétaires généraux de l'ONU : le Suédois Dag
Hammarskjöld, mort en mission en Afrique en 1961 dans un accident aérien ; l'Égyptien Boutros Boutros-Ghali qui sut tenir tête
dans les affaires du Proche-Orient et le paya de son poste ; le Gha-
néen Kofi Annan, homme de synthèse et d'un suprême équilibre
entre le monde occidental et les pays émergents ou en développement. Aucune femme n'a encore été secrétaire général, mais
plusieurs d'entre elles auraient déjà pu l'être et l'on peut ainsi citer
Kristalina Georgieva, aujourd'hui à la tête du FMI, ou encore avant
elle Mary Robinson, ancienne présidente de l'Irlande qui fut Haut-
commissaire des Nations Unies pour les droits de l'Homme. Cette
brève énumération n'est bien entendu pas limitative.

Le fait que Kofi Annan ait longtemps exercé des responsabilités
dans des fonctions de gestion éloignées des activités plus visibles du
Conseil de sécurité et de l'Assemblée générale avait contribué au relatif anonymat du candidat. Ce dernier avait de plus été rangé de
manière un peu expéditive dans la catégorie des fonctionnaires de
l'ONU ouverts a priori à la conception radicale de la réforme qui
prévalait à Washington. On pouvait aussi estimer qu'une telle suspi-
cion était non seulement blessante, mais ignorait la difficulté qu'il y
avait pour un fonctionnaire international digne de ce nom à tenir la
balance égale entre les membres permanents, à n'en être ni l'obligé
ni à s'opposer à eux de manière frontale.

Le bilan des deux mandats du secrétaire général est connu : le traumatisme du Rwanda, alors qu'il n'était pas encore secrétaire général, le marqua à jamais ainsi que la Bosnie ; les bombardements de l'OTAN en Yougoslavie en mars 1999, sans l'aval du Conseil de sécurité ; l'opération en Irak de 2003 qu'il qualifia « *d'illégale* » ; et l'attentat qui coûta la vie la même année au diplomate argentin Sergio Viera de Mello qu'il avait délégué à Bagdad ; mais aussi la bataille acharnée et continue contre le SIDA ; l'Agenda de 2000 pour l'ONU (« *Nous les Peuples : le rôle des Nations Unies au XXIe siècle* ») ; le Prix Nobel de la Paix en 2001, mais pourtant la marginalisation de l'ONU après le 11 septembre.

Pendant huit années comme secrétaire général, Kofi Annan rencontra les grands de ce monde et tant d'êtres humains anonymes sur les cinq continents. Le plus important fut que Kofi Annan ait été la noble incarnation de la communauté internationale et que nous gardions toujours vivant son message en conclusion de ses *Mémoires* (*Interventions*) : « *Des Nations Unies qui ne servent pas que les États, mais aussi les peuples et deviennent le forum où les gouvernements sont tenus responsables de leur comportement à l'égard de leurs propres citoyens, gagneront leur place au XXIe siècle.* »

L'inévitable élargissement du Conseil de sécurité

Aucun texte ne recense formellement les critères en fonction desquels un État membre peut accéder au Conseil en qualité de membre permanent. Mais le critère de participation aux opérations de maintien de la paix de l'ONU est jugé pertinent. De plus, il est généralement admis que la taille des pays, leur poids économique, leur rayonnement politique sont des références qui s'imposent. La France a ainsi longtemps soutenu publiquement les candidatures de l'Allemagne, du Japon, de l'Inde et celle d'un « *grand pays africain* ».

L'élargissement du Conseil, aurait pu se faire à la fin des années 90. On parlait alors du « Plan Razali », du nom de l'ambassadeur de Malaisie à l'ONU qui s'était beaucoup engagé sur ces questions. Mais ce sont les expériences nucléaires de l'Inde et du Pakistan en 1998 dont on peut estimer qu'elles ont bloqué le processus. La France qui parlait alors de « dissuasion minimale » n'a jamais publiquement critiqué New Delhi. Mais le processus s'en est trouvé entravé, car l'on ne pouvait récompenser des pays « proliférants » (NB : les Cinq permanents sont tous nucléaires, mais aucun ne l'était, y compris les États-Unis, au moment de l'adoption de la Charte de San Francisco en juin 1945).

En tout état de cause, en fonction de critères communément admis, l'élargissement du Conseil devrait se faire en fonction d'une double exigence : mieux refléter l'état du monde et préserver l'efficacité du Conseil. Cela veut dire que ce dernier ne doit pas, au-delà d'un certain nombre, devenir une seconde Assemblée générale à vocation uniquement délibérative. L'élargissement ne serait pas une réforme proprement dite modifiant en profondeur les mécanismes du système, mais il reflèterait mieux l'état réel du monde. On peut être sceptique sur la faisabilité d'une telle transformation, dans le contexte des extrêmes tensions actuelles. Mais il s'agit d'anticiper sur la sortie de crise et ne jamais oublier que la Société des Nations (SDN) est issue de la Première Guerre mondiale, de même que l'ONU en 1945 de la Seconde.

Un Conseil de Sécurité à l'arrêt : la situation actuelle au Conseil de sécurité de l'ONU est un révélateur essentiel de l'état du système international. Le Conseil a connu des phases de blocage et de paralysie, notamment au cours de la guerre froide. En fonction de l'issue de la guerre en Ukraine, on pourrait même assister à une profonde refonte de ce système. Mais l'heure est surtout, dans une forme de régression apparente, au retour des puissances, des rapports de force et de la guerre, là où l'on pensait qu'elle avait définitivement disparu. Dans ce contexte, y a-t-il encore une place pour la diplomatie ?

L'UN Bashing vit actuellement des jours favorables. Il est en effet commode de blâmer systématiquement l'Organisation des Nations Unies en temps de crises non résolues, comme s'il s'agissait d'une entité supranationale ayant failli à ses responsabilités. Si Louis XIV disait : « *L'État, c'est moi* », il faut rappeler à de larges couches mal informées de l'opinion publique que « *l'ONU, c'est nous* ».

L'ONU est en effet au service de ses États membres qui la dirigent, en particulier du Conseil de sécurité et a fortiori de ses membres permanents qui la gouvernent. L'Assemblée générale n'a qu'un rôle consultatif, ses résolutions n'étant pas exécutoires. Quant au secrétaire général de l'Organisation, il est le chef de l'administration, mais demeure entre les mains du Conseil de sécurité comme son titre le souligne ; il ne peut être au service d'un État, fût-il le plus puissant, mais il ne peut également s'y opposer de manière frontale, sans risque (NB : c'est celui qu'encourut Boutros Ghali) ; il doit donc rechercher en permanence le consensus ; le secrétaire général, s'il est doté de courage et d'autorité morale, peut en revanche s'appuyer sur un article de la Charte – un seul – l'article 99, en vertu duquel il peut *« attirer l'attention du Conseil sur toute situation qui mettrait en danger la paix et la sécurité internationales »*.

Le Conseil de sécurité est aujourd'hui paralysé dans la mesure où un membre permanent a « violé » la Charte de l'ONU en envahissant l'Ukraine. C'est ce qu'a immédiatement déclaré en ces termes mêmes le secrétaire général António Guterres, impuissant ensuite pour les raisons précédemment développées. Ce dernier, pleinement dans son rôle, s'est en revanche beaucoup impliqué dans la crise de Gaza, notamment pour ses aspects humanitaires.

Le système international, dominé par l'ONU, est donc actuellement bloqué et même pire, en état de dislocation, quand par exemple un consensus entre membres permanents n'est plus réuni pour sanctionner la Corée du Nord en raison de la poursuite de sa prolifération nucléaire. La Russie, qui a privilégié l'usage de la force sur le droit, en est largement responsable ; l'Ukraine n'en est pas moins sévère à l'égard de l'Organisation, de manière compréhensible mais peu réaliste, lorsque des voix s'y font entendre pour réclamer l'exclusion de la Russie de l'ONU ou remettre en cause son siège de membre permanent, maintenu au bénéfice de Moscou au moment de la succession de l'État soviétique. Les règles actuelles ne le permettent pas.

L'ONU, « le pire des systèmes, mais l'on n'en a pas trouvé de meilleur », selon la formule convenue, devra être réformée ; cela peut paraître irréaliste aujourd'hui, mais c'est au sortir de la guerre de 14-

18 qu'a été créée la SDN et en 1945 qu'a été fondée l'ONU. Un élargissement du Conseil devra a minima être opéré afin de mieux refléter l'état du monde. Cela se produira si nous le voulons vraiment, parce que c'est nous et que cela est pour nous tous.

4

Le président et l'infra-nucléaire

Quelle que soit la dimension intérieure des prises de position relativement du président de la République sur la question de la guerre et de la paix – dues à de mauvais sondages et à des perspectives préoccupantes pour les élections européennes du 9 juin 2024 – les déclarations réitérées sur « *les troupes au sol* » en Ukraine et la réflexion envisagée, à un stade ultérieur, sur la « *mutualisation* » à l'échelle de l'Europe des armements nucléaires français, ont sans doute aussi voulu s'inscrire dans une logique de dissuasion.

La transgression nucléaire

Alors que l'Ukraine éprouvait, semble-t-il, des difficultés à tenir sa ligne de front face à la Russie et que l'aide américaine renouvelée ne paraissait pas de nature à inverser le cours des choses, le président de la République a pu vouloir signifier que la France n'entendait pas rester inerte et ainsi prévenir un éventuel effondrement de Kiev. Le message fut à l'évidence adressé à la Russie, mais aussi aux partenaires européens avec en toile de fond le réexamen de l'architecture de sécurité sur le continent. La logique des propos fut celle de la dissuasion, ici conventionnelle, mais avec en filigrane l'armement nucléaire français.

Au cours de la guerre froide, le nucléaire a paradoxalement garanti une certaine stabilité du système international. Il n'en est plus de même aujourd'hui. Alors que le nucléaire avait assuré la paix, à l'exception notable de la crise des fusées de Cuba de 1962 où le monde fut au bord du gouffre, il permet et même favorise aujourd'hui la guerre. Une puissance nucléaire majeure s'appuie sur un arsenal redondant – par des déclarations voilées ou plus explicites – pour affronter un État non doté. Ce cas de figure pourrait bien devenir un modèle de référence et l'on serait alors bel et bien entré dans l'ère de « l'infra-nucléaire », c'est-à-dire dans une période d'érosion de la dissuasion classique. À titre d'exemple, les armes nucléaires emportées par les *Rafale* français – qui sont des armes préstratégiques « d'ultime avertissement » – deviendraient-elles à terme des armes tactiques d'emploi potentiel sur le champ de bataille ?

Le débat est sans doute quelque peu prématuré tant que les États-Unis garantissent à de nombreux pays européens un « parapluie » nucléaire. On peut même penser d'ailleurs que – même en cas de victoire de D. Trump – ils ne quitteront pas l'OTAN qui leur offre bien des avantages.

Avoir à nouveau des armes nucléaires tactiques signifierait pour la France l'acceptation théorique d'une guerre nucléaire limitée sur le continent européen. Si l'on considère que son nucléaire stratégique serait alors de facto « découplé » en quelque sorte de ses autres moyens nucléaires, cela signifierait un changement majeur de sa doctrine. Le général de Gaulle, sauf erreur, avait eu en son temps une réflexion comparable à propos des armes tactiques américaines en Europe qu'il avait considérées comme des armes de découplage par rapport au système central de Washington.

Au fond, peut-on croire à la possibilité du recours à l'arme nucléaire sur le continent européen ? Notre nucléaire n'est-il finalement pas réservé à la menace que pourraient faire peser de nouvelles puissances nucléaires, jugées a priori irrationnelles ?

Appeasement et seuil nucléaire

Le spectre de Munich continue de nous hanter et, curieusement, de manière paradoxale – alors que les crises internationales contemporaines sont très différentes de celle des Sudètes en 1938 (NB : nous ne négocions pas par exemple à la place des Ukrainiens, comme nous l'avons fait pour la Tchécoslovaquie) – nous avons tendance à nous laisser bercer, sinon à succomber, à la musique doucereuse de l'*appeasement*.

Une absence de réaction d'Israël, après l'envoi de nuées de drones et de missiles par l'Iran, a été souhaitée par beaucoup au nom d'une nécessaire retenue, que l'on peut aussi appeler un lâche soulagement. Ce langage est clairement renouvelé aujourd'hui – alors qu'Israël vient d'adresser un message à Téhéran en visant un site militaire près d'Ispahan – dans des prises de position officielles. Ainsi en est-il par exemple de la présidente de la Commission européenne qui a invoqué de manière étrange la stabilité qui prévalait dans la région avant ce dernier développement (cf. « *Il est absolument nécessaire que la région reste stable…* »). Ou encore de la France ayant déclaré « *travailler à la désescalade* ».

Mais au-delà de l'affrontement entre Téhéran et Tel-Aviv, demeure la lancinante question du programme nucléaire militaire iranien. Le franchissement du seuil nucléaire par l'Iran signifierait plus qu'un bouleversement régional et en vérité affecterait l'ordre (ou désordre) mondial.

Lors de sa visite d'État aux États-Unis en 2018, lors de son premier mandat présidentiel, le président de la République française déclara solennellement devant le Congrès que l'Iran ne devrait jamais être une puissance nucléaire (NB : « *Ni aujourd'hui, ni dans cinq ans, ni dans dix ans* » ; « *never, never* », répéta-t-il). Il est indispensable que nous nous en tenions fermement à cette ligne. Israël, avec le *nihil obstat* de Washington, a sans doute adressé à l'Iran – après la première vague de missiles et de drones subie – un ultime avertissement. Si Tel-Aviv a affirmé par la voix de son Premier ministre, qu'il ne céderait pas aux pressions et défendrait ses intérêts vitaux, ces derniers – dans le cas d'espèce – sont aussi les nôtres.

Parapluie nucléaire français et autonomie stratégique européenne

Il convient de réfléchir à la question de la protection nucléaire de l'Europe, alors que l'engagement futur des États-Unis sur le continent et la pérennité du parapluie nucléaire américain sont remis en cause. De son côté, le président de la République française a ouvert un débat public sur une éventuelle « mutualisation » des armes nucléaires françaises.

La doctrine française actuelle de dissuasion n'envisage nullement cette perspective. Elle se contente d'évoquer les « intérêts vitaux » de la France, qui pourraient, le cas échéant – mais rien n'est clairement précisé – être étendus à l'espace géographique européen.

La mutualisation de la force de dissuasion française n'a absolument aucun sens si le parapluie nucléaire américain est maintenu, et les pays européens qui en disposent n'échangeront pas un parapluie contre un autre ; il n'est un secret pour personne qu'un pays comme l'Allemagne, par exemple, préférera toujours être sous protection américaine plutôt que française. Avant de s'engager dans le débat sur la « mutualisation », il faudrait donc que le statut de l'Alliance atlantique et les doctrines d'emploi de l'arme nucléaire par les Français évoluent sensiblement.

De plus, d'un point de vue technique, l'arsenal français n'est pas adapté pour apporter une garantie aux partenaires européens. Contrairement aux armes nucléaires tactiques américaines sur le sol européen, portées notamment par des avions américains (NB : cela nécessite l'achat d'avions F-35 par les alliés des États-Unis), les armes nucléaires françaises portées par les avions *Rafale* ne sont pas des armes tactiques ; ce sont des armes pré-stratégiques très puissantes, dites de « dernier avertissement » avant l'apocalypse nucléaire.

Si le président français se projette sans doute dans l'avenir très lointain d'une autonomie stratégique européenne – qui ne se limite d'ailleurs pas au secteur de la défense – il reste encore de nombreuses étapes à franchir. La France n'envisage pas pour l'instant de partager le processus de codécision nucléaire. La doctrine française de dissuasion reste centrée sur les intérêts nationaux vitaux. Le général de Gaulle a bien compris à l'époque que les armes nucléaires tactiques américaines étaient un moyen de se « désengager » des systèmes centraux de Washington. En un sens, cela signifiait accepter la perspective d'une confrontation nucléaire avec l'Union soviétique, mais limitée à l'Europe. Pour la France, qui a abandonné ses armes tactiques Hadès, la situation est différente.

Toute menace existentielle pour la France implique l'utilisation potentielle d'armes stratégiques. Les évocations du président français apparaissent donc dangereuses et irréalistes. Pourrions-nous assumer la menace de voir nos missiles stratégiques transportés par des sous-marins à cause du Donbass ? Un peu de sérieux et de sens des responsabilités : la dissuasion n'est pas un jouet que l'on agite pour le plaisir.

Face aux crises de l'infra-nucléaire : l'invasion de la Russie

Il n'y a pas eu de trêve olympique entre la Russie, dont de nombreux sportifs ont d'ailleurs été écartés des Jeux ou réduits à y figurer sous une bannière neutre, et l'Ukraine. La guerre de haute intensité n'a cessé de se poursuivre sur le continent européen – au rythme de pertes humaines quotidiennes considérables (NB : les Ukrainiens avancent le chiffre de 1 000 victimes russes par jour) – alors que les regards étaient tournés de manière prioritaire vers le Proche et Moyen-Orient. L'audacieuse pénétration ukrainienne en territoire russe dans la région de la ville de Koursk, à partir du 6 août 2024, en a été une démonstration supplémentaire qui pourrait faire évoluer, voire changer la donne dans le conflit.

Le pari de Pascal de Kiev

L'incursion surprise ukrainienne – (NB : il s'agirait d'une bande frontalière d'environ 40 km de large et 30 km de profondeur ; le ministre de la Défense ukrainien a parlé de 1 000 km^2) – fut la première avancée spectaculaire des forces de Kiev depuis la libération de Kharkiv à la fin de l'année 2022 ; elle fut la première opération militaire traduisant une capacité de réaction de l'Ukraine, qui n'avait plus fait que subir depuis l'échec de la « contre-offensive » de l'automne dernier.

Le pari ukrainien pourrait avoir été le suivant : l'audace de l'entreprise a tout d'abord consisté à dégarnir d'autres fronts orientaux pour les besoins de cette attaque spécifique et à pousser Moscou à faire de même ; l'opération a été portée sur le territoire russe lui-même, jamais envahi depuis 1941, et non plus sur des entités du Donbass que la Russie a annexées d'autorité. L'Ukraine n'a naturellement pas la capacité à occuper dans la durée une partie du territoire russe, mais ce faisant fut ainsi exposée la vulnérabilité de la Russie le long de ses interminables frontières ; par ailleurs, l'objectif a sans doute aussi été politique en visant à faire la démonstration de l'incapacité du pouvoir central de Moscou à assurer la sécurité de sa population sur l'ensemble du territoire (NB : plus de 120 000 civils russes auraient déjà fui la zone frontalière ou auraient été déplacés). Cette double faiblesse est potentiellement de nature à introduire une gangrène dans la solidité du régime.

D'autres explications ont aussi été avancées pour expliquer cette campagne imprévue : des facteurs psychologiques (NB : il se serait agi ainsi de relever le moral de la population ukrainienne ne voyant aucune lueur au bout du tunnel de deux ans et demi de guerre ; a contrario, le narratif russe sur l'invincibilité s'en est trouvé atteint alors que Koursk est aussi la référence tragique et toujours traumatisante de la disparition en mer, en août 2000, du sous-marin du même nom) ; la volonté de signifier aux appuis occidentaux qu'aider l'Ukraine n'est pas jeter dans un puits sans fond mais peut produire des résultats militaires (NB : il est à noter que l'intervention ukrainienne en Russie s'est appuyée également sur des équipements militaires réunissant blindés et défenses anti-aériennes, fournis par l'Ouest).

Le pari s'est avéré osé et pourrait provoquer aussi un choc en retour. Si l'opération devait être durable, elle aurait aussi un coût militaire et humain pour Kiev de nature à altérer ses capacités de défense à l'avenir. Si l'objectif visait à « prendre des gages » pour un échange de territoires, dans le cadre de futures négociations en vue d'un règlement d'ensemble, il n'est pas assuré que la Russie se prêterait à ce jeu. Mais le principal danger réside dans le scénario d'une escalade militaire à des niveaux jamais atteints ; il s'agit ici d'évoquer le risque de l'emploi de l'arme nucléaire tactique.

Un ultime avertissement à Zaporijjia ?

Si l'offensive ukrainienne semble avoir pris plusieurs chancelleries occidentales par surprise, il convient de se rappeler que le discours des pourvoyeurs d'armements à Kiev avait évolué, avec le temps, dans le sens d'une plus grande compréhension quant à l'utilisation de ces moyens sur le territoire russe, perspective qui fut longtemps clairement écartée.

Le président Poutine n'a pas manqué de rapidement dénoncer cette évolution dans des déclarations martiales se situant dans sa logique constante de dénonciation d'un affrontement avec l'Ouest par Ukrainiens interposés (cf. « *L'Ouest nous fait la guerre en utilisant les Ukrainiens* » ; « *L'ennemi recevra assurément la réponse qu'il mérite et tous nos objectifs, sans l'ombre d'un doute, seront atteints* »).

Il convient de revenir ici sur l'incendie qui s'est produit de manière quasi concomitante à la centrale nucléaire de Zaporijjia en Ukraine, actuellement contrôlée par les forces russes. Après un échange d'anathèmes entre les deux belligérants sur la responsabilité dans l'incident, il semble que les forces d'occupation de la zone aient pu être responsables du feu qui s'est déclaré dans l'une des tours de refroidissement de la centrale. L'incendie n'a à aucun moment menacé les réacteurs nucléaires eux-mêmes, distants de plusieurs centaines de mètres, pas plus que les déchets radioactifs usagés entreposés à proximité mais protégés dans le béton et l'acier. Très rapidement, la Russie a annoncé que le problème survenu – qui fut spectaculaire avec des colonnes de fumée s'élevant très haut dans le ciel – était sous contrôle. Mais l'on peut se demander si le message de Moscou adressé à Kiev n'a pas consisté à dire que des destructions seraient possibles sur place qui provoqueraient un accident nucléaire majeur affectant l'Ukraine avec des radiations importantes. De plus, une centrale nucléaire, de type Tchernobyl, étant en service à proximité de Koursk, aurait ainsi formulé un avertissement supplémentaire (NB : les autorités régionales russes sont en train de procéder à l'évacuation de nombreux civils résidant à proximité de la ville de Koursk). S'il faut distinguer le nucléaire civil du nucléaire militaire, n'a-t-on pas touché ici à la « grammaire » de la dissuasion ?

La guerre froide fut notamment caractérisée par l'équilibre de la terreur, fondé principalement – et paradoxalement – sur une « destruction mutuelle assurée » reposant elle-même sur la possession d'armes nucléaires stratégiques. Tel n'est plus le cas, dans un monde de dispersion de la puissance, en lieu et place du condominium américano-soviétique, de décomposition du système international, d'alliances à la carte et, pour résumer, de grande volatilité. Le recours à l'arme nucléaire, évoqué de manière plus que subliminale – mais non pas officiellement – au cours de la guerre en Ukraine qui met en opposition un État « doté » et une puissance militaire conventionnelle, permettrait alors de parler de « déséquilibre de la terreur ».

Des fuites datant d'il y a quelques mois – organisées par Moscou ? – de documents classifiés russes, répartis sur la période 2008-2014, ont fait apparaître des seuils d'emploi de l'arme nucléaire tactique plus bas que ce que l'on imaginait ; une attaque ennemie sur le territoire russe, l'anéantissement d'unités frontalières, avaient ainsi alors été retenus parmi les critères de décision de l'emploi de l'arme. Le président Poutine lui-même a rappelé il y a un an environ les principes de base de la doctrine nucléaire russe : riposte à une attaque nucléaire en premier (cf. *first nuclear strike*) ; mise en cause de l'existence de l'État russe en raison d'une menace provenant même de l'usage d'armes conventionnelles.

Il faut enfin distinguer la doctrine telle qu'elle est affichée et la doctrine telle qu'elle est en réalité. Tous les États dotés entretiennent ainsi l'imprécision sur les conditions théoriques du recours à l'arme nucléaire ; il en est ainsi du concept français « *d'intérêts vitaux* ». En Russie, comme ailleurs, la pensée stratégique se caractérise par une évolution et une adaptation permanentes visant à proposer au décideur différentes options crédibles ; ce processus de réflexion est nécessaire et trouve naturellement ses limites dans les décisions que seul le pouvoir politique au plus haut niveau est appelé à prendre.

À cet égard, il convient de prêter attention aux analyses relativement récentes de spécialistes russes des questions internationales et stratégiques, réputés proches du Kremlin. C'est le cas de Sergueï Karaganov, président honoraire du *Council on Foreign Defense Policy*, qui a publié en juin 2023 un article très remarqué, intitulé « *A Difficult but Necessary Decision* ».

S. Karaganov va bien au-delà de la guerre en Ukraine, où il ne voit pas de bons scénarios de sortie pour la Russie : qu'il s'agisse d'une victoire partielle (NB : la libération de quatre entités dans le Donbass) ou écrasante, le coût sera élevé, et la Russie restera mobilisée contre l'Occident. La question est pour lui de savoir comment mettre fin durablement à la politique de soutien de l'Occident à Kiev, qui ne fait qu'affaiblir la Russie.

Une longue description de l'affaiblissement du monde occidental (cf. « *cinq siècles pendant lesquels les richesses du monde ont été exploitées* ») et, en même temps, de son agressivité renouvelée à l'égard du monde qui échappe à son contrôle est ensuite développée. Face à l'Occident, un nouveau groupe émerge, baptisé « majorité mondiale », dont les moteurs économiques sont la Chine et, dans une certaine mesure, l'Inde, et dont le « pilier militaro-stratégique » est la Russie.

La Russie n'avait pas compris, selon lui, l'inévitabilité d'une confrontation majeure avec un monde hostile pour lequel l'Ukraine est un champ de manœuvre. Cette erreur de perception avait eu pour conséquence de placer le seuil nucléaire à un niveau trop élevé. De plus, pendant plus de 75 ans de paix relative à l'échelle mondiale, la réalité des horreurs de la guerre avait été oubliée. La peur, garante de la paix relative, devait être réactivée pour briser la tendance à l'agression de l'Occident. Sans oublier les sources européennes de son histoire et de sa culture, la Russie devait se recentrer sur l'Eurasie. C'est ce que le ministère russe des Affaires étrangères (MID) avait théorisé avec le concept « *d'État-Civilisation* ».

Comme le dit S. Karaganov, se référant aux déclarations des responsables russes sur la menace nucléaire, « *l'ennemi doit savoir qu'une frappe préventive est possible en réponse à une agression* ». L'échelle devait être gravie rapidement vers la dissuasion-escalade, et S. Karaganov affirme qu'aucune riposte américaine n'interviendrait alors en faveur des Européens. Il admet que les principaux partenaires de la Russie, à commencer par la Chine, qu'il qualifie de « *faible* » en matière nucléaire, ne se satisferaient pas d'une élévation de la confrontation au niveau nucléaire, mais apprécieraient que le statut des États-Unis soit ébranlé. En conclusion, le « *tabou nucléaire* » devait cesser.

Ces réflexions ne s'appliquent pas nécessairement à la situation prévalant autour de Koursk, mais elles vont même au-delà de ce cas de figure en prônant la valeur quasiment pédagogique de l'emploi de l'arme nucléaire. Lors d'un Forum de Valdaï, tenu à Sotchi, Serguei Karaganov a interrogé publiquement V. Poutine sur la question de l'abaissement du seuil nucléaire. Le président russe est resté sur la réserve en s'en tenant à l'exposé d'une conception tout à fait classique, telle que déjà exprimée. Mais au-delà des enjeux purement militaires, le pouvoir russe peut-il aujourd'hui laisser porter atteinte à son autorité, processus contredisant sa volonté de puissance, avec le risque que cela comporte aussi pour la stabilité intérieure du pays ?

5

Métamorphose du pouvoir russe

L'opération militaire de type coup d'État lancée par le chef de la milice Wagner le 24 juin 2023 dans le sud-ouest de la Russie contre le gouvernement central de Moscou, a confirmé l'émergence dans la vie politique russe d'une catégorie d'acteurs oubliée depuis plus de 30 ans – depuis le putsch d'août 1991 contre Gorbatchev – celle des seigneurs de la guerre/putschistes.

Dans le sillage de la guerre en Ukraine, dont les scories sont alors retombées sur le pays qui l'a déclenchée, la Russie fut clairement déstabilisée sur le plan interne. Ces événements ont signé l'échec, pour un temps au moins, de Vladimir Poutine, dont le programme était perçu par le peuple russe comme dominé par les objectifs de reconstruction de l'État, de garantie de la stabilité intérieure et d'amélioration du niveau de vie.

Avant même la crise déclenchée par le putsch, le comportement des dirigeants russes, au pouvoir depuis de nombreuses années, semblait méconnaissable. De partenaires/adversaires prévisibles, ils étaient devenus des acteurs incompréhensibles. L'attaque contre l'Ukraine elle-même, avec des moyens considérables et selon des modalités inédites sur le continent européen depuis la Seconde Guerre mondiale, n'avait généralement pas été prévue – à l'exception de certains services de renseignement – en raison de sa dimension irrationnelle et des conséquences qu'elle entraînerait.

Des acteurs méconnaissables

Prenons quelques exemples : Sergueï Lavrov, qui tenait un discours parfaitement légaliste à l'ONU, où il fut ambassadeur pendant dix ans, est devenu inaudible après l'annexion de la Crimée en 2014.

Margarita Simonian, qui avait créé *Russia Today*, un média qui se voulait moderne et répondant aux standards occidentaux, a brutalement évolué jusqu'à adopter le style le plus provocateur, exclusivement au service de la propagande. Dimitri Medvedev était un président ouvert, prônant la diversification économique et œuvrant au développement d'une sorte de Silicon Valley moscovite à Skolkovo, mais il sembla naufragé, proférant des menaces extrêmes. Des spécialistes des relations internationales et grands connaisseurs de la pensée stratégique occidentale, comme Sergueï Karaganov, Fyodor Loukianov – respectivement à la tête du *Council for Foreign and Defence Policy* et rédacteur en chef du magazine *Russia in Global Affairs* – et Dimitri Trenin, ancien directeur de la Fondation Carnegie à Moscou, réfléchissent aujourd'hui à la possibilité d'emploi d'armes nucléaires tactiques. Seul Dmitri Peskov, le porte-parole du Kremlin qui occupait le même poste il y a dix ans, maintient les apparences compte tenu de sa position, mais il ne peut évidemment pas s'écarter de la ligne officielle.

Le Talleyrand russe

Le cas de Sergueï Lavrov mérite que l'on s'y arrête, car il est l'incarnation la plus surprenante des changements d'attitude radicaux intervenus ces dernières années. Le ministre russe des Affaires étrangères a limité ses interventions publiques. Cela ne signifie nullement qu'il est demeuré inactif, car la mobilisation de pays qui ne sont pas a priori insensibles au récit de la Russie, notamment au sein de ce que l'on appelle désormais le « Sud global » où il s'est beaucoup rendu, est un élément important de la stratégie du président Poutine pour faire apparaître le conflit comme une confrontation avec l'Occident.

Sergei Lavrov a parfois été surnommé le « Talleyrand russe » en raison du poste qu'il occupe à la tête de la diplomatie de son pays depuis une vingtaine d'années, mais il a sans doute été ainsi mal nommé parce que ses manières ont toujours été plus directes – au risque d'être parfois considérées comme rugueuses – que les contorsions alambiquées et les manœuvres d'alcôve de son illustre prédécesseur. Il faut plutôt voir en lui une sorte de « Chou En-lai russe », l'air patricien en moins, c'est-à-dire un patriote et un défenseur acharné de l'État en toutes circonstances.

Sergueï Lavrov, l'inamovible, a occupé des postes de responsabilité pendant une trentaine d'années, dès 1992 en tant que vice-ministre et chef du département des Nations unies et des organisations internationales du ministère russe des Affaires étrangères (MID) ; il a été l'interlocuteur des plus grands, et a surtout apprécié sa relation de partenaire-adversaire des États-Unis. Dans ce rôle, il a été pleinement en phase avec les aspirations de la Russie à maintenir – ou plutôt à tenter de retrouver – le niveau atteint au bon vieux temps du condominium américano-soviétique.

L'expérience qu'il a acquise lors de son séjour à New York, d'abord comme conseiller d'ambassade puis comme représentant permanent de son pays au Conseil de sécurité de l'ONU, et sa maîtrise de la langue anglaise après une décennie d'expatriation aux États-Unis, ont facilité l'accomplissement de sa tâche.

L'année 2013 a été une sorte de point culminant dans la carrière et la visibilité internationale du ministre, puisqu'il a traité à la fois des affaires ukrainiennes et du dossier syrien avec son homologue américain, le secrétaire d'État John Kerry. Je me souviens d'un déjeuner de travail à Londres en avril 2013, dans le cadre de la réunion des ministres des Affaires étrangères du G8. Le seul sujet à l'ordre du jour était le Proche et le Moyen-Orient. John Kerry, qui revenait d'une tournée dans la région, avait fait un brillant compte rendu à ses collègues, et seul Sergueï Lavrov avait pris la parole pour le commenter et affirmer ses positions.

À l'égard de la France, Sergueï Lavrov a toujours fait preuve de considération. En marge de cette même réunion ministérielle du G8 sous présidence britannique, le ministre français des Affaires étrangères Laurent Fabius fut le seul interlocuteur avec lequel il accepta d'avoir des discussions bilatérales approfondies, malgré des créneaux horaires très limités dans un calendrier particulièrement dense. Là encore, Sergueï Lavrov s'inscrivit dans une tradition de dialogue franco-russe constant, quelles que soient les divergences ;

les origines arméniennes de son père lui donnèrent-elles une sensibilité particulière et influencèrent-elles ainsi son approche générale des relations bilatérales ?

Le profil bas de la diplomatie

L'année 2014 a été une sorte d'*annus horribilis* pour la diplomatie russe. En effet, l'annexion de la Crimée contrevenant aux règles internationales a immédiatement rendu inaudible le discours toujours légaliste du ministre russe. C'est en grande partie cette rigueur qui avait fait la force du discours de Sergueï Lavrov aux Nations Unies, en particulier au Conseil de sécurité. À l'époque, la position anti-révisionniste de la Russie à propos d'un système international sous l'égide de l'ONU se résumait ainsi : toute la Charte, rien que la Charte.

L'influent ministre – et le fameux discours de Munich du président Poutine en 2007 dénonçant la tendance à un monde unipolaire peut être considéré comme d'inspiration « lavrovienne » – et toute son administration, qui avait été revigorée par Evgeny Primakov avant que Sergueï Lavrov ne remplace ce dernier à la tête du ministère des Affaires étrangères (MID), se sont effacés devant le président russe, devenu le leader sans partage du pays, à l'intérieur comme à l'extérieur.

La fameuse réunion du Conseil de sécurité à Moscou, à la veille de l'attaque contre l'Ukraine, a sans doute été un moment difficile pour le ministre des Affaires étrangères, qui est apparu quelque peu abasourdi, à en juger par les images rendues publiques. Mais le ministre a tout de même échappé à l'humiliation subie par d'autres participants, du secrétaire du Conseil de sécurité Nikolaï Patrouchev au chef du renseignement extérieur (SVR) Sergueï Narychkine, en passant par l'ancien président et Premier ministre Dmitri Medvedev.

Si la guerre n'est que le prolongement de la politique par d'autres moyens, selon la célèbre formule de Clausewitz, il est clair que l'invasion de l'Ukraine n'a laissé à la diplomatie russe d'autre issue que de se faire l'écho du récit établi au sommet de l'État sur les « *génoci-*

daires et les néonazis de Kiev». C'est dans ce contexte général qu'il faut replacer les prestations médiatiques de Sergueï Lavrov.

L'indicateur Lavrov

Il est clair que, sa parole se faisant rare, le ministre Lavrov est peu apparu sous les feux de la rampe pendant le conflit ; lorsqu'il l'a fait, aucun détail de l'intervention n'a été négligé jusqu'à une forme de mise en scène de l'événement. Ce fut le cas à la télévision française le 29 mai 2022, où, de manière tout à fait inhabituelle, le cadre du discours n'était pas l'habituelle et impersonnelle salle de presse du MID, mais un salon confortable du ministère ou de son hôtel particulier *(Osobniak)* destiné à accueillir des visiteurs de marque. Comme si, dans un monde inondé d'images et de déclarations guerrières, il fallait restituer, fût-ce de façon artificielle, l'atmosphère retrouvée d'une certaine normalité et d'un apaisement souhaité.

Le choix d'un média français n'a pas non plus été indifférent. Malgré quelques commentaires acerbes sur le rôle de la France dans le soutien à l'Ukraine (cf. « *La France nourrit le nationalisme ukrainien… elle fournit des armes offensives* »), Sergueï Lavrov a insisté sur le dialogue ancien et constant entre le président français et son homologue russe.

Sur le fond, le ministre est apparu combatif et fidèle à sa réputation. Il a fait référence, comme prévu, à la doctrine de Moscou (cf. la protection du peuple et de la langue russes ; le rapprochement continu de l'OTAN des frontières de la Russie ; la remise en question des États-Unis en tant que « *souverain du monde* » et de l'Ukraine en tant « *qu'instrument d'un monde unipolaire* ») et a répété ad nauseam le discours sur la nécessité de « dénazifier » l'Ukraine. Mais la tonalité d'ensemble de l'entretien a en fait corrigé cette apparente intransigeance.

Sergueï Lavrov n'a assigné à son pays aucun autre objectif de guerre que les entités autoproclamées du Donbass (cf. « *la priorité absolue est la libération de Donetsk et de Lougansk* »). Il a reconnu les efforts de la France, tout en soulignant son isolement en Europe, pour promouvoir une « *nouvelle architecture européenne de sécurité* » et une « *autonomie stratégique* ». S'il n'a pas donné l'impression que son pays était en position d'exigence (cf. Il a répété à plusieurs reprises : « *Nous ne nous imposons pas* »), il n'a en aucun cas fermé la porte au dialogue franco-russe au plus haut niveau.

La question des sanctions n'a été qu'effleurée ; Sergueï Lavrov les a qualifiées « *d'hystériques, révélatrices d'impuissance, et préparées depuis long-temps pour empêcher le développement de la Russie* ». Il s'est montré pessimiste quant aux perspectives de leur levée, alors que la question est sans doute prioritaire pour Moscou. Le recours inconsidéré au blocus céréalier ukrainien, qui a eu des répercussions mondiales, pourrait en effet s'avérer être une arme à double tranchant pour la Russie. Outre le risque d'une dégradation supplémentaire de son image dans les pays en développement ouverts à ses vues, les conséquences économiques à long terme pourraient s'avérer désastreuses. Également affectée, l'Europe s'est efforcée de réorienter ses approvi-sionnements énergétiques de l'Europe, en organisant par exemple le transit via la Roumanie et la Pologne des 25 millions de tonnes de céréales un moment bloquées. Cette situation d'ensemble peut expli-quer la relative ouverture dont le président Poutine a fait preuve sur ce sujet avec le président français et le chancelier Scholz.

L'exégèse des propos du ministre russe des Affaires étrangères (cf. supra) appelle à la prudence et doit être confrontée à la réalité. Néan-moins, le retour de Sergueï Lavrov sur le devant de la scène – s'il devait se confirmer – serait une nouvelle encourageante, signifiant qu'une voie diplomatique n'est pas totalement fermée. Au lende-main du putsch de juin, Sergueï Lavrov est intervenu pour déclarer que les activités de la milice Wagner se poursuivraient en Afrique. Mais dans le même temps, le porte-parole du Kremlin a salué les efforts de la diplomatie vaticane. Manifestement, l'ébranlement du pouvoir russe provoqué par l'escapade moscovite d'Evgeny Pri-gojine a introduit une nouvelle situation qui pourrait affecter la conduite de la guerre en Ukraine. En tout état de cause, la discrétion ou la visibilité de Sergueï Lavrov restera un indicateur important des intentions des autorités russes dans le choix de la guerre et de la paix.

D'un putsch à l'autre

Le putsch de juin 2023 ne fut pas sans similitude avec celui d'août 1991 contre Mikhaïl Gorbatchev. Dans les deux cas, il s'est agi d'une opération organisée par les forces les plus radicales du pays : à la fin de l'Union soviétique, furent concernés certains des derniers défenseurs du système, qu'ils soient issus de l'appareil d'État ou communistes, et des courants nationalistes ; en 2023, l'on assista à une réaction de forces extrémistes dont les objectifs n'étaient pas parfaitement clairs.

Mais trois différences essentielles ont permis de distinguer les deux événements : le putsch de 1991 est venu de l'intérieur de l'appareil d'État, alors que Wagner était une milice, bien qu'ayant certains liens de consanguinité avec le pouvoir exécutif ; les éléments les plus conservateurs du ministère de la Défense, du ministère de l'Intérieur et du KGB, que Gorbatchev lui-même avait fait entrer au gouvernement dans l'espoir de les neutraliser, se sont retournés contre lui. En 2023, l'opposition dite démocratique – qu'il s'agisse de Mikhaïl Khodorkovsky depuis son exil londonien ou de Navalny depuis sa prison – s'est égarée, au risque de se discréditer en soutenant immédiatement Evgueni Prigojine. Enfin, le peuple fut absent du débat en 2023, alors que 1991 a été l'un des rares moments de l'histoire de la Russie contemporaine où les masses populaires ont joué un rôle important : Boris Eltsine n'était pas seul sur un char devant la Maison-Blanche, mais très entouré par le peuple ; la rue a dit non au retour au passé et a défendu, sans en être forcément consciente, les gains de liberté que lui avait apportés Mikhaïl Gorbatchev ; elle se montra ensuite ingrate à l'égard de Gorbatchev.

La vacance du pouvoir russe

Dans ces circonstances dramatiques, il fut clair que le pouvoir sans partage de Vladimir Poutine depuis près de 25 ans n'était pas seulement remis en cause, mais qu'il vacillait aux yeux de la Russie dans son ensemble et du monde entier. Une guerre civile a même commencé car, contrairement à la réécriture de l'Histoire par les principaux acteurs, le sang a coulé entre Russes le long de la route entre Rostov-sur-le-Don et Moscou.

Il est prématuré de tirer des conclusions de ces développements considérables sur la scène intérieure russe, bien au-delà de cette dernière et ayant affecté à la fois la guerre en Ukraine et la perception extérieure de la Russie. La première question qui s'est alors posée naturellement fut la suivante : Poutine était-il désormais politiquement mort, comme l'avait été Gorbatchev au lendemain du putsch de 1991, sa démission intervenant quelques mois plus tard, le 25 décembre de la même année ? Face aux mutins, le président russe n'eut d'autre choix que de faire une déclaration très ferme sur la « *trahison* » et le « *coup de poignard dans le dos* ». Mais beaucoup soulignèrent que ce ton martial ne s'était pas traduit en actes, dans une sorte d'aveu d'impuissance. En effet, V. Poutine avait-il les moyens de réagir, le gros de ses troupes régulières étant déployé sur le front ukrainien, à part en faisant sauter quelques dépôts de carburant dans la région de Voronej pour tenter de ralentir la progression des insurgés ? Prigojine ayant manifestement des appuis au sein des structures étatiques, Vladimir Poutine aurait-il pu prendre le risque, s'il en avait la capacité, de recourir à la force au risque de déclencher une guerre civile en plus d'un conflit extérieur ? C'est sans doute ce qui explique sa référence, dans son premier discours au début de la rébellion, aux événements de 1917, étant entendu qu'il ne pouvait exclure l'exécution éventuelle de Nicolas II et de sa famille par les Rouges à Ekaterinbourg.

Quant à son adversaire Prigojine, il a été un peu vite présenté comme le vainqueur de l'opération, ayant mis en évidence la faiblesse du pouvoir et même humilié son ancien protecteur. Mais cette interprétation a été rapidement corrigée. La soudaine volte-face de ses troupes à 200 km de Moscou n'a pas été comprise. Le chef de Wagner avait-il les moyens d'atteindre Moscou sans coup férir ? Pouvait-il contrôler la capitale ? Avait-il suffisamment d'appuis ? Les doutes se sont rapidement installés et ont conduit à une piteuse retraite.

En l'absence d'un vainqueur clair ou d'un perdant incontestable, ce qui est ressorti de cet épisode dramatique, c'est l'abyssale vacance du pouvoir dans un pays que l'on croyait jusqu'alors caractérisé par une impitoyable distribution verticale du pouvoir.

Evgueni Prigojine a perpétré une double tromperie : d'une part, par rapport à la guerre, les hommes de Wagner ont pu être considérés comme de bons combattants du côté russe, et il semble d'ailleurs qu'ils aient obtenu des résultats à Bakhmout, mais avant même le putsch, Prigojine avait dénoncé la guerre dans des termes que Kiev n'aurait pas rejetés, ce qui a créé une grande confusion ; face aux élites russes, le leader de Wagner s'est lancé dans une « *marche pour la justice* », élaborant un embryon de programme politique basé sur la lutte contre « *la corruption, le mensonge et la bureaucratie* », alors même qu'il incarnait les vices d'un système oligarchique. Son « parler vrai » fut en réalité empreint de démagogie et de mensonges.

Quant au président russe, il s'est trouvé dans une double impasse, face à la guerre, à la surenchère des nationalistes, aux médias et à toutes les forces qu'il avait mobilisées pour son projet. Le putsch lui a brutalement révélé que la guerre corrompait son pays et détruisait l'État. Mais s'engager à ce moment précis dans une sortie du conflit n'aurait fait que confirmer sa faiblesse. Renforcer la guerre, en sens inverse, n'aurait pu qu'alimenter la poursuite de la désintégration du pays. Les scénarios furent donc difficiles à écrire.

Quel modèle ?

Dans le contexte d'un conflit dont la maîtrise n'était pas assurée, c'est l'absence d'un projet politique, susceptible de conduire à une nouvelle poussée d'irrationalité, qui fut finalement le plus grave. De manière différente, en 1991, au moment du putsch, l'Union soviétique existait encore formellement et le putsch fut le fait des éléments les plus conservateurs de l'appareil d'État (cf. ministères de la Défense, de l'Intérieur et KGB) attachés à la préservation du système. Face à eux, Boris Eltsine se posa en défenseur de la liberté naissante (NB : enfin, grâce à Gorbatchev), soutenu par le peuple qui était descendu dans les rues de Moscou.

Quel était le projet désormais ? La stabilité que Poutine avait incarnée pendant tant d'années ? Ou étions-nous entrés dans une « période de troubles », comme la Russie en avait connus tout au long de son histoire ? L'augmentation constante du niveau de vie dont Poutine avait été crédité, grâce aux prix élevés des matières premières énergétiques, était-elle encore possible alors que les sanctions faisaient sentir leurs effets ? Y avait-t-il encore un avenir pour des personnalités « bonapartistes » comme Prigojine ? Enfin, l'opposition démocratique semblait extrêmement faible, avec Khodorkovsky à l'extérieur et Navalny à l'intérieur qui étaient tombés dans le piège de soutenir l'entreprise du patron de Wagner.

La mutation du pouvoir russe semblait donc avoir achevé une évolution complète, c'est-à-dire être revenue au point de départ, à savoir la disparition de l'Union soviétique. « *Tout a changé pour que rien ne change* », pour reprendre une formule célèbre. Mais la différence essentielle était l'absence de projet.

Vladimir Poutine est friand de références historiques, car il se conforme à un projet impérial. Lors de son discours martial au début du putsch, il évoqua le risque d'une répétition des événements de 1917, sans mentionner Nicolas II. Pour lui, l'alternative fut peut-être le modèle d'Ivan IV le Terrible. Menacé par des invasions étrangères à la fin du XVIe siècle, il choisit de renforcer l'absolutisme de l'État ; il fit même exécuter le métropolite, pourtant ami d'enfance, estimant « *qu'en tant qu'homme, il était un pécheur, mais qu'en tant que tsar, il était juste* ». Une autre voie consisterait à revenir à un grand projet réformateur dans l'esprit de Pierre le Grand, à savoir le despotisme éclairé, c'est-à-dire le changement par le haut. Une telle politique lui avait assuré un temps une certaine légitimité mais il faudrait du temps pour lui redonner de la crédibilité, au-delà de la guerre en Ukraine.

6

Du basculement économique
de la Russie

La décomposition de l'Union soviétique, le pouvoir de V. Poutine choisi en 1999 par B. Eltsine, la crise économique et financière mondiale à partir de 2008, les guerres du Caucase et de l'Ukraine, sont des grands moments ayant égrené l'histoire russe la plus contemporaine. Au-delà des apparences, quel fut le « basculement » de la Russie au cours de ces années ? Quels furent les ressorts profonds de cette évolution ? Quelles sont les perspectives aujourd'hui ?

V. Poutine est devenu Premier ministre de Russie le 10 mai 2008 au terme de deux mandats présidentiels ; il n'a plus quitté la présidence depuis 2012 et a entamé en cette année 2024 un troisième mandat de 6 ans d'affilée, ce que permet désormais la Constitution de la Fédération de Russie.

Rétrospectivement, l'année 2008 apparaît comme une date charnière dans l'histoire la plus contemporaine de la Russie, coïncidant avec une crise économique et financière internationale qui affecta le pays, fût-elle différée de quelques mois par rapport à la conjoncture mondiale. Faire l'impasse sur ce moment de basculement n'aide pas à la compréhension d'évolutions plus récentes. 2024 pourrait s'avérer également une année de tous les dangers pour le régime russe et le pays dans son ensemble ; le président russe a rétabli son autorité après la révolte de Wagner en juin 2023, mais l'évolution de la guerre en Ukraine et les conditions de la sortie de celle-ci demeurent un défi majeur.

Stabilité et mutations, à partir de 2008

Une transition politique ordonnée

Ne pouvant se représenter pour un troisième mandat présidentiel successif à partir de 2012, V. Poutine organisa une transition en choisissant D. Medvedev ; il avait soigneusement préparé en amont son retrait provisoire de la tête du gouvernement dans un parfait légalisme, en fixant les limites de l'héritage et de l'usufruit de celui-ci et en informant même préalablement telle ou telle personnalité étrangère dans laquelle il plaçait de la confiance. La France n'avait pas été mise dans la confidence.

Les maîtres-mots de la déclaration de politique générale du nouveau Premier ministre furent la modernisation de l'économie, le bien-être social de la population et l'intégration de la Russie dans l'économie mondiale. Seuls les communistes, rangés derrière leur chef G. Zyouganov, exprimèrent leur opposition à la Douma. Par une inversion inhabituelle, ces orientations gouvernementales se sont aussi imposées au nouveau chef de l'État.

V. Poutine insista sur la nécessité de renforcer la compétitivité de l'économie et d'y introduire des changements structurels ; en effet, si le PIB de la Russie excédait alors 2 000 milliards $, ce qui le plaçait au 7ᵉ rang mondial et lui permettait d'envisager de dépasser le Royaume-Uni à brève échéance, il lui fallut aussi faire face à une rude concurrence internationale. Le Premier ministre évoqua les acquis (cf. exportations de céréales au niveau du Canada) et les faiblesses de l'économie russe (cf. retard pour les produits à forte valeur ajoutée) ; il déclara vouloir se consacrer à la politique sociale, en matière d'éducation, de santé et de logement ; V. Poutine fit de la stabilité en termes macroéconomiques une exigence conditionnant l'ouverture à l'économie mondiale en s'engageant par exemple à réduire l'inflation à un seul chiffre ; il annonça un chantier de la réforme fiscale notamment dans le secteur pétrolier où l'impôt sur l'extraction et diverses taxes représentaient 75 à 80 % des bénéfices ; cela était dommageable pour le maintien des gisements à faible rendement et l'exploration et le développement de nouveaux sites.

Ce discours économique d'orientation plutôt libérale s'attacha aussi à la défense des grands groupes (NB : « corporations ») et le gouvernement entendit s'appuyer sur les secteurs jugés essentiels des transports, des hautes technologies ainsi que de la construction navale et aérienne. Le Premier ministre assura que les investissements russes à l'étranger – entravés selon lui pendant l'année écoulée à hauteur de 50 milliards $, selon le slogan fallacieux de type « *prenez garde, les rouges arrivent* » – seraient poursuivis sur la base de la réciprocité (NB : les investissements extérieurs en Russie étaient 10 fois supérieurs).

Autre acteur principal de la chorégraphie parfaitement réglée de la transition, le nouveau président D. Medvedev, inexpérimenté sur la scène internationale, y fit ses premiers pas. Son caractère de novice en politique étrangère fut toutefois corrigé par une expérience de la « diplomatie énergétique » acquise en particulier en tant que président du Conseil d'administration de Gazprom. L'une de ses premières interventions notables se déploya ainsi auprès du président de l'Ukraine afin d'encourager ce pays, en pleine crise gazière, à remplir ses obligations contractuelles.

Il affirma rapidement la continuité de la politique étrangère (cf. « *le cours suivi pendant huit ans sera poursuivi* ») dont le président était censé fixer les orientations fondamentales en vertu de la Constitution. La CEI s'imposa ainsi rapidement, comme avec son prédécesseur, pour être « *un premier cercle* » ; D. Medvedev se risqua même à aborder le domaine régalien par excellence des questions de défense ; il se livra à une défense et illustration des « *intérêts nationaux de la Russie devant être défendus sur tous les fronts et par tous les moyens, dans le respect du droit international* » ; une place importante fut dévolue à l'Europe sans négliger l'Asie en fonction de nouveaux impératifs stratégiques.

Poursuite de la modernisation de la société

Cette tendance se traduisit d'abord dans la composition du gouvernement. Parmi les ministres du « bloc économique », demeurèrent ainsi : A. Koudrine, « libéral pétersbourgeois », en qualité de ministre des Finances, ou encore E. Nabioullina, ministre du Développement économique aujourd'hui à la tête de la Banque centrale. Un plus grand contrôle des représentants des « structures de forces » (*Siloviki*) fut perceptible avec le relatif effacement d'un axe Stechine-Oustinov-Patrouchev (NB : il est à noter que ces personnalités sont toujours au cœur du pouvoir du Kremlin). Bien que ne disposant pas de réseaux importants, D. Medvedev essaya d'imprimer sa marque en plaçant certains de ses proches, en affirmant sa détermination à lutter contre le « nihilisme juridique » (NB : il était un juriste de formation) ou encore la corruption.

Les vues économiques de D. Medvedev furent parfaitement en phase avec celles de son mentor V. Poutine. Elles se traduisirent par un « capitalisme d'État pragmatique » (NB : sociétés par actions, contrôlées par l'État mais ouvertes à 49 % au capital privé ; remplacement des fonctionnaires siégeant dans les Conseils d'administration par des « professionnels » ; maintien du secteur de l'énergie et de l'industrie de défense dans le giron de l'État ; attention aux problèmes sociaux). Le Forum économique de Saint-Pétersbourg atteignit alors sans doute son apogée (cf. discours d'ouverture de D. Medvedev sur « *le développement à long terme de la Russie* ») avec 9 000 participants, 65 pays, 200 managers et 13,5 milliards $ de contrats signés.

Défis, fragilités et incertitudes

La démographie demeura un défi majeur (NB : avec les Quatre grands programmes nationaux : éducation, santé, logement, agriculture) dans un pays qui avait perdu les années précédentes 600 à 700 000 personnes par an, malgré une embellie en 2007 et une reprise de la natalité. Dès lors, la politique en faveur de la démographie a été intégrée dans les grands programmes nationaux et ne fut pas dissociée de la politique de développement régional (cf. obsession d'un Extrême-Orient russe vide face à la Chine).

Le capitalisme d'État révéla ses nécessités et ses limites à la fois. D. Medvedev, bien qu'il s'en défendît, eut la vision d'un capitalisme s'appuyant sur les corporations d'État ; mais l'intention fut aussi d'ouvrir le capital (cf. supra) afin d'insuffler de l'argent frais et importer des technologies ainsi que des compétences étrangères ; il fut entendu que les secteurs stratégiques demeureraient contrôlés jusqu'à un horizon indéterminé.

Les contradictions macroéconomiques demeurèrent visibles : comment contrôler l'inflation (NB : alors à deux chiffres) en augmentant retraites et salaires, alors que l'offre était insuffisante ? Comment assurer la croissance de l'offre sans lever les barrières à la concurrence ? Comment garantir l'émergence des PME en l'absence de financement bancaire ? Comment permettre des PME innovantes à l'ombre des corporations d'État ? Telles étaient quelques-unes des questions qui se posèrent.

L'environnement international commença à apparaître plus incertain pour la Russie, sur toile de fond de crise dans le Caucase (cf. Géorgie notamment). Mais la Russie eut aussi des inquiétudes marquées dans son « *soft underbelly* » (NB : Iran, Asie centrale, Afghanistan). Elle peina à se positionner entre l'Est et l'Ouest, consciente que l'Europe était nécessaire à sa modernisation mais agitant aussi une « carte chinoise ». La crise du Caucase (NB : Géorgie) renforça finalement la popularité de V. Poutine qui fut en réalité à la manœuvre ; elle suscita aussi, dans l'opinion russe, un fort sentiment anti-occidental, la Géorgie de Sakashvili étant perçue comme un instrument de l'OTAN, c'est-à-dire des États-Unis. Dans le même temps, la Russie s'inquiéta des conséquences à long terme de cette affaire (cf. la reconnaissance d'entités, telles l'Abkhazie ou l'Ossétie du Sud, l'éloignant des partenaires proches attachés à l'intégrité territoriale comme la Chine).

L'épreuve et la sortie de crise

Impact de la crise sur l'économie russe

La crise géorgienne correspondit à la première intervention de l'armée régulière russe hors des frontières du pays depuis l'Afghanistan en 1979, et n'a finalement pas conduit à un bouleversement de la relation Russie/Union européenne. La présidence française de l'UE joua alors un rôle d'apaisement apprécié des parties. Le débat sur les sanctions économiques contre la Russie tourna court ; la présidence française avait d'ailleurs, à titre national, écarté préalablement une telle perspective.

Mais 2008/2009 fut une année de basculement et de tous les dangers en raison des effets différés de la crise financière mondiale. Dans un premier temps, la crise n'avait pas eu d'effets dommageables aussi visibles que sur d'autres économies. Le système bancaire par exemple n'avait pas été affecté dans les mêmes proportions. Tel ne fut pas le cas cependant pour la Bourse qui avait chuté plus que celle d'autres pays émergents au point qu'il fallut même la fermer en octobre 2008.

Le prix du baril de pétrole, essentiel pour l'économie russe, chuta de 147 $ en juillet 2008 à 30 $ en septembre de la même année. Compte tenu de cette brutale détérioration des termes de l'échange, il aurait fallu dévaluer le rouble. Mais le gouvernement, encore traumatisé par le syndrome de la crise financière de 1998 sous la présidence Eltsine, s'y refusa. La Banque centrale se borna à tenter de limiter la baisse de la monnaie en intervenant à hauteur de 200 milliards $ entre novembre 2008 et janvier/février 2009 ; cela n'empêcha pas une dévaluation de facto d'environ 30 %, alors que les moyens considérables mobilisés par la Banque centrale auraient pu être mieux employés, par exemple dans des investissements destinés à renforcer l'économie du pays et à lui permettre ainsi de sortir plus fort de la crise. La mauvaise compréhension des mécanismes modernes de l'économie internationale et un attachement maintenu à l'économie dirigée furent sans doute responsables de ces errements.

La gestion de la crise

Des crédits publics considérables atteignant 135 milliards $, soit 10 % du PIB, furent mobilisés pour contrecarrer la crise ; un système particulier de refinancement de la dette extérieure des grandes entreprises fut aussi mis au point, via la Banque centrale et la Banque du Commerce extérieur *(VneshEkonomBank)* pour un montant de 50 milliards $. Malgré ces disponibilités considérables, un manque de liquidités se fit sentir, conduisant à une profonde transformation du paysage bancaire – pronostiquée d'ailleurs dès avant la crise – à partir de la fragmentation du secteur (NB : plus de 1 000 banques alors en Russie).

L'engagement accru de l'État dans l'économie, à la faveur de la crise, fut l'un des effets les plus marquants de la période ; il s'agissait de s'attaquer à des fragilités traditionnelles dans un contexte plus délicat que jamais (cf. dépendance à l'égard des matières premières ; vétusté des infrastructures ; insuffisance de l'offre et inflation à deux chiffres ; déséquilibres régionaux).

Perspectives au bout du tunnel

La crise a incontestablement érodé les perspectives économiques de la Russie pour les années suivantes, mettant ainsi fin à un cycle de forte croissance de 10 ans. Après deux chocs successifs (cf. secteur bancaire et termes de l'échange du pétrole et autres matières premières), il est apparu que la Russie continuerait à dépendre du niveau de la croissance mondiale (NB : 80 % des ressources venant des matières premières) ; elle ne serait donc pas maître des scénarios, un prix du baril au moins égal à 70 $ étant requis pour l'équilibre budgétaire. La Banque centrale continuerait à défendre le rouble par une politique de « petits pas » coûteuse, parfois qualifiée de « *wrong steps in the right direction* ».

Les autorités politiques ne cessèrent quant à elles d'affirmer comme un leitmotiv que les investissements dans les secteurs stratégiques seraient maintenus ; de grands chantiers furent néanmoins affectés (ex. *Moscow City* ou la métallurgie). En janvier 2009, la Russie et l'Ukraine réglèrent leur différend sur le gaz (NB : *discount* de 20 % pour Kiev par rapport aux prix européens), permettant la remise des livraisons à l'Europe, mais le Premier ministre Poutine souligna la nécessité de nouvelles routes d'approvisionnement au Nord et au Sud. Dans ce contexte et pour se préparer à la reprise, la Russie exprima un attachement à la coopération avec le monde extérieur. D. Medvedev, de son côté, relança le projet d'une « Cité de l'innovation » à Skolkovo, près de Moscou, qui serait parfois qualifiée de *Russian Silicon Valley*.

La Russie à la recherche d'une nouvelle stabilité

Retour sur 2009/2012

2009/2012 aura été un moment-clé pour la Russie la plus contemporaine, au-delà du choix des hommes (cf. dirigeants suprêmes, renouvellement des gouverneurs), notamment quant au choix du modèle économique et social. La crise rappela l'État à d'ardentes obligations, mais le destin hésita car dans le même temps le thème de la réforme déjà dominant s'était imposé et il fut abondamment développé par D. Medvedev lui-même (cf. diversification de l'économie, recherche et innovation) ; son corollaire fut de nouvelles privatisations, après celles dites « sauvages » des années 90, et l'ouverture du capital des entreprises publiques (« corporations d'État » aux investissements étrangers).

L'afflux des pétrodollars de la décennie précédente n'avait pas suffisamment encouragé les investissements au cours de la décennie précédente. La crise a eu finalement quelques vertus. Elle a rappelé les fragilités structurelles de l'économie, en particulier la forte dépendance à l'égard des matières premières ; elle a induit un volontarisme nouveau : appel aux investisseurs étrangers pour la modernisation ; réexamen du rôle de l'État dans l'économie ; utilisation de l'arme budgétaire pour la gestion macroéconomique, la priorité étant donnée aux infrastructures. Dans cette nouvelle configuration, les capitaux extérieurs eurent besoin que soient définies les règles du jeu et qu'elles soient respectées.

La reprise, pour quoi faire ?

Le système en vigueur depuis 2000 fut celui de la stabilité garantie par un mode de gouvernance autoritaire. Une autre voie se dessina alors qui était aussi possible pour favoriser le climat des investissements : celui de la promotion de l'État de droit dont D. Medvedev fut l'avocat pendant sa présidence. Ce débat entre la Russie telle qu'elle est en profondeur et la Russie telle qu'elle devait être a résumé, au risque de caricaturer, l'enjeu majeur de la période qui s'ouvrait.

Le tandem Poutine/Medvedev, qui ne fut pas une cohabitation (« *we are of the same blood* », avait coutume de dire le premier) mais plutôt une formule politique et institutionnelle, a fonctionné à partir de l'élection présidentielle de 2008 ; le consensus interne fut recherché hors du pluralisme politique et telle fut toujours la spécificité de la « recette » russe. Le Premier ministre Poutine resta toujours l'homme fort en contrôlant les structures de force et en gérant les grands dossiers économiques. Mais le président Medvedev poursuivit avec ténacité – sans qu'il s'opposât nécessairement alors à son mentor – une politique de changements (NB : dans l'armée, les forces de l'ordre et la bureaucratie), ce qui sembla un temps lui créditer la population mais lui coûta aussi à terme la perte de soutiens influents. Il n'y eut pas à proprement parler de tensions réelles au sein de la dyarchie, mais plutôt un partage des rôles ayant aussi l'avantage de donner l'impression d'un débat qui n'existait pas vraiment dans la société.

Sur le plan extérieur, la Russie fut alors quelque peu rassérénée sur son flanc ouest avec l'élection en Ukraine – problème lancinant depuis la fin de l'URSS – du président Yanukovitch (2010-2014) ; elle contrôla la situation politique et militaire autour de la Géorgie ; mais elle conserva – fût-elle soigneusement camouflée sous de bonnes relations apparentes – la crainte obsidionale de la Chine que les percées de ce dernier pays en Asie centrale ravivèrent. Sur ce dernier volet, il faut voir dans le long terme et – au risque de surprendre – l'on ne peut totalement exclure que le problème de l'Est finisse par se substituer à celui de l'Ouest, sous réserve que la question de l'architecture européenne de sécurité soit remise sur le chantier et aboutisse à une formule acceptable pour tous.

Un nouveau temps des troubles ?

La Russie a incontestablement « basculé » depuis la fin de la première décennie des années 2000, pour s'en tenir à la phase la plus récente de sa grande histoire. La crise mondiale de 2008 et ses scories durables y ont contribué ainsi que des crises internationales, telle que l'Ukraine aujourd'hui avec laquelle le conflit a commencé en réalité dès la partition post-soviétique de 91/92. L'annexion de la

Crimée en 2014 a rendu certains acteurs méconnaissables. Comme cela a été décrit, Sergueï Lavrov, légaliste porte-parole de son pays dans les enceintes internationales, a incarné par exemple cette mutation en devenant quasiment inaudible ; D. Medvedev est devenu le héraut des pensées les plus extrêmes ; les médias à l'instar de *Russia Today,* chaîne créée avec un air de modernisme et dirigée par Margarita Simonian, se sont entièrement rangés derrière la bannière du pouvoir.

Le *Temps des Troubles*, qui précéda la dynastie des Romanov, fut une période de violence extrême dans l'histoire russe. L'Histoire, sans être perçue comme une répétition, est néanmoins une référence. La révolte de Wagner conduite par Progojine en juin 2023 aurait pu conduire à la guerre civile. Effectivement, dans la folle équipée sur le chemin de Moscou à partir de la ville de Rostov, des miliciens tuèrent des soldats de l'armée régulière de la Russie. Le pouvoir, un temps ébranlé, ne pouvait pas ne pas se rétablir, quels qu'en soient les moyens, au risque de sombrer.

La politique suivie ces dernières années par V. Poutine, et en particulier son projet « impérial » en Ukraine, a sans doute correspondu à une quête identitaire face à un Ouest susceptible de contaminer les esprits et perçu dès lors comme menaçant pour le mode de gouvernance russe. Le « schéma » de Poutine peut être comparé au triptyque de Nicolas Ier : Autorité-Nationalisme-Orthodoxie. Après avoir rétabli son autorité, contestée de l'intérieur dans la violence, une nouvelle nécessité pourrait s'imposer au dirigeant suprême de la Russie, celle que l'on peut résumer dans un nouveau triptyque dans l'esprit de Pierre le Grand : Autorité-Réforme-Ouverture. Il faut en effet pour le tsar un grand projet mobilisateur sans lequel il n'existe pas de despotisme éclairé.

L'une des grandes conclusions tirées par les dirigeants russes de la crise de 2008-2012 – qui en réalité n'en finit jamais – fut que l'issue résidait dans le maintien de l'ouverture à l'Ouest, en pleine conformité avec l'histoire, la géographie, la démographie et la culture russes. Effectivement, les investissements continuèrent jusqu'à la guerre de 2022 de venir de l'Ouest à 70 % – et non pas de l'Asie –

et cela contre vents et marées. Face à la nécessité absolue pour Moscou de rétablir le marché européen de son gaz, manque à gagner intolérable dans la durée, la recette pourrait être comparable en 2024/2025 et les années suivantes. Le remède d'une telle stratégie impliquera à l'évidence que soit mis un terme à la guerre en Ukraine. De son côté, l'Europe, devrait encourager à sa manière la Russie en agitant devant elle une « lumière au bout du tunnel ». L'Occident collectif, comme l'on dit désormais dans le Sud global, devrait en effet méditer de son côté – et surtout faire sienne – cette pensée fameuse de Lord Palmerston qui se montra pourtant un temps partisan d'une politique belliciste à l'égard de la Russie : « *England has no eternal allies and no eternal enemies, only eternal interests[1].* »

---

[1] « *L'Angleterre n'a pas d'éternels alliés ni d'éternels ennemis, seulement d'éternels intérêts.* »

7

Le gaz russe, enjeu mondial

Le gaz russe est, dans la crise en Ukraine, tout autant un enjeu qu'un acteur même d'un conflit dont les ramifications sont mondialisées.

L'Europe a décidé, dès le début de la guerre en Ukraine en 2022, de réduire de manière drastique ses approvisionnements en gaz russe importé par gazoducs (NB : par ce biais, du gaz continue cependant de transiter par l'Ukraine en quantités réduites à destination en particulier de l'Europe centrale : République tchèque, Slovaquie, Hongrie et Autriche). Mais les achats de gaz naturel liquéfié (GNL) russe, pour ne parler que des pays européens dont la France, ont partiellement compensé cette évolution brutale. L'UE envisage, selon la présidente de la Commission, de mettre un terme à toutes les importations d'énergie fossile en provenance de la Russie d'ici 2027.

La Russie a réagi de manière reconventionnelle en réduisant ses exportations, suite aux sanctions occidentales. Elle s'efforce de compenser son manque à gagner avec l'Europe, tant en développant ses capacités de GNL (NB : par exemple sur son site de Yamal 2) qu'en s'efforçant de s'orienter vers l'Asie ; mais une telle adaptation se heurte à des contraintes tant politiques que surtout techniques, faute de gazoducs adéquats pour des quantités démultipliées par rapport aux exportations actuelles par gazoducs dans cette direction extrême-orientale.

Le sabotage de Nord Stream 2 en mer Baltique a défrayé l'actualité et a illustré – de manière visible pour l'opinion – l'importance des enjeux ; le fait que l'enquête s'oriente de plus en plus vers une responsabilité qui ne soit pas russe – dont on ne peut imaginer qu'elle n'ait pas été autorisée, soutenue, voire secondée par une ou des puissances extérieures à la région considérée – pourrait confirmer à lui seul que le gaz russe est un enjeu qui dépasse le seul continent européen.

La nostalgie n'est plus ce qu'elle était

Dans le contexte de tensions extrêmes avec Moscou, il est difficile de se souvenir que l'Union soviétique, puis la Russie, se sont toujours comportées comme des fournisseurs parfaitement fiables. Même au plus fort de la guerre froide, l'arme énergétique n'a jamais été utilisée ; bien au contraire, des accords à long terme ont été alors reconduits et tel a été par exemple le cas pour Gaz de France (GDF). Il est à noter que, dans ce type d'accords, une clause *Take or Pay* oblige l'acheteur à payer une quantité minimale de gaz, qu'elle soit consommée ou non, tandis que le fournisseur s'engage à livrer une certaine quantité de gaz. Les contrats à long terme ont ainsi participé à la stabilité des prix du gaz.

Le groupe russe Gazprom a longtemps préféré les contrats à long terme pour ses clients en Europe. Ces contrats portaient généralement sur des durées de 25 à 30 ans. Les États-Unis, de leur côté, ont fait tout leur possible, au cours de la guerre froide, pour que la coopération dans le domaine gazier entre Moscou et les pays européens ne se développe pas. Cependant, le gaz soviétique s'est avéré nécessaire à la croissance économique de l'Europe.

Le gaz russe a fait son apparition en Europe immédiatement après la Seconde Guerre mondiale (cf. Pologne en 1946) ; pendant les années 50, d'autres alliés de Moscou au sein du camp socialiste en ont ensuite été les bénéficiaires. Pendant les années 60, la mise en valeur de très grands gisements, notamment en Sibérie, ont conduit à étendre le réseau des gazoducs vers l'Ouest, mais cependant pas au-delà des frontières des pays membres du Pacte de Varsovie.

Il a fallu attendre la fin des années 60 et les premiers accords avec Soyouzneftexport pour des quantités limitées avec l'Autriche, puis la France et l'Italie. Mais c'est la RFA qui, en raison de besoins de développement de son industrie, est devenue le principal partenaire gazier de l'URSS. Les sociétés allemandes ont livré en échange du gaz des tuyaux en acier de haute qualité et de grand diamètre qu'elles étaient les seules à produire avec le Japon. Malgré l'opposition de Washington – qui déclara un embargo, étendu à l'Europe et au Japon en cas de composants américains, sur les livraisons des équipements pour l'industrie du pétrole et du gaz à l'URSS – les livraisons du gaz naturel soviétique à l'Europe ont été démultipliées en 20 ans, soit jusqu'à la fin de l'Union soviétique. On se souvient ainsi de la passe d'armes en 1981 avec le chancelier Helmut Schmidt, à propos de la construction – avec des crédits européens – d'un gazoduc pour des quantités pouvant atteindre 60 milliards de m^3 par an ; celles-ci furent finalement réduites à un peu plus de 30 %. Quoi qu'il en soit, vers la fin des années 80, près de 15 % de l'ensemble du gaz en France était d'origine soviétique (NB : ce pourcentage y était comparable avant la guerre en Ukraine). En Allemagne, ce taux a atteint jusqu'à un peu plus de 50 % avant 2022.

Le déclencheur des sanctions

L'UE importait un peu plus de 40 % de son gaz depuis la Russie vers la fin de l'année 2021 (NB : 30 % de son pétrole). La situation a radicalement changé avec la réduction drastique des importations par l'Europe et les sanctions occidentales. En raison de ces sanctions (NB : les premières sanctions, qui ne concernent d'ailleurs pas directement le gaz, n'ont été décidées à Bruxelles qu'à partir de décembre 2023) – dont il convient de rappeler qu'elles sont unilatérales, car elles n'ont pas été arrêtées dans le cadre du Conseil de sécurité de l'ONU – la Russie a réagi. Mais cette attitude n'est pas allée jusqu'à envisager un boycott à long terme du marché européen.

Le bilan de la réduction volontaire des importations par les pays de l'UE de gaz russe, par rapport au premier trimestre 2022, s'est avéré en 2023 le suivant : le pourcentage de gaz russe a diminué de 39 à 17 % ; celui de la Norvège – qui a détrôné la Russie en tant que premier fournisseur – a augmenté en revanche de 38 à 46 % ; les autres principaux fournisseurs ont été le Royaume-Uni (13 % au lieu de 9 %), l'Algérie (13 % au lieu de 6 %) et l'Azerbaïdjan (7 % au lieu de 6 %). Les grands groupes du secteur énergétique ont ainsi diversifié leurs approvisionnements : ainsi TotalEnergies a conclu en 2023 un accord gazier avec l'Irak ; le groupe a aussi annoncé la mise en production d'un champ en Azerbaïdjan et renforcé son partenariat avec la société algérienne Sonatrach.

Le marché du GNL a parallèlement changé de dimension au cours de la période considérée avec en particulier une hausse de 143 % du GNL américain. Les importations européennes de GNL ont augmenté de 60 % en 2022 par rapport à l'année précédente. Le GNL s'est imposé comme alternative au gaz traditionnel en l'absence de contraintes liées au transfert par gazoduc. Le gaz est en effet transformé en matière liquide par refroidissement, ce qui permet ensuite son transport par voie maritime. Mais encore faut-il disposer de la technologie du GNL – qui n'est pas sans effet sur l'environnement – des méthaniers appropriés et des ports réaménagés de chargement et de réception. L'Allemagne s'est lancée dans un programme de développement dans ce domaine (NB : le GNL russe est actuellement réceptionné aux Pays-Bas, en Espagne et en France) et la Russie n'a pas été en reste tant pour maintenir des livraisons à l'Europe que pour développer une voie arctique avec des méthaniers nucléaires (NB : dont le *Christophe de Margerie*) en direction de la Chine. La France est devenue le premier destinataire européen de GNL russe en 2022. Avec l'Espagne et la Belgique, ses importations de GNL russe ont augmenté de 55 % par rapport à 2021 (NB : +12 % sur un an pour l'ensemble de l'UE). Cependant, le premier fournisseur de l'UE en GNL demeure les États-Unis ; ceux-ci fournissent, à partir de leur gaz de schiste, 40,2 % des importations totales de GNL de l'Europe. La provenance du gaz naturel liquéfié se répartissait de la façon suivante en 2023 par rapport à 2022 : États-Unis (49 % au lieu de 40 %), Russie (en augmentation avec 18 % au lieu de 13 %), Qatar (11 % au lieu de 13 %), Nigeria (6 % au lieu de 4 %), Algérie (4 % au lieu de 7 %), autres dont la Norvège avec un peu plus de 6 % (12 % au lieu de 22 %).

Dépendance, nouvelles contraintes et incertitudes mondiales

Le GNL a ainsi aidé l'UE à s'adapter sur le plan énergétique à la politique qu'elle a elle-même décidée en raison de la guerre en

Ukraine, mais le risque d'une nouvelle dépendance – les États-Unis après la Russie – peut être constaté ; de plus, la dimension environnementale ne saurait être négligée ; enfin, la filière GNL s'avère 30 à 40 % plus chère que le gaz livré par gazoducs et les Européens payent aujourd'hui leur gaz 3 fois plus cher que les Américains, ce qui a des conséquences évidentes en termes de compétitivité industrielle et commerciale. Le constat final qui s'impose est que la rupture d'ampleur des relations énergétiques avec la Russie – malgré la préservation de fournitures désormais plus marginales – est dommageable pour nous et aussi finalement pour tous.

Pour la Russie, dont l'économie est dépendante de l'exportation de ses hydrocarbures (NB : 25 % du PIB, 40 % des recettes de l'État avant la guerre), les enjeux sont encore plus considérables. De manière reconventionnelle, la Russie a répondu aux sanctions occidentales en réduisant aussi ses fournitures de gaz. Ce faisant, elle a perdu 170 milliards \$. Elle s'est efforcée, en tant que 8e puissance économique mondiale, de compenser de telles pertes avec le développement de son commerce avec la Chine, 2e puissance économique (NB : celui-ci a atteint le chiffre record de 240 milliards \$, soit un accroissement de 26 % par rapport à l'année précédente). Mais la Russie n'est pas pour autant un fournisseur global important de la Chine (NB : seulement 5 % du total des importations chinoises) et la Chine exporte autant aux Pays-Bas qu'en Russie et moins qu'au Vietnam (NB : 111 milliards \$). Moscou s'est efforcée de compenser un manque à gagner par une augmentation de ses ventes de pétrole (NB : l'Inde a importé 35 % de son pétrole de Russie en 2023, contre 2 % avant 2022).

Après la « carte chinoise » qu'aurait jouée la Russie ces dernières années, on a évoqué une véritable « alliance » entre les deux pays. Il convient d'être beaucoup plus nuancé. Malgré la croissance exponentielle de son commerce avec la Chine qui a culminé avec le chiffre record de 2023, la Russie est restée dépendante des investissements de l'UE, comme elle l'était à la fin de la première décennie 2000 (NB : 50 % de son commerce alors avec l'UE et 70 % des investissements étrangers ; la part des investissements européens a même atteint 75 % avant la guerre). Autrement dit, la technologie continuait encore à venir de l'Ouest. La Russie pourra difficilement substituer aux relations énergétiques avec les pays de l'UE un acheteur privilégié pour le gaz qui serait la Chine.

Des obstacles tant politiques que techniques s'y opposent : Pékin souhaite-t-elle se lier plus étroitement avec Moscou sur un plan politique ? Et en quelque sorte physiquement, de manière durable, par le biais de gazoducs ? Un seul gazoduc relie actuellement les deux pays sur 3 000 km entre la Sibérie et le fleuve Amour : il s'agit de « Force de Sibérie » (*Power of Siberia*) inauguré en 2019 après un investissement estimé à 15 milliards \$ et dont le chantier avait été mis en service en 2014 ; le gazoduc devrait acheminer 38 milliards de m^3 d'ici 2025, soit 10 % seulement des besoins chinois. *Power of Siberia 2* est censé remplacer *Nord Stream 2* avec une capacité finale de 50 milliards de m^3 ; les quantités livrées seraient alors globalement 100 milliards de m^3 et l'équivalent en GNL (NB : 2,7 milliards de GNL en 2023). L'objectif est d'autant plus ambitieux que les travaux de *Force de Sibérie 2* (NB : 5 ans de travaux, 2 600 km, 10 à 15 milliards d'investissements) n'ont pas commencé et qu'un accord formel sur le projet n'a toujours pas été signé, malgré les demandes pressantes de V. Poutine. Le déplacement en Chine du président russe en mai 2024 ne semble pas avoir apporté des avancées. Il est à noter que V. Poutine s'est rendu en septembre de la même année en Mongolie, pays qui se trouve également sur le parcours projeté et a aussi son mot à dire en ce qui concerne la réalisation du projet.

La coopération russo-chinoise en matière de GNL semble en revanche progresser. Un projet LNG 2, proche du site de Yamal dans la zone arctique – et conduit par l'entreprise russe Novatek en liaison avec les sociétés chinoises Zhejiang Energy Gas Group et Shenergy Group of China (NB : Total a confirmé au début de l'année ne pas vouloir participer au projet) – devrait donner lieu à de premières livraisons par navires au cours des prochaines semaines.

La capacité de réaction et d'adaptation de l'Europe à la nouvelle donne du gaz russe a été parfois considérée comme « un désastre géopolitique » pour la Russie. Mais n'en est-il pas de même pour l'Europe ? Sans parler des conséquences économiques pour cette dernière. Seuls les États-Unis, détenteurs d'une richesse énergétique considérable, et la Chine qui peut diversifier ses partenaires en raison de sa puissance nouvelle paraissent actuellement plus maîtres de la situation et de leurs choix futurs. Que vont finalement décider les pays européens, hors Norvège et Royaume-Uni qui possèdent du gaz ? La question concerne surtout l'Allemagne, première victime économique en Europe de la guerre en Ukraine. Des contacts germano-russes à un niveau élevé ont ainsi été évoqués au cours de l'année 2024 (NB : notamment en Azerbaïdjan en octobre), dans le cadre de ce que l'on appelle le « dialogue de Pétersbourg » entre les sociétés civiles des deux pays qui était jusque-là en sommeil depuis février 2022.

Le piège des sanctions économiques

Les ambassadeurs des vingt-sept pays de l'Union européenne ont adopté un 14ᵉ train de sanctions économiques à l'encontre de la Russie (NB : ainsi que s'en est félicitée Ursula von der Leyen). Nul doute que les chefs d'État et de gouvernement confirmeront – s'ils ne l'on déjà fait – ces décisions prises ad référendum. Les nouvelles mesures visent notamment le secteur énergétique – en pénalisant la logistique des exportations de gaz naturel liquéfié russe (GNL) en provenance de l'Arctique – ainsi que le système permettant des transactions financières après l'exclusion de la Russie de SWIFT.

Ces derniers développements interviennent alors que la résistance apparente de l'économie russe aux sanctions occidentales se confirme ; on est loin en tout cas des déclarations de mars 2022 du ministre français des Finances, selon lequel *« les sanctions sont d'une efficacité redoutable ; nous allons provoquer l'effondrement de l'économie russe »* ; des institutions internationales ont fait état, à plusieurs reprises, de la bonne tenue de l'économie russe, et la Banque mondiale a d'ailleurs classé la Russie au 4ᵉ rang des économies mondiales. Les statistiques peuvent toujours être contestées et un discours lénifiant quelque peu forcé sur le thème « les sanctions finiront par frapper dans la durée » être renouvelé de manière incantatoire, mais nous ne saurions faire l'économie d'une réflexion sur les mécanismes des sanctions internationales, leur légalité sinon leur légitimité et surtout sur leurs effets dans une économie mondialisée.

Les sanctions internationales, faute de mieux

Les politiques de sanctions sont devenues une espèce de réflexe pavlovien de la vie internationale. Les sanctions peuvent en effet viser à affaiblir un adversaire en cas de tension marquée ou de différend durable ; elles dissimulent aussi souvent des enjeux économiques derrière l'affirmation de grands principes ; elles cherchent enfin à punir pour ce qui est considéré comme un manquement à l'ordre international, faute de consensus sur des mesures plus radicales.

Dans la pratique, elles se déploient de plus en plus – du fait même de la parcellisation de cet ordre – en dehors du cadre multilatéral qui, pourtant, en a fait des instruments agréés de son action possible ; des mesures coercitives « n'impliquant pas l'emploi de la force armée » sont inscrites dans la Charte de l'ONU (cf. article 41), mais elles requièrent un certain consensus du Conseil de sécurité de l'ONU et ne peuvent être adoptées si un seul des membres permanents du Conseil s'y oppose (NB : on parle alors, de manière impropre, de l'usage d'un « droit de veto » qui n'est en fait qu'un vote négatif d'un membre permanent).

Des acteurs importants du système international – qui ne pourraient pas être mis au défi de manière frontale par d'autres moyens – en sont la cible, tels la Russie, la Chine ou encore l'Iran. Mais, en raison des divisions de la communauté internationale, les sanctions sont de plus en plus adoptées dans un cadre régional (cf. sanctions de l'UE contre la Biélorussie ou la Russie), preuve supplémentaire de l'affaiblissement d'une architecture de sécurité à l'échelle planétaire et d'une évolution de plus en plus marquée vers un monde plus multipolaire.

Efficacité et effets pervers des sanctions

Quelles qu'en soient les modalités – sanctions prises ou non dans le cadre de la légalité internationale – elles produisent des effets qui peuvent être pervers et ont ainsi parfois été dénoncées pour leur caractère global sur les sociétés visées, c'est-à-dire leur injustice sinon leur inefficacité. Les exemples existent de punitions infligées à des populations entières qui, paradoxalement, aboutissent à renforcer les pouvoirs autoritaires en place. Historiquement, ce ne sont pas elles qui ont ébranlé et a fortiori mis fin au régime d'apartheid en Afrique du Sud ; les embargos sur les armes ont ainsi conduit Pretoria à développer une puissante et florissante industrie d'armement nationale. Elles ne furent pas non plus, à partir de la guerre du Golfe de 1991, l'instrument du renversement de Saddam Hussein ; elles ont au contraire permis au dictateur de conforter son pouvoir – au travers de la distribution d'une aide humanitaire destinée à corriger les effets effroyables des sanctions sur les éléments les plus vulnérables – et de se maintenir une dizaine d'années supplémentaires jusqu'à l'intervention militaire de 2003.

Aujourd'hui, sans que l'on puisse parler de l'innocuité de telles mesures, la question est de savoir si elles ont des chances de faire céder la Russie ou la Chine, voire même la Biélorussie. Sur ce dernier dossier, la nécessité de sanctionner le régime de Loukachenko s'est imposée à Bruxelles, mais l'Europe a eu des difficultés à définir des sanctions « ciblées », terme qui a désormais remplacé l'expression quelque peu choquante de *smart sanctions*.

Le dossier de Nord Stream 2, avant même son sabotage, a révélé la complexité des mécanismes de sanctions et leur multiple dimension, qu'il s'agisse de la politique énergétique (NB : avons-nous besoin de quantités supplémentaires de gaz russe ?), de la protection de l'environnement (cf. les réserves de certains États, tel le Danemark, sur le tracé du gazoduc), de l'économie (cf. les échanges germano-russes) ou encore de la géostratégie (NB : le gaz russe supplémentaire augmenterait-il la dépendance vis-à-vis de Moscou ou au contraire traduirait-il une affirmation de l'indépendance de l'Europe dont les grandes entreprises ont été régulièrement frappées dans une histoire récente par l'application de lois américaines à portée extra-territoriale ?).

Le substitut d'ambitions inavouées ?

C'est probablement cette complexité et cet ensemble de coûts et avantages qui a conduit Washington à suspendre (NB : en vertu d'un *waiver* de l'exécutif) certaines mesures prises à l'encontre de sociétés concernées par le projet *Nord Stream*, outre alors l'opportunité de faciliter la première tournée en Europe à l'UE et à l'OTAN du président Biden. Finalement, il ne s'agit pas de se dire simplement en faveur ou fortement opposé aux sanctions, car celles-ci, en tout état de cause, sont devenues une réalité de la vie internationale. Mais l'ampleur du dossier nécessite des clarifications, le préalable étant une claire connaissance des dispositifs et mécanismes existants. De nombreuses questions se posent : quelle est la légitimité des sanctions nationales ou régionales au regard de la loi internationale ? Quelle est la typologie des sanctions ? Quels en sont les effets y compris pour les groupes industriels appartenant des pays qui en font un usage fréquent dans le cadre d'une compétition toujours plus âpre entre États appartenant pourtant parfois aux mêmes alliances politiques et militaires ?

L'arroseur arrosé ?

Dans les cercles européens de Bruxelles, nombreux sont ceux qui se sont réjouis de la rapidité avec laquelle l'UE s'était adaptée, au cours de la première année de la guerre en Ukraine, à la réduction drastique des importations de gaz russe par gazoducs (NB : celles-ci ne sont pas totalement interrompues et continuent de transiter – en quantités très réduites certes – par l'Ukraine, traversée par trois gazoducs importants). La capacité d'adaptation de plusieurs pays européens ne peut en effet être contestée (ex. : l'Allemagne a accéléré l'aménagement de terminaux pour la livraison de GNL).

Mais le coût de cette considérable transformation est bien trop souvent passée sous silence. Si le Royaume-Uni et la Norvège, producteurs de gaz, ont profité de la nouvelle donne, ce sont surtout les États-Unis qui ont été les principaux bénéficiaires de ventes de leur gaz de schiste. Le coût de ces changements dans l'approvisionnement a été considérable pour les économies européennes au sein desquelles le gaz est désormais trois à quatre fois plus cher qu'aux États-Unis. On peut dès lors en tirer les conclusions qui s'imposent au regard de la compétitivité profondément affectée des économies européennes. Bruxelles ne semble pas s'en émouvoir qui n'a pas renoncé à son objectif de sanctions totales d'ici à 2027 sur les hydro-carbures russes.

Au-delà de ces considérations, il faut relever que les sanctions économiques européennes à l'encontre de la Russie n'étant pas « internationales », au sens de mesures qui auraient été décidées par le Conseil de sécurité de l'ONU, l'Europe fait par là même la promotion à l'échelle du continent du principe de « l'extra-territorialité » d'une législation ; celle-ci a été largement pratiquée par les États-Unis et plusieurs de nos grandes entreprises (NB : on se souvient des pénalités de 9 milliards $ infligées à la BNP en raison de transactions en dollars avec l'Iran) en ont été gravement affectées. De plus, même si le Conseil de sécurité des Nations Unies est aujourd'hui paralysé sur de nombreux dossiers, s'en affranchir et le contourner ne peut que contribuer à la poursuite de la désagrégation d'un système international qu'il faudra bien rebâtir.

Un procès bien mal instruit

La France étant actuellement le premier importateur européen de GNL russe est parfois stigmatisée. Mais l'Ukraine elle-même laisse passer du gaz russe en pleine guerre et elle touche des royalties sur ce transit. Qui en parle ? Jusqu'à la fin de la première décennie 2000, elle payait le gaz russe qu'elle importait pour elle-même moins de 50 $ les 1 000 m^3 quand le prix de ce même gaz, pour les mêmes quantités, était de 250 $ sur le marché mondial. Qui le sait ? Qui le dit ?

Quant à Total-Yamal, il s'agit d'engagements anciens qui ne tombent pas sous le coup de sanctions au demeurant unilatérales et aucunement à l'échelle mondiale, telles qu'elles le seraient si elles étaient décidées par le Conseil de sécurité de l'ONU. De plus, la Société Total s'est abstenue, alors qu'elle n'y était pas contrainte, à participer au projet Yamal 2 avec des entreprises chinoises pour l'exploitation et le traitement du GNL.

Les Européens préfèrent à l'évidence – il est vrai qu'ils n'ont pas beaucoup le choix – acheter aux États-Unis du gaz de schiste. La conséquence est qu'ils payent aujourd'hui trois fois plus cher leur gaz que les Américains.

Instruire un procès contre la France, qui, au cours des années, fut l'un des pays les moins dépendants du gaz russe (NB : environ 15 % de ses besoins contre plus de 40 % pour l'Allemagne, sauf erreur), grâce en particulier au nucléaire, est se tromper de cible.

Quant à l'Allemagne (NB : mais on pourrait aussi parler de l'Italie ou de la Pologne autrefois totalement dépendante), elle poursuivit une politique d'approvisionnement logique, pour des raisons économiques et compte tenu de sa proximité géographique avec la Russie.

Cette dernière – et l'Union soviétique avant elle, au plus fort de la guerre froide – s'était toujours montrée un fournisseur parfaitement fiable, jusqu'à la guerre en Ukraine et aux sanctions auxquelles elle a répondu avec ses propres armes.

8

Le complexe nucléaire

Les incidents, pendant de longs mois, autour de la centrale nucléaire ukrainienne de Zaporijjia – la plus importante d'Europe par la capacité – dans une zone actuellement contrôlée par la Russie et où l'Agence internationale de l'énergie atomique (AIEA) assure néanmoins une certaine supervision, et plus près de nous les incertitudes que suscitent les développements militaires dans la région de Koursk sur le territoire russe, ont attiré l'attention sur le nucléaire civil en temps de guerre.

Dans des périodes moins troublées, le nucléaire civil représente également des enjeux considérables : cela a valu pour l'Ukraine où la part d'électricité d'origine nucléaire a oscillé entre 25 et 30 % jusqu'au milieu des années 90 avant de dépasser 50 % avant le conflit avec la Russie ; de son côté, la Russie est réputée exploiter avant tout des énergies fossiles, sources d'une véritable rente, mais son « complexe nucléaire », au sens de l'ensemble des structures et entreprises qui concourent à la production d'électricité d'origine nucléaire et aussi à l'exportation de technologies correspondantes, est aussi notable. Le secteur nucléaire russe est le seul des pays de l'ex-URSS qui ait pu, à partir de la période de la *perestroïka,* préserver et même augmenter son potentiel scientifique.

La renaissance nucléaire

La technologie russe repose désormais principalement sur des réacteurs de type WWER à eau pressurisée de conception soviétique, puis russe. Il s'agit d'une technologie différente de celle de Tchernobyl, même si cette dernière est encore présente à la centrale de Koursk. Un effort en vue d'une standardisation a été accompli avec un type de réacteur unique à eau pressurisée de 1 200 mégawatts.

93

Il y eut un grand élan du nucléaire qui, pendant une période, a nettement fléchi. Une reprise s'en est suivie, susceptible de contribuer à « l'équation énergétique » et aussi écologique de la planète. Il s'est agi de promouvoir des technologies non émettrices de CO_2 ; tel est le cas du nucléaire, de l'hydraulique, de l'éolien et du solaire. Le processus devait viser également à l'efficacité énergétique. Il convenait de capter et de stocker le gaz carbonique.

On peut dater la « renaissance » nucléaire à la charnière des années 2008-2009 (NB : 56 réacteurs en construction à 8 milliards $ l'unité ; Chine : 21 réacteurs, Russie : 11, Corée du Sud : 6 et Inde : 5). La crise mondiale y a paradoxalement contribué. La Russie pour sa part était alors engagée dans la construction de 8 réacteurs, plus que tout autre pays, ainsi que sur le marché mondial en Chine, Inde, Iran et Bulgarie.

Cette renaissance s'est déployée dans le contexte de la « diversification » de l'économie russe qui fut le leitmotiv de la présidence de D. Medvedev (2008-2012) et de la politique conduite par le Premier ministre V. Poutine ; cette diversification s'est traduite notamment dans la modernisation du parc nucléaire.

La Russie a alors cherché à s'assurer « *d'une place stable parmi les grands constructeurs au monde de centrales nucléaires* » (S. Shmatko, ministre russe de l'Énergie). Cette orientation a déterminé principalement le rapprochement avec Siemens qui a parfois été vécu – sur le moment et de façon sans doute exagérée – par d'autres partenaires de la Russie dans le secteur considéré comme une sorte de « Rapallo nucléaire ».

La Russie, alors engagée dans la modernisation, a aussi visé à améliorer son efficacité énergétique. Économiser signifiait acquérir du *know how*. Des 650 milliards de m^3 de gaz naturel produits annuellement, la Russie en consommait alors 400. L'objectif était une économie de 100 milliards devant être réalisée en une dizaine d'années. La Russie s'est aussi intéressée aux expériences du Japon et de l'Italie dans le domaine de l'efficacité énergétique.

En 2009 a aussi culminé une crise entre la Russie et l'Ukraine dans le domaine gazier et, par contrecoup, le nucléaire a pu en être stimulé. Le gaz avait été vendu à Kiev, à partir de la fin de l'Union soviétique, moins de 50 $ les 1 000 m^3, tandis que le prix sur le marché mondial était de 250 $. Moscou s'est ainsi attachée à ce que l'Ukraine – qui avait été de facto subventionnée – paye le gaz naturel russe à un prix convenable et qu'elle garantisse sa responsabilité pour un transit sûr du gaz en direction de l'Ouest, comme cela était prévu dans la Charte énergétique européenne. Selon Moscou, l'UE devait clairement signifier à l'Ukraine qu'elle avait dérogé à la Charte.

La Russie estimait qu'elle avait développé avec l'Europe une relation de confiance ; elle avait en effet régulièrement approvisionné l'Europe, pendant 40 ans, y compris lors des moments les plus tendus de la guerre froide. C'est aussi ce constat général qui a motivé la construction des gazoducs Nord Stream et South Stream dans un but évident de contournement de l'Ukraine (NB : besoins de l'Europe alors estimés par la Russie : 620 milliards de m^3 en 2020, soit 100 à 120 milliards de plus qu'en 2010).

La coopération stratégique franco-russe / le cas des turbines Arabelle

La clé du succès des grandes entreprises françaises est apparue être l'engagement à long terme, l'investissement dans les industries et les infrastructures russes et la participation à leur évolution. Telle a été la démarche de Total avec le projet d'exploitation du gisement de gaz de *Shtockman* en pleine mer Arctique (NB : finalement non réalisé en raison des difficultés techniques et des coûts), de Vinci et Bouygues dans des projets de construction d'infrastructures routières ou encore de Renault entrée au capital d'Avtovaz.

L'essentiel a sans doute été de ne vouloir agir que par des partenariats et de ne pas viser prioritairement un marché pour l'écoulement de ses propres produits, mais pour leur production adaptée en partenariat avec des entreprises locales. Les salariés, dans ces conditions, étaient majoritairement locaux et le pourcentage d'expatriés inférieur à 10 %.

La France était, il y a une dizaine d'années, le 6ᵉ investisseur en Russie, son 9ᵉ partenaire commercial, dont son 4ᵉ partenaire de l'UE (NB : après les Pays-Bas, l'Allemagne et l'Italie). Pour le gaz, la coopération datait alors de 35 ans, notamment en raison des accords de long terme avec GDF. GDF Suez s'engagea auprès de Gazprom dans une prise de participation de 9 % dans le projet Nord Stream 1 (7,4 milliards €) ; pour EDF, il s'agissait de participer à hauteur de 10 % dans South Stream.

Pour Alstom, le futur des TGV russes et européens pouvait se jouer en Russie. Dans le secteur de l'énergie, hors nucléaire, Alstom a mené par exemple à bien la réalisation d'un projet – engagé à partir de 2006 – de fourniture « clés en mains » d'une centrale thermique à *Mosenergo,* producteur d'électricité détenu majoritairement par le géant Gazprom.

Dans le secteur nucléaire, un ambitieux projet de *joint-venture* avec *Atomenergomash* (51 %), filiale de Rosatom, a pris corps à partir de 2007 avec les fameuses turbines *Arabelle* qui auraient été assemblées sur place sur la base de commandes russes. Il ne se serait pas agi à proprement parler d'un transfert de technologie, mais plutôt d'une transmission d'équipements. Un premier accord a été signé en 2008 pour réaliser l'ingénierie du groupe turbine-alternateur et des matériels de la salle des machines de la centrale nucléaire de Seversk, dans la région de Tomsk en Sibérie. Ce projet s'inscrivait dans le programme russe de nouvelles constructions de centrales prévoyant la mise en service de 26 réacteurs d'ici à 2025 devant produire 30 % de l'électricité russe en 2030 (NB : au lieu de 16 %).

Ces turbines *Arabelle* n'ont jamais été nucléaires. Elles faisaient partie de la partie conventionnelle (NB : îlot conventionnel) de certaines centrales nucléaires. Alstom, qui était cependant un acteur du nucléaire en livrant des groupes turboalternateurs, ne fournissait pas en revanche des réacteurs. Les réacteurs constituent quant à eux le cœur des centrales ; il s'agit de transformer la chaleur produite par la réaction nucléaire en électricité. Dans une centrale, pour schématiser, la part de BTP (bâtiments et travaux publics) était d'environ

40 % ; celle des turbines de 30 % ; enfin, le nucléaire pur comptait pour 30 %.

Il est à noter qu'une centrale sur trois dans le monde utilisait alors la technologie d'Alstom (NB : dont 58 réacteurs nucléaires en France) d'une efficacité remarquable sinon inégalée, se caractérisant par une très grande résistance à la corrosion, une impressionnante longévité (NB : jusqu'à 60 ans), une maintenance et une exploitation optimales et des coûts et périodes d'immobilisation minimisés. L'avantage d'une approche consistant à participer au développement d'un secteur stratégique russe – consistant, par définition, au développement économique à long terme du pays – était qu'il pouvait aussi en résulter une moindre exposition à la crise qui d'ailleurs n'allait pas tarder à frapper notamment le secteur de l'énergie (cf. infra).

Le coup de frein mondial de 2008-2011

La demande d'électricité dans le monde a en effet baissé en 2009 pour la première fois depuis 1945 ; effectivement, 2008/2009 a introduit des ruptures sur le marché international, les clients traditionnels étant enclins à différer leurs projets les plus significatifs. Alstom, pour ce qui la concerne, a enregistré des prises de commandes sévèrement affectées par la crise économique (NB : baisse de 39 % entre 2009 et 2010 par rapport à un niveau, il est vrai, particulièrement élevé). En période de plus faible demande, le facteur prix a une importance accrue. Le redémarrage des marchés a été relativement lent (NB : cela fut constaté chez Alstom où il a fallu attendre le dernier trimestre 2011), même si les infrastructures ont été moins affectées que d'autres secteurs.

Il ne faut ainsi pas confondre avec la demande interne non satisfaite d'électricité, due à des politiques spécifiques et parfois erronées. Si l'on s'en tient aux effets différés de la crise de 2008, l'exemple de la Russie mérite que l'on s'y arrête. La crise a pu aussi avoir des effets qui n'étaient pas que négatifs en limitant l'inflation, en mettant un terme à des emprunts extérieurs excessifs et en réduisant le *turnover* excessif des personnels et les coûts de recrutement. Si la « modernisation » et la « diversification » de l'économie avaient été les mots-clés de la présidence de D. Medvedev et du Premier ministre Poutine, elles ne se réalisèrent pas en fonction des ambitions affichées. L'occasion ne fut pas saisie pour engager un développement ne reposant pas uniquement sur l'exportation des matières premières.

Mais, dans un contexte de crise économique mondiale, l'industrie nucléaire russe a continué à diffuser des signaux positifs. C'est ainsi que la corporation d'État Rosatom est restée au centre d'une nouvelle géométrie stratégique en multipliant des rapprochements et des projets ponctuels, avec Siemens en 2009 – dans la perspective d'un partenariat qualifié de « stratégique » (cf. coopération pour des centrales en Bulgarie et Slovaquie) – ou encore entre Toshiba et *Atomenergoprom* l'année précédente ; la collaboration avec Areva s'est poursuivie pour la livraison du combustible.

Les turbines *Arabelle* ont par la suite fait l'objet d'une cession, dans le cadre de la vente de la branche Énergie (Power) du Groupe Alstom, à General Electric (GE). Alstom est un groupe privé. La vente à GE a été approuvée par des Assemblées d'actionnaires. La cession est intervenue en 2014. Une telle cession a visé à préserver le reste du groupe. Les acquisitions sont quant à elles des démarches plus positives, car non contraintes : elles visent à renforcer des activités ; elles doivent être intégrées de la meilleure des façons ; le prix payé doit être acceptable. Ce dernier processus a été engagé par une société privée ; il a été étalé sur plusieurs années et sous des gouvernants divers ; il a répondu principalement, même si l'on peut le regretter, à des considérations d'ordre économique et financier, liées principalement à l'évolution et à la baisse du marché des grands projets énergétiques, en particulier à partir de la crise économique et financière de 2008. Telle fut la cruelle réalité d'un dossier très complexe.

Le complexe nucléaire russe

Au cœur de la politique industrielle

V. Poutine s'est intéressé très tôt, dès son départ de Saint-Pétersbourg où il servait auprès du maire A. Sobtchak, à la politique industrielle et cela particulièrement dans le secteur énergétique. Son objectif fut rapidement que l'État recouvre les leviers nécessaires à l'impulsion d'une politique en la matière qui avaient été perdus lors des privatisations des années 90. Indépendamment de la propriété industrielle, le pouvoir considéra que tant l'État que les entreprises devaient concourir à la transformation économique de la Russie. Il n'y eut aucun recours à des nationalisations mais parfois à l'appel à la solidarité du capital privé, pressions à l'appui.

C'est en 2007 que la sphère nucléaire russe a accéléré sa réforme de structure en vue d'une renaissance massive (cf. supra), dans la double perspective d'un développement accéléré de la production nucléaire en Russie, assorti de la conquête d'une position de leader mondial. C'est le président Poutine qui a signé la loi sur la restructuration du secteur nucléaire.

Si l'on se livre à une radiographie du « complexe » énergétique russe, on constate que celui-ci a été animé par des personnalités telles que S. Kirienko, directeur général de Rosatom et ancien Premier ministre de Russie, et I. Sechine, venu du cœur du pouvoir du Kremlin. Mais il faudrait élargir la liste à un plus grand nombre de personnalités, tels S. Sobianine, chef de l'Administration présidentielle, devenu le président du Conseil de surveillance de Rosatom et actuellement maire de Moscou, ou encore S. Narychkine, un temps chef de l'Administration présidentielle et actuellement chef du Service de renseignements extérieurs (SVR), et S. Prikhodko, qui fut conseiller diplomatique du président Medvedev. Cette liste qui n'est pas limitative illustre l'interpénétration des cercles politiques et de la haute administration et celle de la direction de l'économie. Il s'agit d'une caractéristique essentielle de la Russie post-soviétique.

L'objectif, à la fin de la première décennie 2000, était le développement de 26 tranches d'ici à 2025 avec un objectif de 30 % d'électricité d'origine nucléaire (NB : par rapport à 16 %). Il est à noter que la corporation d'État Rosatom réunissant 300 000 personnes était « l'équivalent » du CEA, y compris sa branche militaire, d'Areva, d'EDF et Alstom réunis.

La coopération stratégique avec la Russie apparaît diverse et ancienne. Les scientifiques français et russes ont collaboré depuis 1967 (cf. Accord entre le Comité d'État soviétique pour le nucléaire GKAE et le CEA) dans le domaine de l'utilisation de l'énergie nucléaire (ex. Projet ITER à Cadarache pour la fusion nucléaire contrôlée). La France et la Russie ont d'ailleurs partagé une vision commune du développement de l'utilisation de l'énergie nucléaire. La poursuite de l'utilisation passait par le recyclage du plutonium dans des réacteurs à neutrons rapides, dans le strict respect d'un régime de sûreté et de non-prolifération.

Il convient d'admettre que la coopération industrielle s'est avérée plus complexe que la coopération scientifique et technique, les industriels français et russes étant en concurrence sur les marchés tiers ; il y eut ainsi à la fois des exemples de coopération, comme l'achat par EDF et AREVA à la Russie de services d'enrichissement d'uranium et des situations de confrontation frontale, par exemple en Finlande ou en Chine ; les industriels français souhaitaient une ouverture du marché russe aux technologies nucléaires françaises, tandis que l'industrie russe demandait une libéralisation totale du commerce des matières nucléaires et des services d'enrichissement alors que la pénétration du marché des matières nucléaires de l'UE était régulée.

Le rapprochement avec Siemens est apparu à tort comme une surprise. Le fournisseur russe de centrales avait déjà intégré la technologie de contrôle-commande numérique de son « nouveau » partenaire allemand dans un réacteur fourni à la Chine. Dix ans auparavant avait été développé avec Siemens un modèle de réacteur WWER. Peter Löscher, le CEO de cette société de l'époque, rappela que la première présence de celle-ci en Russie – qui n'était alors qu'un embryon d'entreprise – datait de 1853.

Un soft power russe ?

La Russie a mené à bien le programme qu'elle s'était fixé au début des années 2000. Sur le marché mondial, elle a poursuivi son expansion dans le secteur nucléaire civil et elle est devenue un exportateur de premier plan. Plus d'un tiers des nouveaux réacteurs construits dans le monde le sont par la Russie en Chine, Inde, Iran et Égypte. Une réaction des pays occidentaux est intervenue pour limiter l'accès de la Russie au marché des combustibles ; le président Biden a signé de son côté une loi bipartisane interdisant les importations aux États-Unis d'uranium enrichi (NB : 25 % des besoins américains).

Au Bangladesh par exemple, Rosatom poursuit la construction d'une centrale d'un coût de 12 milliards $ destinée à fournir grâce à ses 2 400 MW de puissance de l'électricité à 10 % d'une population de 170 millions d'habitants. S'il s'agit pour la Russie de compenser dans le domaine énergétique des pertes dues aux conséquences de la guerre en Ukraine (cf. détournement de l'Europe, sabotage de Nord Stream), l'objectif n'est visiblement pas uniquement économique et commercial. Et l'on pourrait parler aussi de la Turquie.

De tels projets créent en effet des liens durables puisqu'il faut environ 10 ans pour construire une centrale dont la durée de vie des réacteurs sera de 60 années. La longueur d'un tel processus se vérifia avec le projet de la centrale de Busher en Iran. Rosatom est en mesure de fournir les personnels pour le fonctionnement de la centrale et le rôle du pays hôte peut être réduit à l'achat de l'électricité. Rosatom – dont les revenus extérieurs ont augmenté sensiblement depuis 2022 (NB : 16,2 milliards $ en 2023 contre 11,2 en 2022 ; 50 % de ses revenus sont d'origine extérieure) – a ainsi été un puissant vecteur d'influence de la Russie en direction du Sud « global » en multipliant la signature de mémorandums (MoU) en Afrique et Amérique latine. Il est prévu que l'ensemble des revenus de Rosatom double d'ici 2030.

***

M'adressant en fin d'année 2009 aux personnels du groupe industriel que je représentais à Moscou, couvrant alors la Russie, l'Ukraine et la Biélorussie, je leur disais :

« … L'année 2009 s'annonce dans un contexte de crise économique et financière internationale. En raison de la mondialisation, la Russie n'a pas été épargnée.

Cette situation, dont on ne saurait sous-estimer la gravité, ne doit cependant pas nous inciter au pessimisme et surtout au défaitisme. La Russie a les moyens de surmonter les difficultés et, dans ce contexte, Alstom n'entend aucunement se détourner d'elle, bien au contraire. Les secteurs de l'Énergie et des Transports, qui sont les composantes essentielles de l'activité d'Alstom, sont aussi au cœur du processus de la modernisation de la Russie qui se poursuit. À cet égard, Alstom a fait le choix stratégique d'être un partenaire de la Russie et de ses entreprises. Nous sommes ici dans la durée, pour des actions communes dans ce pays. Nous réussirons ensemble.

Tous les talents réunis au sein d'Alstom en Russie auront la possibilité de s'exprimer et d'être reconnus. Tel est mon vœu le plus cher. Je ferai tout, en ce qui me concerne, pour que chacun se sente bien au sein d'Alstom, libre et responsable en même temps. Les défis que nous avons à relever sont une chance, ils nous confèrent une mission qui dépasse nos cas individuels. Nos succès futurs doivent être ceux des plus vastes collectivités auxquelles nous appartenons, ils doivent être aussi le fondement d'une plus vaste coopération entre l'Europe et la Russie qui s'y rattache étroitement… »

En lisant ces lignes, l'on ne peut s'empêcher de constater que le temps s'est écoulé et même que l'on a changé d'époque. Les personnels locaux de l'entreprise, de très loin les plus nombreux par rapport à un nombre d'expatriés inférieur à 10 %, ont toujours été respectés ; les engagements pris auprès de notre partenaire n'ont pas été trahis ; mais les contraintes de la vie économique internationale et plus encore les effets de la politique des États se sont imposés, au détriment d'une grande aventure. Il faudrait citer ici, pour se réconforter, l'optimisme chevillé au corps du général de Gaulle : « *Et tout recommencera !* »

9

Russie-Chine : partenariat et compétition

Dans le contexte de la guerre en Ukraine, la Chine et la Russie sont parfois présentées comme des alliées. Ce n'est pas nécessairement le cas : si Pékin n'a pas formellement condamné l'invasion, la Chine n'a pas voté avec la Russie aux Nations Unies sur cette question, mais elle s'est abstenue. De plus, les dirigeants chinois semblent avoir exprimé à plusieurs reprises leurs inquiétudes aux responsables russes quant à l'utilisation possible d'armes nucléaires tactiques sur le champ de bataille. Ce fut le cas avec le Premier ministre indien Modi, lors du sommet de l'Organisation de coopération de Shanghai à Samarkand en septembre 2022, et lors du sommet sino-russe Xi-Poutine à Moscou en mars 2023.

Les deux anciennes puissances communistes rivales, qui étaient au bord de l'affrontement en 1969, ont aujourd'hui des intérêts géostratégiques convergents et se sont beaucoup rapprochées sur le plan économique, par exemple avec des échanges commerciaux qui atteindront des niveaux record en 2022 et 2023. Cependant, la concurrence et les arrière-pensées ne sont pas absentes entre la Chine et la Russie, en raison des déséquilibres marqués entre les puissances respectives. Un rapport de 1 à 10 peut être observé : la population russe ne représente que 1/10 de la population chinoise ; le commerce sino-russe n'atteint que 1/10 du commerce de la Chine avec l'Occident (NB : États-Unis et UE) ; l'approvisionnement en gaz de la Chine, faute de gazoducs suffisants, ne couvre qu'environ 1/10 des besoins chinois.

Parler dans ce contexte du statut de vassal de la Russie par rapport à la Chine est néanmoins exagéré ou en tout cas prématuré. En réalité, la relation sino-chinoise actuelle devrait plutôt être décrite comme un partenariat en vue de son renforcement. Ce partenariat n'exclut pas une certaine concurrence, par exemple en Asie centrale, au cœur d'un nouveau Grand Jeu.

Le Grand Jeu international est ainsi devenu parfois difficile à maîtriser, mais cette complexité offre des opportunités. Le triangle Washington-Moscou-Pékin de la guerre froide, parfaitement exploité à l'époque par l'administration américaine, a été remplacé par le triangle États-Unis-Chine-Europe. D'une certaine manière, la Russie est encore partiellement liée à l'Europe. Nous devrons garder cela à l'esprit lorsque nous reconstruirons le système international.

Le nouveau Grand Jeu

L'attention est focalisée sur le conflit ukrainien, même si les perceptions de la guerre peuvent varier sensiblement d'une région du monde à l'autre. À cet égard, l'Asie centrale, ancienne partie de l'Union soviétique, où le *soft power* russe reste important et qui se trouve souvent dans un face-à-face déséquilibré avec la Chine, notamment sur le plan économique, est une zone stratégique de première importance. L'Asie centrale recèle au moins deux enjeux majeurs, du fait de l'importance de ses ressources énergétiques, qui suscitent des convoitises, et de sa situation entre l'Est et l'Orient (cf. la partie orientale de la Russie d'une part, et la puissance chinoise d'autre part), bordée au sud par l'Iran, l'Afghanistan et la mer Caspienne, porte d'entrée du Caucase et de l'Europe.

Paradoxalement, sans être négligée, la région reste une sorte de « face cachée du monde », alors qu'elle a été au XIXe siècle le théâtre de ce que l'on a appelé le Grand Jeu entre les empires russe et britannique, et cela pendant près de cent ans. La Russie est restée dans la région, tandis que le Royaume-Uni y a maintenu son intérêt et quelques relais d'influence. Le Grand Jeu est susceptible de prendre de nouvelles formes. L'Asie centrale pourra-t-elle s'affranchir de ses puissants voisins, à la mesure de son immense potentiel et de sa situation au cœur des nouvelles routes de la soie ? Ou devra-t-elle se résigner à n'être qu'une charnière entre plusieurs mondes, ou se cantonner à jouer le rôle de cordon sanitaire entre un nouvel Orient et les puissances européennes et occidentales ?

Dans l'ombre portée de la Russie

L'indépendance acquise par les cinq républiques soviétiques d'Asie centrale à la fin de l'URSS n'a pas signifié un retrait total de Moscou, mais une transformation significative des relations entre l'ancien centre et sa périphérie. La Russie a conservé ses positions dans la région de plusieurs manières, que ce soit par des modes de gouvernance souvent hérités des pratiques soviétiques, des réseaux économiques (ex. le pétrole kazakh ne peut être exporté que via le port russe de Novorossiysk sur la mer Noire), la dépendance des États concernés vis-à-vis des transferts de fonds des travailleurs migrants (NB : 8 millions de personnes en Russie et jusqu'à 30 % de la richesse nationale de certaines républiques), le *soft power* culturel à travers la langue et les communautés russes expatriées (NB : plus de 40 % de Russes ethniques au Kazakhstan au moment de l'indépendance, officiellement 20 % aujourd'hui) ou des ressortissants ayant une double nationalité (NB : plusieurs milliers au Turkménistan, où la question d'une nationalité unique n'a toujours pas été mise en œuvre) ou encore la sécurité des frontières et une présence militaire (voir les gardes-frontières au Tadjikistan et une base aérienne au Kirghizstan près de la capitale Bichkek).

Mais la Russie ne s'est pas contentée de cet héritage du passé, elle a tenté d'organiser des liens multiples entre les composantes de l'ancienne Union des quinze républiques soviétiques. À l'exception des États baltes et de l'Ukraine, elles se sont toutes regroupées au sein de la Communauté des États indépendants (CEI) créée par les accords de Minsk et d'Alma Ata en 1991. Tous les États d'Asie centrale, à l'exception du Turkménistan qui a enregistré sa neutralité permanente auprès des Nations Unies en 1995, sont membres de la Communauté économique eurasienne (EurAsEc) créée en 2000 par le traité d'Astana, de l'Organisation du traité de sécurité collective (OTSC) de 2002 et de l'Organisation de coopération de Shanghai (OCS) lancée en 1996, puis rebaptisée en 2001 – qui inclut la Russie et la Chine dans le même système multilatéral – visant trois objectifs majeurs de sécurité : le terrorisme, l'extrémisme et le séparatisme. L'Union économique eurasienne, composée de la Russie, de la Biélorussie et du Kazakhstan, rejoints par l'Arménie en l'absence de l'Ukraine espérée, a été créée en 2014 en réponse au Partenariat oriental lancé par l'Union européenne en 2009. La présence économique de la Russie a diminué, mais n'a pas disparu, et le Kazakhstan en particulier reste un partenaire majeur pour Moscou et ses grands groupes industriels comme Lukoil, Rosneft ou Rosatom.

Au cœur des ambitions chinoises

Le Kazakhstan, grand comme plus de cinq fois la France, est le 11e producteur mondial de pétrole, le 1er producteur et exportateur mondial d'uranium depuis 2009, devant le Canada et l'Australie (NB : 36 % de l'offre mondiale, 2e réserve mondiale, avec plus de 20 % des réserves connues), et est également riche en charbon (8e rang mondial). Le Kazakhstan est donc un partenaire commercial majeur en Asie centrale. Les échanges avec la Chine et la Russie sont désormais comparables en termes de volume, mais le rôle de la Chine dans le pays ne cesse de croître. Par exemple, la part des entreprises chinoises dans la production pétrolière du Kazakhstan est supérieure à 20 % depuis plus de 10 ans. Le Turkménistan possède les 4es réserves mondiales de gaz et est – on ne le souligne pas assez – le premier fournisseur mondial de gaz à la Chine. La société chinoise CNPC est la figure de proue de la présence chinoise dans le pays. L'ouverture du gazoduc Turkménistan-Ouzbékistan-Kazakhstan-Chine en 2009 a marqué un tournant dans les flux gaziers turkmènes, qui se sont détournés de la Russie. Ces dernières années, la Russie a même cessé d'acheter le gaz turkmène dont elle n'avait plus besoin. Un temps, pour maintenir une activité symbolique dans le secteur énergétique, la Russie a proposé des achats limités (1 milliard de m^3), mais à des prix cassés, qu'Achgabat n'a pas pu accepter, au risque de s'exposer à une contre-réclamation tarifaire de la part de la Chine.

La Russie n'a jamais eu de problème avec les exportations de gaz turkmène vers l'Est. En revanche, elle a toujours cherché à freiner l'émergence de la concurrence du gaz turkmène en Europe, ce que reconnaissent parfois ses représentants diplomatiques dans la région. Comme l'avait fait en son temps le président Medvedev, elle a mis en avant à plusieurs reprises des considérations environnementales pour retarder la construction d'un gazoduc à travers la mer Caspienne. Cette politique s'est finalement révélée à courte vue, compte tenu des quantités en jeu (NB : le gazoduc en question n'aurait pas pu absorber plus de 30 milliards de m^3 par an, alors que les livraisons russes à l'Europe dépassent largement les 200 milliards). Ce n'était pas vital pour la Russie, mais ça l'était pour les Turkmènes, qu'elle s'était aliénés. L'Azerbaïdjan n'a pas non plus aidé son voisin d'Asie centrale dans ce domaine, car il craignait la concurrence dans le secteur de l'énergie. La Chine, quasi unique client gazier de la région, achète également des quantités à l'Ouzbékistan et est impliquée dans l'exploitation aurifère du Kirghizstan (cf. mine d'or de Kumtor).

Les nouvelles Routes de la soie

La perception des Chinois en Asie centrale n'est pas toujours très bonne, à commencer paradoxalement par son fournisseur de gaz turkmène, qui lui en veut parfois de sa dépendance économique. Le président Berdymuhamedov, père de l'actuel chef de l'État, a parfois fait part de ses inquiétudes sur ce point à des interlocuteurs de confiance, et les ressortissants chinois sont peu présents dans la capitale Ashgabat. Les sentiments kazakhs et kirghizes n'ont pas toujours été plus favorables.

C'est à l'automne 2013 que le président Xi Jinping, nouvellement élu, a annoncé ce projet prométhéen baptisé *One Road One Belt* ou *Belt Road Initiative* (BRI). L'ambition en était d'accroître les échanges commerciaux de la Chine avec une grande partie de l'Asie centrale et de l'Europe par voie terrestre, et avec l'Asie du Sud et l'Afrique par voie maritime. Cela concernerait un tiers du PNB mondial d'ici 2049, ce qui coïnciderait avec le 100ᵉ anniversaire de la République populaire de Chine. Le projet n'est pas seulement économique, il a aussi une dimension historique et politique (cf. Xi'an, autrefois la plus grande ville du monde, qui était le point de départ ou d'arrivée des anciennes Routes de la soie). À cet égard, en référence à la conférence de Bandoeng de 1955, où la Chine s'est affirmée, aux côtés du tiers-monde, comme une révolutionnaire contre le colonialisme et l'impérialisme des grandes puissances, Pékin veut se poser en protecteur d'un monde qui est encore l'objet de relations internationales, alors que la Chine ambitionne de devenir la première puissance économique mondiale. D'où une phraséologie qui utilise des concepts tels que « *construire une communauté de destin pour toute l'humanité* ». Plus prosaïquement, il est clair que le projet de la Chine s'inscrit dans le cadre de sa dépendance énergétique, de son ralentissement économique, du vieillissement de sa population et de la concurrence globale avec les États-Unis. Mais si le projet comporte des risques et est susceptible d'avoir des effets pervers, son attrait ne doit pas être sous-estimé dans des pays parfois relativement négligés, comme l'Asie centrale enclavée. Après la stratégie du « collier de perles » (NB : Birmanie, Bangladesh, Inde, Sri Lanka, Maldives, Pakistan), le cœur de l'Asie centrale est désormais une cible importante. En effet, il semble qu'environ la moitié des activités de la BRI seront concentrées en Asie.

Un label « BRI » a été créé, couvrant un large éventail de projets, notamment dans les secteurs des transports et de l'énergie. Il ne s'agit pas d'un vœu pieux puisque l'on estime à 300 milliards de dollars les investissements déjà réalisés entre 2015 et 2018. La pandémie a fortement ralenti le processus, et la guerre en Ukraine ne manquera pas non plus d'avoir des conséquences importantes. Mais il y a fort à parier que l'entreprise prométhéenne se poursuivra, conformément à l'obligation de croissance permanente de la Chine. Depuis 2013, les échanges commerciaux de la Chine avec les pays de la BRI se chiffrent en milliers de milliards de dollars, soit environ 30 % de son commerce total.

La menace terroriste ?

L'islam radical est généralement contenu, en partie grâce aux traditions de l'islam modéré héritées de l'Union soviétique, mais des groupes extrémistes font périodiquement irruption pour exploiter les tensions sociales aiguës. Des troubles récurrents se produisent par exemple dans la région de la mer Caspienne du Kazakhstan. Le risque n'est pas nul en Ouzbékistan, foyer de l'islam en Asie centrale, où des écoles coraniques financées de l'extérieur ont vu le jour après l'indépendance, mais ont été dominées d'une main de fer par le président Islam Karimov, aujourd'hui décédé.

Un terreau de rivalités ethniques et de déséquilibres régionaux, sur fond de guerre en Afghanistan et d'opposition latente des grandes puissances, a été exploité par les mouvements radicaux. Le risque de « choc des cultures » n'est jamais absent : à partir de 2001, l'aéroport de Manas au Kirghizstan (Air Transit Center) a accueilli des soldats américains et du matériel de guerre pour l'Afghanistan dans le cadre d'un contrat de location. L'Ouzbékistan, quant à lui, a brusquement interrompu ses services aériens en 2005. La coopération militaire avec le Kazakhstan est limitée dans le cadre du programme de Partenariat pour la paix (PPP) de l'OTAN.

Un large éventail d'opportunités, y compris pour les pays occidentaux

Des relations commerciales importantes se sont développées avec le Kazakhstan, le Turkménistan et l'Ouzbékistan, les trois principales économies de la région, même si l'Europe, et même les États-Unis, sont parfois en retard dans certains pays comme le Turkménistan. Cependant, les entreprises américaines sont très présentes au Kazakhstan, notamment dans le secteur de l'énergie (NB : le champ pétrolier de Tengiz, le premier du pays, a été prospecté par des Américains ; Chevron en contrôle 50 % de la production et ExxonMobil 25 %).

L'attitude de Washington à l'égard du Turkménistan est souvent empreinte d'indifférence, alors que le pays a joué un rôle important de relais, notamment lors de la présence américaine en Afghanistan (cf. logistique, congés militaires, etc.). Le Turkménistan, au nom de sa neutralité et de ses bonnes relations avec toutes les parties afghanes, n'a pas accepté d'être utilisé à des fins militaires. Pour les mêmes raisons, le retrait complexe du matériel militaire étranger d'Afghanistan, y compris du matériel français, n'a pas pu se faire par une voie turkmène, qui aurait été beaucoup plus facile.

En 2014, les États-Unis ont construit une nouvelle ambassade à Achgabat pour un coût de plus de 250 millions de dollars (NB : Sergueï Lavrov a de son côté inauguré l'impressionnante nouvelle ambassade russe). On peut imaginer que ce n'est pas sans raison, compte tenu des enjeux et de la proximité de la frontière iranienne, à seulement 25 km de la capitale turkmène.

L'Europe reste un acteur politique relativement marginal, malgré les efforts intenses, il y a quelques années, de son représentant spécial, l'ambassadeur Pierre Morel, qui ont abouti à la formulation de la stratégie 2007-2013 de l'UE pour la région. Des projets de coopération spécifiques, par exemple dans le domaine de la formation, sont appréciés. L'accent mis sur la démocratie et les droits de l'Homme, quelle que soit sa légitimité, ne facilite pas nécessairement la promotion des intérêts européens. Toutefois, des accords de partenariat et de coopération ont été signés avec plusieurs pays d'Asie centrale, dont le Kazakhstan et le Turkménistan.

Les Britanniques font parfois mine de ne pas s'intéresser outre mesure à la région, même si, en tant qu'experts du Grand Jeu, ils y pensent constamment. Les intérêts britanniques sont particulièrement bien représentés dans le secteur énergétique du Kazakhstan (Shell et British Gas) ; une coopération avec les meilleures universités britanniques est organisée, notamment au Kazakhstan et en Ouzbékistan ; des exercices militaires annuels sont organisés avec le Kazakhstan.

L'Allemagne est le premier partenaire européen du Kazakhstan et est également active sur le plan culturel avec les diasporas et les associations culturelles. Aux côtés du Royaume-Uni, de l'Allemagne et de la France, l'Italie est particulièrement active en Asie centrale. Matteo Renzi, Premier ministre d'Italie, se rendit en visite au Turkménistan au retour d'un G20 ; il fut le seul chef d'un gouvernement occidental à l'avoir fait.

La France est très attendue, y compris sur le plan politique, et un partenariat stratégique existe avec le Kazakhstan depuis 2008. Plus de 100 entreprises françaises sont présentes au Kazakhstan, dont Total, Alstom (cf. l'usine de locomotives électriques à Astana), GDF

Suez, Areva et Airbus. Le Turkménistan est le 3e partenaire économique de la France en Asie centrale : il fut un temps le premier marché international de Bouygues Construction ; Accor, Cifal, Schneider Electric, Thales (cf. satellites), Total et Vinci sont également présents. La visite du président Mitterrand en 1994 pour accompagner le jeune État sur les fonts baptismaux a eu des répercussions économiques durables pour les entreprises françaises, au-delà de la passion du président français pour l'ancienne cité de Nysa. À cet égard, il est regrettable qu'un nouveau voyage présidentiel n'ait pu avoir lieu comme envisagé en 2016. Confirmant l'attention de la France pour la région, les ministres poursuivent leurs visites dans la région (NB : Kazakhstan et Ouzbékistan notamment).

L'aube de l'Eurasie

En 2018, Bruno Maçães, ministre portugais de l'Europe de 2013 à 2015 puis consultant à la City de Londres, a écrit l'ouvrage *L'Aube de l'Eurasie* (*The Dawn of Eurasia*) à la suite d'une année sabbatique de plusieurs mois dans cet immense espace qui va de l'Europe à la Chine. Il est simpliste de conclure que les Européens pensent généralement en termes de normes et de règles qu'ils veulent étendre, alors que dans ce cas, nous devrions penser en termes de puissance (« *Si vous pensez que la Russie et la Chine ont une approche expansionniste, vous ne pouvez pas répondre par une règle* »). La question n'est pas de construire un cadre neutre de règles, mais de savoir lequel prévaudra. Une autre idée, apparemment paradoxale au vu de ce qui précède, est que le défi à l'ordre économique mondial ne vient finalement pas de la périphérie, mais du centre, c'est-à-dire de nous-mêmes. Sommes-nous encore attachés à un ordre « libéral » ? Le choix du Brexit, par exemple, en est-il l'expression ? Ces immenses questions nous ramènent à notre identité et à notre ambition. Notre destin est-il encore d'exporter nos idées vers l'Asie, ou d'accueillir désormais les siennes ? Le nouveau Grand Jeu pose ces questions fondamentales.

Grandes manœuvres en Asie centrale : business as usual

Le voyage de Vladimir Poutine en juin 2022 au Tadjikistan et au Turkménistan a surpris. Alors que la guerre en Ukraine faisait rage, que l'on s'interrogeait sur l'état de santé du président russe et que l'on évoquait de possibles fissures dans les cercles dirigeants de Moscou, il n'a pu s'agir d'un voyage de routine, mais d'un voyage de la plus haute importance qu'il faut tenter de décrypter.

La Russie, qui a quitté l'Asie centrale à la fin de l'ère soviétique, n'a jamais tourné le dos à cette région. En l'occurrence, le Tadjikistan est un partenaire fiable pour Moscou, représentant un enjeu sécuritaire important à la frontière de la Chine et de l'Afghanistan, et au carrefour des troubles alimentés par divers groupes extrémistes qui ne se limitent pas, loin s'en faut, aux Talibans, lesquels se focalisent avant tout sur les problèmes de l'Asie du Sud. C'est pourquoi la Russie dispose d'une importante base militaire dans ce pays, dont elle contrôle également les frontières à l'aide d'unités spécialisées.

D'autre part, le Turkménistan, république peu considérée à l'époque soviétique et dont les ressources n'ont jamais été exploitées, a pris ses distances avec la Russie lors de son accession à l'indépendance il y a désormais plus de 30 ans. Le pays ne fait donc pas partie des alliés les plus fiables dont certains médias parlent aujourd'hui à l'occasion de la visite de Vladimir Poutine. Mais le pays, conscient de sa relative faiblesse, a eu l'intelligence de ménager ses relations avec tous ses voisins et anciens partenaires. C'est la philosophie qui a présidé à son statut officiel de neutralité à l'ONU en 1995. De toutes les instances multilatérales créées ou dirigées par la Russie depuis la fin de l'URSS, le Turkménistan n'est membre que de la CEI. Bon an mal an, le pays accueille malgré tout au moins une visite de haut niveau de Moscou.

Le premier message de la présence de Vladimir Poutine en Asie centrale est sans doute que « *tout a changé pour que rien ne change* ». Avec un langage et des moyens naturellement très différents, il ne s'agit pas de nier l'existence d'une nation dans l'espace post-soviétique, comme en Ukraine, mais de suggérer qu'elle reste une réalité tangible où la Russie est à l'aise, à défaut d'être chez elle. La participation d'Achgabat à un sommet des États de la Caspienne est un moyen supplémentaire pour élargir la perspective et donner une apparence d'unité, alors que les relations entre les membres (voir Russie, Kazakhstan, Azerbaïdjan, Iran et Turkménistan) sont parfois difficiles. Au Turkménistan, le *soft power* russe n'a cessé de s'affirmer, notamment à travers la culture et la langue. Le président Berdymuhamedov, qui a cédé les rênes du pouvoir à son fils Serdar, était un stomatologue formé à Moscou, et le jeune président turkmène parle également un russe parfait avec le président Poutine.

L'ouverture de la Russie

Il est paradoxal que le président russe se soit rendu au Turkménistan, pays enclavé, entouré, voire encerclé, au sud et à l'est par les chaînes de montagnes iraniennes et afghanes, et séparé du Caucase et des perspectives européennes plus lointaines par la mer Caspienne, qui reste une frontière climatique, géographique et économique. La question du statut de la Caspienne reste un sujet de débat complexe, et tant la Russie que l'Azerbaïdjan n'ont jamais rien fait pour faciliter la construction d'un gazoduc transcaspien permettant au Turkménistan d'exporter une partie de ses gigantesques réserves de gaz vers l'Occident (NB : les 4es au monde).

Aujourd'hui, c'est la Russie qui, malgré son immensité et son manque d'options, se retrouve repliée sur elle-même, notamment à cause des sanctions. Parler d'une « carte chinoise » que la Russie pourrait rapidement jouer n'est pas très cohérent. S'il s'agit d'une réorientation à 180° des exportations d'énergie, notamment de gaz, elle s'avèrera extrêmement coûteuse, techniquement complexe dans un Extrême-Orient russe dépourvu d'infrastructures, et prendra des années à mettre en œuvre. Tout comme Mme Merkel s'est trop reposée sur la Russie, la Russie peut maintenant avoir le sentiment d'avoir accordé trop de priorité à ses clients européens, et se trouve également dans l'embarras.

Moscou peut explorer et trouver une solution dans le Sud. À cet égard, le Turkménistan revêt une importance stratégique considérable, car il existe déjà un réseau de gazoducs reliant la Russie à ce pays. C'est Moscou qui, ces dernières années, a estimé ne plus avoir besoin du gaz turkmène, réduisant ses importations à des quantités symboliques avant de cesser de l'acheter. De plus, le Turkménistan est relié à l'Iran, auquel il a fourni du gaz, notamment pour ses régions septentrionales éloignées des importants gisements gaziers iraniens. En tout état de cause, une route existe qui pourrait donner accès à de vastes marchés.

Enfin, le fameux projet de gazoduc TAPI (NB : Turkménistan-Afghanistan-Pakistan-Inde) n'a jamais été abandonné. Incapable d'exporter vers l'Occident (cf. ci-dessus), il était considéré comme vital par le Turkménistan, qui souhaitait augmenter ses quantités exportées et éviter un face-à-face avec la Chine, son client exclusif. Compte tenu du contexte régional (guerre en Afghanistan, tensions indo-pakistanaises récurrentes, investissements pharaoniques), le projet n'a toujours pas vu le jour. Le gouvernement turkmène aurait souhaité que le groupe Total soit la figure de proue d'un consortium international. Rétrospectivement, on peut estimer que la Russie aurait eu intérêt à apporter une contribution décisive à la réalisation de cette entreprise considérable, pour le plus grand bénéfice de ses nouveaux grands clients marchands d'énergie, comme l'Inde. Une sorte de nouvelle Route de la soie, inversée et parallèle, ne déplairait ni à l'Inde ni à Moscou, vouée à la sujétion à Pékin du fait de son détournement de l'Occident.

Un message pour la Chine

Le voyage rapide de Vladimir Poutine fut aussi un message fort adressé à la Chine, qui lui dit en substance : oui, nous nous détournons de l'Occident, mais notre relative faiblesse économique par rapport à un co-leader de l'économie mondiale ne doit pas nous conduire à la vassalité ; la Russie conserve des atouts stratégiques qui ne se limitent pas à ses forces nucléaires, mais qui découlent de son histoire et de sa géographie ; Moscou a toujours sa place au cœur du *Heartland*, dont le contrôle sera une clé importante pour les puissances de demain ; elle ne lui tourne pas le dos, mais saura lui faire face.

Les présidents russe et chinois se sont rencontrés à Moscou le 20 mars 2023 (voir ci-dessous), pour la première fois depuis quatre ans, en dehors de rencontres dans des pays tiers, comme à Samarkand en septembre 2022 à l'occasion d'un sommet de l'Organisation de coopération de Shanghai (OCS).

Il est de bon ton de parler d'un rapprochement sino-russe favorisé par la guerre en Ukraine. Les convergences entre Moscou et Pékin se sont en effet manifestées au cours de la période considérée, depuis la fameuse poignée de main entre Vladimir Poutine et Xi Jinping en marge des Jeux olympiques d'hiver de Pékin en février 2022, quelques jours avant le début des hostilités contre Kiev. C'est d'ailleurs à cette occasion qu'il a été question d'une « *amitié éternelle* » entre les deux pays.

En réalité, ce concept n'est pas nouveau. Apparu dans les années 1950 entre la Chine nouvelle de Mao et l'Union soviétique, forte de sa victoire à l'issue de la Seconde Guerre mondiale, il n'a pas empêché la relation bilatérale de connaître de nombreuses vicissitudes, sur fond de concurrence idéologique et d'intérêts nationaux. Ces évolutions ont même conduit à des affrontements armés au sein du « camp de la paix », qui ont dégénéré à la fin des années 1960 sur les fleuves Oussouri et Amour.

Quelles sont donc les réalités et les faits des relations entre Moscou et Pékin aujourd'hui ? Quelles sont les perspectives, au-delà du roman de l'amitié éternelle ? La visite du président Xi Jinping au Kazakhstan le 14 septembre 2022, pour son premier voyage à l'étranger depuis la pandémie de Covid, et le sommet de l'Organisation de coopération de Shanghai à Samarkand, en Ouzbékistan, les 15 et 16 septembre, témoignent de grandes manœuvres en Asie centrale, bien au-delà des seules relations sino-russes. De son côté, le président Poutine avait créé la surprise en effectuant une visite bilatérale au Tadjikistan les 28 et 29 juin, en pleine guerre d'Ukraine, suivie d'une réunion au Turkménistan des États riverains de la mer Caspienne.

Xi-Poutine : le sommet des fantasmes

Avec une visite d'État de trois jours à Moscou en mars 2023, le président Xi Jinping a effectué son premier déplacement à l'étranger depuis sa reconduction à la tête de la Chine. C'était également la première fois en quatre ans qu'il voyait son homologue russe, à l'exception d'une rencontre avec un pays tiers à Samarkand en septembre 2022 à l'occasion d'un sommet de l'Organisation de coopération de Shanghai (OCS).

Dans un contexte de tensions accrues avec les États-Unis et surtout de guerre en Ukraine, ce sommet sino-russe a donné lieu à des interprétations radicales avant même qu'il n'ait lieu : peu après la publication par Pékin d'un « plan de paix » en 12 points, certains anticipaient une évolution chinoise vers un règlement rapide du conflit ; d'autres craignaient que la rencontre des deux chefs d'État ne donne lieu à la constitution de facto d'une quasi-alliance, accompagnée notamment de la fourniture d'équipements militaires à la Russie ; dans les deux cas, de nombreux observateurs s'accordaient à reconnaître à la Chine un statut de grande puissance, voire une capacité unique à instaurer un nouvel ordre mondial.

Il est de bon ton de parler d'un rapprochement sino-russe favorisé par la guerre en Ukraine. Quelles sont donc les réalités et les faits des relations entre Moscou et Pékin aujourd'hui ? Quelles sont les perspectives, au-delà du roman de l'amitié éternelle ? La première perception du sommet ne relève-t-elle pas du fantasme ?

Défense et illustration de l'amitié éternelle

Avant même qu'il soit possible de dresser un bilan, le sommet russo-chinois de Moscou a été perçu comme une confirmation éclatante de la recomposition de la société internationale au détriment d'un ordre qui n'était plus dominé par l'Occident. Mais c'est le *timing* qu'il faut aussi prendre en compte. D'une part, une Chine puissante, mais aussi quelque peu affaiblie par des années d'isolement dues à une pandémie, de nouvelles difficultés économiques et sociales internes et une pression américaine croissante, entendait afficher ses préférences et ses ambitions de jouer un rôle global sur la scène diplomatique internationale ; d'autre part, le moment ne pouvait être plus opportun pour briser le risque d'ostracisme rendu aigu par le lancement d'un mandat d'arrêt international à l'encontre du dirigeant suprême du pays (NB : à cet égard, la tenue de la réunion a immédiatement suivi la séquence du voyage de Vladimir Poutine à Sébastopol et Marioupol).

Mais quel est l'état réel des relations bilatérales entre Pékin et Moscou ? Depuis au moins une quinzaine d'années, on entend dire que la Russie joue la « carte de la Chine ». La conceptualisation du virage asiatique de la Russie remonte encore plus loin et peut être attribuée à Evgeny Primakov, ancien ministre des Affaires étrangères et éphémère Premier ministre de la Fédération en 1998.

À la fin de la première décennie des années 2000, la moitié des échanges commerciaux de la Russie se faisaient avec les pays de l'Union européenne et 70 % des investissements étrangers provenaient de pays européens. S'il est vrai que la Chine est devenue depuis le premier partenaire commercial de la Russie – et que le commerce bilatéral a atteint le chiffre record de 190 milliards de dollars en 2022 et de 240 milliards en 2023 – la part des investissements européens est passée à 75 %. En clair, cela signifie que la technologie provenait encore de l'Ouest avant le déclenchement de la guerre en Ukraine.

Depuis lors, les achats de produits énergétiques russes, en particulier de pétrole, ont fortement augmenté, tandis que la Chine fournissait des composants de haute technologie dont la Russie a désespérément besoin, y compris pour sa production d'armes, tels que des microprocesseurs. Mais la question du gaz sera plus difficile à résoudre, l'Europe ayant mis fin à sa dépendance vis-à-vis de la Russie faute de gazoducs adaptés qui nécessiteront des années de construction et des investissements se chiffrant en dizaines de milliards de dollars (NB : en marge des Jeux olympiques de Pékin en février 2022, la construction d'un nouveau gazoduc et la signature d'un contrat de trente ans pour la fourniture de gaz russe ont été annoncées). Cependant, contrairement aux idées reçues, la Russie n'est toujours pas le premier fournisseur de gaz de la Chine et cet hydrocarbure continue de provenir principalement d'Asie centrale. Lors du sommet de Moscou, le président Poutine a promis à son homologue chinois 98 milliards de m^3 de livraisons de gaz d'ici 2023. Mais cet objectif semble totalement irréaliste, puisqu'il est conditionné à la construction, via la Mongolie, du gazoduc Siberia 2. Le président Xi Jinping semble être resté prudent sur cette question.

Sur le plan diplomatique, la Chine et la Russie semblent également s'être beaucoup rapprochées ces dernières années, tant sur le plan bilatéral que multilatéral, par exemple dans le cadre de l'Organisation de coopération de Shanghai (OCS), de nature à la fois économique et politique. Cette dernière structure, limitée en 2001 aux deux pays et à ceux d'Asie centrale, à l'exception du Turkménistan, s'est ouverte quinze ans plus tard à l'Inde et au Pakistan, puis à l'Iran en 2021. Fait piquant, l'une des missions de l'Organisation est de s'occuper du « séparatisme ».

Mais ce mariage de raison n'exclut pas la concurrence, même dans les domaines stratégiques. La concurrence entre les puissances en Asie centrale en est l'illustration. La visite du président Xi au Kazakhstan en septembre 2022 – son premier voyage à l'étranger après la pandémie – avant le sommet de l'OCS en Ouzbékistan quelques jours plus tard, et la visite du président Poutine en Asie centrale en juin de la même année, en pleine guerre d'Ukraine, témoignent de grandes manœuvres dans la région. Ce nouveau Grand Jeu ne se limite pas à la Chine et à la Russie, mais devrait également inclure la Turquie (NB : quatre des cinq républiques d'Asie centrale sont turcophones), l'Inde et même l'Iran, où l'Occident est insuffisamment présent, sauf peut-être au Kazakhstan – premier producteur et exportateur mondial d'uranium – par l'intermédiaire de très grandes entreprises énergétiques et minières.
Ce n'est pas un hasard si Xi Jinping a invité Vladimir Poutine à Moscou pour un forum d'investissement dans le cadre de son initiative *One Road One Belt* ou *Belt and Road Initiative* (BRI) (NB : 300 milliards de dollars investis entre 2015 et 2018).

Alors que la doctrine Primakov reposait sur l'idée d'une relation triangulaire avec l'Asie et l'Europe, visant à rompre avec le triangle Washington-Beijing-Moscou de la guerre froide, la guerre en Ukraine marque une rupture à la fois avec Washington et l'Europe, et place désormais Moscou dans un tête-à-tête quasi exclusif avec Pékin, vraisemblablement plus restrictif. La nouvelle relation sino-russe risque de s'avérer exigeante, voire étouffante, pour Moscou. Dans le secteur de l'énergie, outre les considérations ci-dessus, la Chine sera en mesure d'influencer les prix et bénéficie déjà – comme l'Inde – de réductions tarifaires substantielles. Elle ne verra pas non plus la Russie comme un marché d'exportation majeur, par exemple dans le nouveau secteur automobile en pleine expansion, capable d'assurer un flux important de produits finis en provenance de « l'atelier du monde ».

Tenir son rang

La Chine est considérée comme un membre fondateur de l'ONU, mais le siège de la République de Chine n'a été attribué à Pékin qu'en octobre 1971 par un vote de l'Assemblée générale. Depuis lors, la République populaire a joué un rôle relativement discret. Pékin tient aujourd'hui à se présenter comme un État responsable, comme il sied à une puissance digne de ce nom. Aujourd'hui, cette attitude semble trancher avec le comportement d'un membre permanent du Conseil de sécurité qui ne respecte pas les principes fondamentaux de la Charte des Nations unies.

Le traité sino-russe de bon voisinage, d'amitié et de coopération de 2001 a établi un partenariat stratégique entre les deux pays qui existait depuis 1996. En ce qui concerne Taïwan, Moscou s'est depuis aligné de manière classique sur la thèse de l'unicité de la Chine et l'accent a également été mis sur la défense de l'unité nationale et de l'intégrité territoriale des États.

À cet égard, il convient de noter que la Chine n'a pas soutenu la déclaration d'indépendance des deux entités russophones de la région du Donbass, ni l'annexion qui s'en est suivie. Lors de la *Wehrkunde* à Munich, peu avant le déclenchement de la guerre en Ukraine, le ministre chinois des Affaires étrangères a défendu et illustré le principe de l'intégrité territoriale. La justification de l'intervention en Ukraine (cf. génocide, dénazification), aussi crûment exprimée soit-elle, ne sera pas nécessairement plus convaincante à Pékin qu'elle ne l'est à Washington et dans les capitales européennes. Tout au plus, au Conseil de sécurité de l'ONU, qui se réunissait en même temps que la déclaration du président russe, la Chine a dit comprendre les préoccupations de Moscou en matière de sécurité.

Le sommet de Moscou a donné lieu à des discussions approfondies sur la guerre en Ukraine, et Xi Jinping et Vladimir Poutine auraient eu un tête-à-tête de 4 heures au début des discussions. La tonalité des échanges ne semble pas avoir été la même que lors du sommet de l'OCS à Samarkand, où le président chinois aurait clairement mis en garde son homologue sur l'utilisation possible d'armes non conventionnelles. À noter que le communiqué final de Moscou reprend ce thème, tout en écartant la perspective d'une guerre nucléaire.

La relative compréhension que Pékin continue de manifester publiquement à l'égard de son partenaire russe n'est pas incompatible avec une certaine prise de distance qui se traduit par une volonté d'exercer une forme de médiation dans le conflit. Il y a quelques mois, le ministre ukrainien des Affaires étrangères, Dmytro Kuleba, a rapporté que son homologue chinois lui avait dit que « *la Chine était intéressée par la fin de la guerre* ». Le président Zelensky lui-même n'a jamais fermé la porte à un rôle diplomatique de la Chine, et il est question que le président Xi ait une conversation téléphonique avec son homologue ukrainien après Moscou.

Une puissance hyper-calculatrice

Certains analystes ont rapidement désigné la Chine comme le grand vainqueur de la guerre en Ukraine. Mais il est encore bien trop tôt pour faire une telle affirmation. Il est vrai que la Chine s'est d'abord satisfaite du fait que la crise a détourné quelque peu, pour un temps au moins, la pression qui pesait de plus en plus lourdement sur elle, notamment à l'égard de Taïwan, et qui s'était matérialisée, par exemple, par la formation de l'alliance occidentale AUKUS dans l'Indo-Pacifique.

D'un point de vue géostratégique global, l'ouest de la Chine se situe non seulement à l'est du Pacifique, mais aussi à l'extrême ouest du continent eurasien. Que l'Ukraine, loin de ses frontières, devienne un abcès de fixation, et que la Russie soit utilisée pour repousser un groupe enclin à considérer la Chine comme un « rival systémique », peut a priori présenter des avantages pour Pékin.

Mais il ne fait aucun doute que la Chine aurait préféré que la guerre se limite à un incident mineur, pour reprendre le langage utilisé à Washington par le président Biden avant même l'agression russe. Une crise de grande ampleur et de longue durée est susceptible de porter atteinte au besoin vital de croissance de la Chine – les prévisions pour 2023 l'évaluent à 5 %, le chiffre le plus bas depuis 30 ans – qui est la source de son équilibre interne et de sa puissance, ainsi qu'au sacro-saint principe de l'intégrité territoriale des États, pierre angulaire du système international pour la Chine.

Une analyse scrupuleuse de la situation économique mondiale et des conséquences de la guerre pour ses propres intérêts détermine en fait la position chinoise. Pékin doit mettre en balance son partenariat stratégique avec Moscou et ses relations avec le reste du monde.

Les deux grandes puissances, la Chine et la Russie, qui ont révisé le système international – en termes géopolitiques et non au sens traditionnel de réécriture de la Charte des Nations Unies – ont intérêt à maintenir leur unité, même si celle-ci est plus apparente que réelle à tous égards. Les deux pays ont besoin d'une « profondeur stratégique » face à l'Occident.

Cette approche est également une composante des tensions avec les États-Unis sur Taïwan, dont Pékin entend desserrer le « verrou ». Aussi surprenant que cela puisse paraître, la Chine est relativement enclavée du fait que la mer de Chine méridionale – d'une superficie de 3,5 millions de km^2 – est semi-fermée et contrôlée par six détroits. Le détroit de Taïwan est le passage le plus direct pour ses sous-marins nucléaires, qui partent de l'île de Hainan vers la vaste fosse des Philippines. Au-delà de cette dimension militaire, il faut noter que 90 % du commerce extérieur de la Chine et près de 50 % du commerce mondial transitent par cette zone. Pour en revenir à l'Occident, la coopération avec la Russie, compte tenu de sa taille et de l'influence qu'elle conserve en Asie centrale, est essentielle dans la perspective des nouvelles Routes de la soie.

La croissance chinoise risque d'être fortement perturbée par la prolongation de la guerre en Ukraine (cf. ci-dessus), même si les taux prévus feraient rêver bien des économies – en effet, pour la Chine, ils correspondent à sa plus faible performance depuis trente ans. Or, le maintien de la croissance est essentiel pour satisfaire sa classe moyenne, garantir la paix sociale et même la stabilité de son ordre politique.

Si le commerce de la Chine avec la Russie a connu une très forte croissance depuis 2020, atteignant un niveau record en 2022, ce résultat impressionnant doit être relativisé, car il est à comparer au commerce de la Chine avec les pays de l'Union européenne et les États-Unis, dont il ne représente qu'environ un dixième.

L'Ukraine elle-même est un partenaire commercial important pour la Chine, en particulier dans le secteur agricole. La Chine est le premier importateur mondial de produits agricoles et plus de 80 % de ses importations de céréales proviennent d'Ukraine.

En ce qui concerne les gigantesques projets énergétiques entre la Chine et la Russie, il convient de noter que la construction du dernier gazoduc annoncé à l'occasion des Jeux olympiques de Pékin nécessitera des investissements considérables. Ceux-ci seront sans doute largement financés par la Chine elle-même, comme cela a déjà été le cas avec certains pays d'Asie centrale. Cela impliquera des banques d'État chinoises, susceptibles de faire l'objet de sanctions internationales.

Au vu de toutes ces données, qui ne sont bien sûr pas exhaustives, on imagine mal la puissance hyper-calculatrice brader ses intérêts nationaux et mettre en péril la croissance économique qui lui est vitale. Pékin a de solides arguments pour orienter la guerre en Ukraine vers une solution diplomatique. Il est également dans notre intérêt de l'encourager.

La poignée de main entre Xi Jinping et Vladimir Poutine en marge des Jeux olympiques d'hiver à Pékin, qui a tant marqué les esprits et peut-être donné lieu à une sur-interprétation, mérite sans doute d'être relativisée. Compte tenu de son interdépendance économique avec le monde occidental, dix fois plus importante en termes quantitatifs que ses échanges avec la Russie, et encore plus importante en termes qualitatifs, si la Chine était contrainte de le faire – ce qu'elle s'efforce actuellement d'éviter – elle choisirait les États-Unis et l'Europe. À ces contraintes s'ajoutent l'essoufflement de l'économie chinoise et le vieillissement de la population. Mais nous n'en sommes pas encore à ce choix cornélien et, en définitive, la nature réelle de la relation sino-russe est aussi un baromètre des tensions sino-américaines et est déterminée par l'Occident. À l'avenir, la Chine sera aussi ce que nous en ferons.

La Russie, État vassal de la Chine ?

Alors que le G7 se réunissait à Hiroshima, le président Xi Jinping accueillait à Xi'an un sommet avec les cinq pays d'Asie centrale (C5), le troisième du genre. Xi'an était autrefois une capitale et la plus grande ville du monde, et ses remparts en témoignent encore. Xi'an était le point de départ des Routes de la soie, et le sommet coïncidera avec le dixième anniversaire du lancement par le président chinois de l'initiative *Belt & Road* (BRI) au Kazakhstan.

L'Asie centrale représente de multiples enjeux pour la Chine : la sécurité, avec la question du Xinjiang – et ce n'est pas un hasard si la Chine a déployé des gardes-frontières au Tadjikistan ; l'économie, avec l'approvisionnement en énergie, notamment en gaz, et les ressources minières ; le commerce (70 milliards de dollars avec les pays d'Asie centrale d'ici 2022), avec le transit ferroviaire vers l'Europe (80 % de ce prêt est opéré à travers la région en question).

L'Asie centrale est également devenue une zone d'influence, voire de domination, entre la Chine et la Russie. La Russie a reculé depuis la fin de l'Union soviétique, mais elle y conserve des liens importants, au-delà des communautés binationales et de l'influence persistante de la langue russe. Dans certains cas, les envois de fonds des travailleurs migrants d'Asie centrale vers la Russie représentent une part importante du PNB de certains États d'Asie centrale. Ces derniers, qui aspirent à l'émancipation, sont également réticents à se confronter à une Chine qui les inquiète parfois. Passer d'un « grand frère » à un autre n'est pas une perspective vraiment attrayante pour eux.

L'Asie centrale est sans aucun doute destinée à devenir le théâtre d'un nouveau Grand Jeu. Et celui-ci ne se limitera pas à la Chine et à la Russie, proches alliés sinon alliés aujourd'hui, mais concurrents au nom d'intérêts de puissance.

Les relations sino-russes présentent un déséquilibre que l'on peut résumer par un rapport de 1 à 10 : la population russe représente 1/10 de celle de la Chine ; les échanges sino-russes représentent, avec quelques fluctuations, 1/10 des échanges avec les États-Unis et les pays de l'Union européenne ; la Russie n'assure même pas encore 1/10 des besoins de consommation de la Chine.

Mais le « statut de vassal » impliquerait une tension qui n'existe pas actuellement entre Pékin et Moscou, à l'heure où l'on déclare une « *amitié sans limites* ». Alors que la Russie représentait environ 50 % de ses échanges avec l'UE il y a encore quelques années, le commerce sino-russe a connu une croissance rapide, atteignant le chiffre record de 190 milliards de dollars en 2022.

La relation est donc plus complexe qu'il n'y paraît, pour des raisons à la fois techniques et politiques. Il est dans l'intérêt de la Chine d'obtenir des produits énergétiques de la Russie au meilleur prix possible ; la Russie doit impérativement remplacer le marché traditionnel du gaz par celui de l'Europe, en raison des sanctions. Mais les gazoducs nécessaires aux exportations massives ont une capacité insuffisante. Le projet *Siberian Force 2*, dont l'objectif final affiché est de fournir 50 milliards de mètres cubes par an, ne sera pas lancé avant 2024 ; cinq ans de travaux seront nécessaires pour construire 2 600 km de tuyaux, pour un investissement probablement compris entre 10 et 15 milliards de dollars. Face à cette dépendance mutuelle jusqu'en 2030, que feront les deux pays ?

10

Le Sud, collectif et spécifique

À l'Occident « global », l'on oppose parfois un Sud qui serait « collectif », mais le Sud depuis l'émergence du tiers-monde sur la scène internationale à la conférence de Bandoeng en 1955, fut avant tout l'expression d'un non-alignement revendiqué par rapport aux blocs de la guerre froide qui en constitua le plus commun dénominateur. Le Sud est-il désormais plus homogène qu'il ne le fut avec le non-alignement dans le cadre des Nations Unies, au sein notamment du Groupe des 77 ? La différence avec cette période est l'émergence de puissantes entités aspirant au premier rang, telles la Chine ou l'Inde ; celles-ci, au-delà de certaines convergences géopolitiques (cf. Chine-Russie, Inde-Russie ou encore Brésil-Russie) développent des relations « à la carte », ce qu'illustre par exemple parfaitement New Delhi ; ces puissantes entités ne sont pas à proprement parler des « alliés », mais juxtaposées, elles constituent un vaste ensemble capable de remettre en question le système international et d'offrir une alternative à son mode de fonctionnement passé.

Secrets et trésors de l'Afrique

L'Afrique ne s'est-elle pas éloignée, y compris de notre univers mental ? Ne l'avons-nous pas un peu oubliée dans le même temps où celle-ci prenait ses distances avec les anciennes puissances tutélaires ? Ne mérite-t-elle pas une présentation plus positive ? En effet, l'expression « communauté internationale », même galvaudée, exprime néanmoins généralement un idéal s'élevant au-dessus des différences et traduisant l'aspiration au bien et un certain sens de la justice. Elle contient l'idée de la réunion et non de la division. Elle s'oppose à la solitude des égoïsmes nationaux. Elle n'est pas nécessairement une réalité abstraite, une construction de l'esprit ; elle est aussi tangible, faite d'expériences vécues et de rencontres, à partir de rêves qui sont nos logiciels et permettent d'avancer.

L'Afrique fait naturellement partie de cet ensemble et l'on n'en parle pas assez sinon pour souligner des problèmes qui sont aussi souvent les nôtres. Ce continent extraordinaire recèle bien des secrets et surtout des trésors, découverts à l'occasion de missions diplomatiques, il y a désormais environ quarante ans, qui l'on fait entrer pour toujours dans notre intimité malgré des évolutions et soubresauts considérables.

L'ONU *et l'Afrique*

Le domaine de l'agriculture et de l'alimentation était alors couvert – et cela est toujours le cas – par une institution spécialisée principale de l'ONU, la FAO, et plusieurs autres organisations qui lui étaient liées, tel le PAM (Programme alimentaire mondial) qui se consacrait tout particulièrement à l'aide alimentaire d'urgence. Tous ces organismes et organisations se trouvaient implantés à Rome, capitale par définition ouverte sur le Sud et d'autant plus légitime pour traiter des questions de développement.

Il fallait prendre à cœur la FAO. Il s'agissait d'une enceinte permettant aux « pays du Nord », à ceux en particulier dont les excédents céréaliers étaient dans certains cas considérables, et aux pays du Sud démunis ou frappés par les fléaux, en premier lieu la guerre, d'aborder ensemble les questions du développement agricole. Le problème était complexe et ne se limitait pas à mettre en place des transferts, par exemple sous forme de dotations en nature, qui pouvaient avoir des effets pervers aboutissant à la destruction des productions locales. L'organisation fournissait une expertise appréciée aux pays qui en étaient dépourvus et le « label FAO » faisait autorité.

Les représentants des États avaient la charge d'orienter le travail de l'institution multilatérale, de le conceptualiser, de gérer ses ressources et d'en décider l'affectation. Les délégations faisaient donc appel à des équipes mixtes de généralistes et de spécialistes. Pour ce qui était de la France, le Quai d'Orsay s'efforçait d'assurer la coordination et aussi les arbitrages entre le ministère de l'Agriculture au plus près des intérêts de notre monde rural et celui de la Coopération et du Développement dont les finalités premières pouvaient sensiblement différer.

Pour couronner le tout, et ce fut une aide considérable, Michel Rocard étant à cette époque ministre de l'Agriculture, sa passion du développement et son ouverture d'esprit en général devaient grandement faciliter les choses et, plus que cela, être un puissant facteur d'entraînement. De plus, au cours de ces années immédiatement postérieures à l'élection de François Mitterrand à la présidence de la République, le ministère de la Coopération ne se limitait plus seulement à être celui de l'Afrique – au sens du « pré carré » de la France – et un souffle nouveau l'animait. Ce fut, en tout cas pour moi, un moment privilégié où la diplomatie ne relevait pas de ce qui était parfois appelé « *Kriegsspiel* », mais me semblait répondre à des questions vraiment concrètes concernant de vastes groupes humains.

Au sortir d'une saison blanche et sèche

Ces organisations internationales romaines nous conduisaient sur le terrain. La conférence régionale consacrée à l'Afrique, champ d'intervention privilégié des actions de la FAO, se déroula alors au Zimbabwe, dans un pays en pleine transition. Sur le chemin de Harare, l'étape de Johannesburg, alors que le système d'apartheid était encore en place en Afrique du Sud en ce milieu des années 80, s'avéra déprimante. Le centre de la ville très moderne et hérissé de gratte-ciels avait les apparences des cités du monde anglo-saxon, mais l'ensemble était étrange et oppressant même pour des visiteurs.

Si le régime des sanctions internationales avait contraint le pays à se replier sur lui-même, l'enfermement produisait aussi une réaction se traduisant par une grande et bienveillante curiosité à l'égard des visiteurs. La gentillesse vis-à-vis de l'étranger était égale dans les deux communautés, noire et blanche, encore totalement séparées et la qualité même d'étranger permettait de renverser bien des barrières. Une bourgeoisie semblait émerger au sein de la communauté noire, mais l'écrasante majorité de cette dernière quittait dans la soirée le centre de la ville pour regagner par autobus les *townships*. Johannesburg se vidait, comme si Manhattan devenait déserte en fin de journée. Il était temps d'écourter cette expérience désolante, telle que décrite par l'écrivain sud-africain André Brink dans *Une saison blanche et sèche*, pour gagner au plus vite l'ancienne Rhodésie.

L'hiver austral n'était pas la saison des bougainvilliers et des jacarandas en fleurs, mais ces hauts plateaux y apportaient une plus grande douceur qui n'était pas que climatique. Le pays avait en effet déjà évolué vers un pouvoir où la minorité ne dominait plus sans partage. Harare plaisait alors d'emblée. En tous lieux, les hauts plateaux, quelle que soit leur élévation, au Kenya, en Éthiopie ou encore au Vietnam, peuvent procurer des sensations comparables ; ils semblaient donner de la distance par rapport à l'agitation et contribuaient à un certain calme intérieur.

Contrastant avec les tensions profondes ressenties en Afrique du Sud, la ville d'Harare avec ses grandes avenues un peu désertes et alors surdimensionnées, peu urbanisée et proche de la nature paraissait provinciale et paisible dans la lumière très pure de l'hiver austral. Des réfugiés mozambicains épars, ayant fui des violences voisines, étaient à la recherche d'un emploi ; ils rappelaient néanmoins que nous étions dans l'œil d'un cyclone annonçant l'ultime fin des empires coloniaux et le passage d'un monde à l'autre. L'heure de Frederic de Klerk, parfois qualifié de « Gorbatchev de l'Afrique australe », viendrait bientôt. Mais le Zimbabwe avait pris de l'avance, peut-être parce que la séparation des communautés n'y avait pas été institutionnalisée et sans doute également parce que les enjeux géostratégiques y étaient moindres qu'en Afrique du Sud, colosse du continent.

L'Eden, la savane et la glace

L'Afrique de l'Est et australe parcourue pendant ces années était grandiose et recélait des beautés époustouflantes. Des troupeaux considérables d'éléphants de *Hwange National Park,* aussi grand que la Suisse, où l'on atterrissait sur une piste entaillée dans la forêt, aux chutes du Zambèze ou de Victoria, larges de près de deux kilomètres et deux fois plus hautes que celles du Niagara, dont le grondement faisait trembler le sol qu'avait arpenté Livingstone, au plateau éthiopien et aux gorges du Nil Bleu jusqu'à la calotte glacière du Kilimandjaro, alors encore préservée, qui émergeait au petit matin d'une brume intense au-dessus de la savane, tout était émerveillement. Il faut conserver ces images et sensations provoquées par une nature surpuissante, riche en espèces et peuplée d'une humanité passionnante, sorte d'Eden à redécouvrir ou à rétablir qui avait sa cohérence et était un monde en soi.

Un autre empire du Milieu, millénaire et intemporel

De telles expériences faisaient pénétrer l'Afrique dans la peau. Mais devait-on parler de l'Afrique ou des Afriques ? La question s'imposait, ne serait-ce qu'avec la découverte sur le continent d'un pays particulier qui était un monde en soi, une sorte d'Empire du Milieu : l'Éthiopie qui était d'ailleurs encore un empire quelques années auparavant.

Le pays accueillait le siège de l'Organisation de l'Unité africaine (OUA) à Addis-Abeba. L'OUA était alors une organisation qui pesait dans le système international, alors que la présence coloniale et celle de troupes étrangères – dont 50 000 Cubains –, pour lesquelles le continent africain était un terrain d'affrontement, approchait de son terme. L'immense Éthiopie, ex-empire somptueux à certains égards et désormais gouverné par le colonel Menguistu, était alors en proie à la sécheresse et à la famine.

Quelle n'était pas dès lors la surprise quand l'effet de l'altitude – Addis est en effet à 2 500 m – et surtout une pluie intense interrompaient brutalement le sommeil ? Les images de populations faméliques, déplacées avec leurs maigres troupeaux, à la recherche d'eau pour leur survie, que véhiculaient alors les médias correspondaient cependant bien à la réalité de la terrible famine qui frappa le pays au début des années 80. Mais en fait, les disparités régionales étaient considérables et s'accompagnaient d'une grande variété climatique dans le pays.

La province de Shoa, au centre de laquelle se trouvait la capitale Addis-Abeba, avec à elle seule une superficie d'environ 80 000 km2 et étant établie sur des hauts plateaux, était relativement bien arrosée. C'est dans cette région que le Nil Bleu entaille les hauts plateaux pour en faire des gorges vertigineuses avant de rejoindre le Nil Blanc au Soudan. En chemin vers les gorges, l'on rencontrait des cavaliers chevauchant des montures chamarrées ayant eux-mêmes les épaules recouvertes d'une étole chatoyante leur donnant malgré le mouvement une attitude hiératique et quasi religieuse.

Ces images étaient hors du temps, en tout cas du nôtre, et même au-delà de notre imagination. Mais la Province de Shoa connaissait aussi ses duretés. La pression démographique qui pesait sur la capitale en était un exemple. Comme ailleurs en Afrique, l'accès au bois de feu, de plus en plus rare, était vital pour les populations. À Addis, l'extension de la superficie de la ville qui coïncidait avec la croissance de la multitude, imposait aux habitants d'effectuer de manière quotidienne des déplacements pédestres, de plus en plus lointains et harassants, aux fins d'approvisionnement. Il fallait ainsi accéder aux hauteurs de la ville, franchir un col de plus de 3 000 m et s'engager profondément sur le haut plateau.

Eucalyptus de Menelik et lion d'Hailé Sélassié

L'ambassade de France était installée au cœur de cette ville faite de collines et terrasses. Au XIXᵉ siècle, l'empereur Menelik II avait offert à la France un vaste terrain de 42 ha pour son implantation diplomatique. Les eucalyptus y avaient grandi pour atteindre la taille considérable de plusieurs dizaines de mètres. Il était fortement déconseillé de s'aventurer à pied de nuit sur le périmètre du *compound*, en raison de hyènes qui y rôdaient. L'ambassade elle-même émergeait dans la partie la plus élevée du terrain. L'enceinte, faite d'un haut mur, avait été fragilisée par les ans et laissait apparaître en quelques endroits des trous béants. Cela donnait un accès, d'ailleurs autorisé une fois par semaine, à des habitants d'un village voisin qui venaient y cueillir du bois de feu. Tel était le spectacle que l'on pouvait voir à partir des bureaux et salles de réunions. Il y avait là comme une résurgence de notre Ancien régime sur des terres seigneuriales africaines. Cette tolérance était bien naturelle et contribuait à limiter la déforestation des alentours d'Addis – dont se souciaient d'ailleurs les organisations internationales compétentes. Elle constituait de plus un juste retour des choses s'agissant de terres octroyées à la France.

De la Chancellerie diplomatique, d'où l'on pouvait voir ces scènes sorties du Moyen-âge, l'on n'entendait plus comme autrefois rugir le lion de l'empereur. Ce dernier avait été renversé en 1974, une dizaine d'années auparavant, mais son souvenir restait proche et les pratiques nouvelles du pourvoir, héritées de l'Union soviétique, avaient emprunté à la tradition impériale. Comme dans l'ouvrage *The Emperor* de Ryszard Kapuscinski, dans lequel cet ancien correspondant d'une agence de presse polonaise relate sa recherche, après la révolution, de proches disparus de l'empereur, je partis à Addis avec pour seul viatique une lettre destinée à l'ancienne présentatrice du journal d'information de l'unique chaîne de télévision de l'époque qui avait eu des liens avec l'ambassade. Avait-elle survécu à tous ces bouleversements ? Si oui, où se trouvait-elle et que faisait-elle désormais ?

La révolution après l'empire

Il ne s'agissait pas d'enquêter sur la fin d'un règne, qui avait été la fin d'un monde, mais simplement d'aider à renouer les fils d'une histoire personnelle. Même s'il s'agissait de chercher une brindille dans une meule de foin, la recherche finit par aboutir après bien des péripéties. Une rencontre eut lieu avec une élégante Érythréenne. Sa sérénité apparente et l'absence de peur visible dans son attitude et ses propos étaient frappantes. Elle ne travaillait plus à la télévision et avait manifestement connu une longue traversée du désert. Ses nouvelles fonctions lui avaient permis d'effectuer quelques voyages dans des « pays frères » au cours des années précédentes. Mariée à un avocat, membre de la famille impériale, mais issue elle-même d'un milieu beaucoup plus modeste, elle avait pu aider son mari – et peut-être même le sauver – au cours des « événements ».

En réalité, même si elle ne l'expliquait pas clairement elle-même, les dernières années de Hailé Sélassié avaient été complexes, voire confuses. En butte lui-même aux ultra-conservateurs, grands propriétaires terriens, présents au Palais, mais qui voulaient maintenir leurs pouvoirs dans les provinces, l'empereur avait fait appel à une jeunesse éduquée issue de milieux modestes. Ses représentants avaient d'ailleurs été haïs par les dignitaires. Au cours des dernières années, avant la dégradation finale et la prise de pouvoir par un Comité militaire – le Dergue – plusieurs courants antagonistes avaient coexisté jusqu'au sommet du pouvoir, encouragés même tour à tour par un empereur refusant de trancher à moins qu'il n'en soit devenu incapable en raison de son âge. Les partisans de la manière forte étaient conduits par la fille de l'empereur tandis que les réformateurs, voyant venir la catastrophe, en appelaient d'urgence à des transformations radicales.

Cette interlocutrice, héritière à la fois de l'Empire et de la Révolution – dans cet ordre qui est le contraire du nôtre – avait pu observer un pays écrasé sous l'autoritarisme des puissants, en proie de manière récurrente aux pires famines, qui finit par donner libre cours à des accès de violence extrême. Ces soubresauts brutaux avaient même fini par gagner la capitale, mais il était impossible d'imaginer une cosmogonie dont le Roi des Rois ne fut pas le centre. De ce fait, la révolution s'était infiltrée au Palais et elle s'était avancée d'abord masquée, au nom du monarque, qui l'avait même parfois soutenue si elle pouvait apporter du bien au pays. Mais les arrestations s'étaient multipliées au sein de la Cour, dans des proportions de plus en plus massives n'épargnant que l'empereur et quelques rares fidèles, insignifiants. Après sa déposition, le Négus était resté au Palais paré encore de quelques attributs de son pouvoir d'antan. L'étoile était morte, mais brillait encore de quelques feux. Peut-être Hailé Sélassié pensait-il encore gouverner, du moins dans les limites d'un exercice théâtral de la puissance qui avait été la caractéristique de la phase ultime de son imperium.

Dans ce contexte d'une extrême complexité et opacité, où s'était située cette interlocutrice ? Avait-elle été promue avec la jeunesse talentueuse des classes sociales montantes destinées contenir les féaux ? Son mari avait-il été l'un de ces libéraux réformateurs, car la famille impériale, vaste tribu, en avait compté quelques-uns ? Ses origines érythréennes l'avaient-elles épargnée de l'affrontement féroce circonscrit principalement au peuple Amhara dominant depuis le XIIIe siècle ? La montée en puissance des Tigréens, à partir de 1974, serait d'ailleurs une révolution dans la révolution. Ce vaste questionnement ne suscita que des éléments partiels de réponse, mais une explication globale existait-elle vraiment ? Seule une porte avait été entrouverte qui devait se refermer de manière hermétique sur tant de mystères.

L'Afrique au cœur

Cinquante ans après la déposition de l'empereur, cet Empire du Milieu demeure méconnu et peu compréhensible. Le conflit érythréen puis celui du Tigré, défraient parfois l'actualité par bribes, s'apparentant à une guerre de Cent Ans échappant à nos repères temporels contemporains. Mais il faut vivre avec ces secrets qui sont aussi des trésors inépuisables. On croit tourner la page, mais l'Afrique nous demeure au cœur.

L'Inde, pôle de multiparité

Le contrat qui a été conclu en 2023 pour la fourniture à Air India – propriété depuis un an du Groupe Tata – de 430 avions produits par Airbus et Boeing, dont 40 long-courriers A350, a confirmé la place qu'occupe désormais l'Inde dans la politique internationale, au-delà même de l'économie.

« La plus grande démocratie du monde » par la taille est en effet en passe de dépasser la Chine sur le plan démographique ; elle s'affirme aussi en tant que puissance économique majeure, y compris dans le domaine des technologies de pointe. Elle ne se réduit plus à n'être sur le plan régional que le colosse du subcontinent, mais est susceptible de rayonner en tant que puissance globale, ancrée dans le non-alignement depuis ses origines contemporaines de la fin de la partition en 1947.

L'état du monde ne se réduirait-il donc pas à une compétition tous azimuts entre la Chine et les États-Unis ? Les relations internationales ne se limiteraient-elles pas à une simpliste opposition Orient-

Occident, telle que décrite dans le narratif de la Russie de Poutine ? Ce nouvel ordre en gestation – qui se caractériserait par une multiplication des pôles de puissance évoluant vers un véritable système multipolaire – ne reproduirait dès lors finalement pas le seul affrontement de blocs, à l'instar de celui de la guerre froide. Dans ce nouveau contexte, où se situent les intérêts de la France et de l'Europe ?

Le méga-contrat des avions

Arrêtons-nous un instant sur le contrat des avions. Il est l'un des plus importants jamais conclus dans l'aviation civile. Il a été annoncé lors d'une visioconférence réunissant le Premier ministre Modi, le président de la République, le CEO d'Airbus et un représentant de la famille Tata qui possède Air India.

Le CEO d'Airbus a estimé à cette occasion que « *le moment était approprié pour que l'Inde devienne un hub international* ». Les partenaires au sein d'Airbus bénéficieront naturellement aussi du contrat. C'est en effet au Royaume-Uni que sont conçues et réalisées les ailes des Airbus ; Rolls-Royce motorise les A350. Les 6 premiers A350 seront livrés au cours de la première année du contrat. L'Inde deviendra au cours de la décennie le 3ᵉ marché du transport aérien, derrière les États-Unis et la Chine. Cette perspective confirme la place qu'occupe désormais l'Inde dans le domaine des hautes technologies ainsi que son rôle « d'atelier » du monde qui n'est plus dévolu exclusivement à la seule Chine. C'est ainsi par exemple qu'Apple est en train de délocaliser, à partir de la Chine, la fabrication en Inde des iPhone. Ce processus s'avère toutefois complexe.

Tradition de non-alignement et puissance émergente

L'Inde est déjà depuis des décennies une puissance régionale jouant un rôle notable dans les instances multilatérales. Du fait de la qualité de ses ressortissants, de leurs capacités linguistiques, de l'implication des forces armées indiennes dans les opérations de maintien de la paix, l'on a assisté pendant longtemps à une sur-représentation indienne, par rapport aux contributions budgétaires, dans la fonction publique internationale. Ce constat est exactement l'inverse de la situation prévalant par exemple pour le Japon.

Les réflexions sur la réforme de l'ONU ont toujours intégré un « facteur » indien pour les raisons précédemment énoncées. Il a ainsi été envisagé depuis plus d'une vingtaine d'années d'élargir le Conseil de sécurité de l'ONU afin que ce dernier soit plus représentatif de l'état du monde. Si ce processus complexe s'est heurté à d'importants blocages d'ordre politique, la France pour sa part s'est, à plusieurs reprises, déclarée publiquement favorable à l'entrée de l'Inde, de l'Allemagne, du Japon et d'un grand pays d'Afrique. L'Inde et la France sont d'ailleurs liées par un partenariat stratégique depuis 1998. Mais si l'on prend en considération le seul cas de l'Inde, dont la candidature était incontestable en fonction de plusieurs critères (cf. poids démographique et économique, participation aux activités de l'ONU), il fut alors clair lorsque la question paraissait pourtant à maturité à la fin des années 90, qu'une telle candidature susciterait alors immanquablement une demande reconventionnelle du Pakistan. Ce dernier pays était également considérable mais présentait aussi l'inconvénient d'avoir procédé, comme d'ailleurs l'Inde, à des expérimentations nucléaires en 1998. Cela ne fut donc pas possible, outre les relations respectives des pays concernés avec les grandes puissances, alors même que la prolifération nucléaire était devenue une préoccupation majeure et qu'elle ne pouvait dès lors être en quelque sorte « récompensée ». Qu'en est-il aujourd'hui alors que l'Inde est en passe d'acquérir un statut de puissance mondiale ? Et l'Inde a-t-elle jamais été une simple puissance régionale ?

Les caractéristiques de la période actuelle, mises particulièrement en évidence par la guerre en Ukraine, sont la décomposition du système international et la tentation de reconstitution de blocs de puissances. Si ces tendances sont a priori défavorables à l'Inde traditionnellement non alignée et portée sur la coopération multilatérale, New Delhi peut paradoxalement tirer profit de la nouvelle donne. L'Inde est courtisée tous azimuts : le Premier ministre Modi a eu droit à une visite d'État aux États-Unis pendant la présidence Biden ; il a également bénéficié en octobre 2024 d'un *red carpet treatment* lors du sommet des BRICS à Kazan.

Pour une République méditerranéenne

Après la chute du mur de Berlin en 1989 et la réunification de l'Allemagne en 1990, l'on a assisté en Europe à l'expression par les États membres de priorités différentes : l'Allemagne et ses voisins, liés à elle le plus fortement sur le plan économique, ont mis l'accent sur la *Mitteleuropa*, c'est-à-dire sur l'Europe centrale et au-delà sur l'Est d'une manière générale, tandis que la France, moins polarisée et ne cédant pas au même tropisme, continuait à privilégier ses voisins au sud de la Méditerranée. La sortie de la guerre en Ukraine – actuellement une sorte de « ligne bleue des Vosges » obsessionnelle – pourrait bien rebattre les cartes et les voisins méditerranéens qu'on le veuille ou non demeurent incontournables pour la politique française.

Cris et chuchotements avec Alger

Coïncidant avec des polémiques récurrentes sur les questions d'immigration, la visite d'État en France du président algérien, initialement prévue pour mai 2023, a été reportée à plusieurs reprises. Ce dernier, alors qu'il venait d'annuler son voyage en France, a en revanche préféré un déplacement remarqué au Forum économique international de Saint-Pétersbourg et à Moscou, où il a rencontré le président Poutine.

Mais la relation bilatérale franco-algérienne ne saurait se résumer à des contentieux économiques et à des crises récurrentes sur la question des visas, comme en octobre 2021 où ils furent réduits de 50 % par rétorsion, en raison des refus allégués d'Alger d'accueillir des clandestins renvoyés du territoire national. L'éternelle querelle sur la mémoire ne saurait non plus empêcher l'épanouissement de la relation et il n'y a qu'en avançant que tant de plaies pourront être pansées. Les histoires « officielles » ne seront pas abandonnées mais les citoyens vivront la leur de manière différente.

Le grand projet de la France et de l'Algérie ne devrait pas être l'achèvement de la séparation, à l'évidence impossible, mais plutôt celui d'un mouvement en faveur d'une « communauté » méditerranéenne. Le repli de la France, par rapport à l'Algérie, a-t-il fonctionné ? Les flux migratoires d'une manière globale peuvent-ils être contrôlés uniquement en relevant les herses de pont-levis ? Est-on fondé à poursuivre des querelles historiques stériles ?

La République méditerranéenne devrait être un élan sans précédent des deux côtés de la Méditerranée. Cela signifierait parfois plus de République et aussi plus de Méditerranée, c'est-à-dire d'orientation vers le Sud. Des barrières doivent être abolies puisqu'elles ne peuvent être érigées efficacement.

La rente mémorielle

Un ancien ambassadeur de France en Algérie (cf. 2008-2012 et 2017-2020) a publié en janvier 2023 une retentissante tribune. L'ancien diplomate expliquait en effet que « l'Algérie nouvelle », selon l'expression en vogue à Alger, « *est en train de s'effondrer sous nos yeux et qu'elle entraîne la France dans sa chute, sans doute plus fortement et subitement que le drame algérien n'avait fait chuter en 1958 la Quatrième République* ».

Le président de la République française s'est également exprimé, quelques jours plus tard, dans la presse à propos de l'Algérie sur laquelle il a tenu au cours des années des propos changeants. En campagne électorale, au cours de sa première élection présidentielle, il avait qualifié la colonisation de « *crime contre l'humanité* ». Plus près de nous, il avait dénoncé à l'opposé la « *rente mémorielle* » exploitée sans fin par l'Algérie depuis 1962 à l'encontre de la France.

Il a depuis lors en quelque sorte récidivé, contredisant ses premiers propos d'Alger en déclarant qu'il ne demanderait pas « *pardon* » à l'Algérie, alors qu'il a effectué en août 2022 un important voyage à Alger et que sa Première ministre et de nombreux membres de son gouvernement y ont effectué également à sa suite le déplacement afin de sceller une « nouvelle » réconciliation franco-algérienne. « *Le travail de mémoire et d'histoire n'est pas un solde de tout compte. C'est bien au contraire soutenir que dedans il y a de l'inqualifiable, de l'indicible peut-être, de l'impardonnable »*, a ainsi déclaré le président de la République. De son côté, l'Algérie avait critiqué le rapport demandé par l'Élysée à l'historien français Benjamin Stora qui préconisait des gestes de réconciliation tout en excluant « *repentance* » et « *excuses* ».

Les intérêts bien compris

Le président de la République, à trop vouloir compter d'une manière générale sur la virtuosité de son langage pour certains ou sur le caractère intrinsèquement contradictoire de sa pensée pour d'autres, est finalement tombé dans le piège de la politique déclaratoire. Ce qui compte finalement sont les actes que ne produisent aucune commission d'historiens ni aucun politicien roué. Il faut pour l'Algérie et la France, peut-être aussi avec certains de leurs voisins de la Méditerranée, un grand projet.

Le général de Gaulle déclara « *l'Algérie, c'est la France* ». Sans qu'il ait renoncé nécessairement en son for intérieur à cette pensée, c'est lui qui fut le principal artisan de la « *paix des braves* » et de l'indépendance algérienne. Mais indépendance ne signifie aucunement rupture, d'ailleurs impossible, d'une relation aussi passionnelle.

Le grand projet de la France et de l'Algérie n'est pas l'achèvement de la séparation, à l'évidence impossible. Le général de Gaulle, né au XIXe siècle, fut un homme du XXe et qui peut dire, avec tout le respect qui lui est dû, que sa pensée soit pertinente en tous points pour le traitement des grands problèmes du XXIe siècle ? Le repli de la France, par rapport à l'Algérie, a-t-il fonctionné ? Les flux migratoires peuvent-ils être contrôlés uniquement en relevant les herses de pont-levis à l'époque des migrations alimentées par les conflits et les changements climatiques ? Si la France est susceptible d'être entraînée par une Algérie en décomposition dans un gouffre, que propose l'ancien ambassadeur ? De poursuivre des querelles historiques stériles ? Ne base-t-il pas son jugement péremptoire et définitif sur l'analyse de la situation intérieure algérienne ce qui est une forme d'ingérence ? Si tant est que sa pensée ait quelque fondement, il ne devrait pas l'exprimer car elle ne conduit qu'à l'impasse.

Un diplomate n'a pas d'ailleurs à jouer les Cassandre, son métier est de positiver et de toujours tenter de trouver des solutions. Quant aux politiques qui se substituent aux historiens, alors que l'histoire est si complexe et qu'ils ne la maîtrisent pas nécessairement, voire à des psychosociologues, ils feraient mieux de se consacrer par définition à la politique. Cela veut dire aller dans une direction claire avec volonté bien arrêtée afin de bâtir, ce qui est bien assez.

Du Maghreb à la Méditerranée orientale

La République méditerranéenne devrait être un élan sans précédent des deux côtés de la Méditerranée. Cela signifierait parfois plus de République et aussi plus de Méditerranée, c'est-à-dire d'orientation vers le Sud. Des barrières doivent être abolies puisqu'elles ne peuvent être érigées efficacement. Ce vaste projet ne devrait d'ailleurs pas être limité à la France, mais étendu aussi à des États du sud de l'Europe, tels que l'Espagne et l'Italie, qui pourraient y être associés.

La rive Sud de la Méditerranée ne saurait exclure la partie orientale de cette mer et l'on pense naturellement à cette Syrie du Levant qui nous est si chère. C'est la France qui a mis sur le pavois les alaouites toujours au pouvoir, jusqu'alors refoulés dans les montagnes au-dessus de Lattaquié, et qui vouent depuis à la France une reconnaissance éternelle, atténuée naturellement par les vicissitudes des dernières années.

Chaque 11 novembre, se déroulait à proximité de Damas, au cimetière militaire français de Dmeir sur la route de Palmyre, une cérémonie en présence de la communauté française et des autorités civiles, militaires et religieuses des deux pays. Il s'agissait d'honorer dans un lieu réunissant 4 000 sépultures, dont une partie d'entre elles dans un « carré » musulman, les victimes de la guerre en Cilicie en 1920-1921, des opérations dans le Djebel Druze et à Damas même en 19245-1925 et des combats de la Seconde Guerre mondiale.

On constate toujours que la France sans la Syrie, face notamment au péril islamiste contre lequel nous avons longtemps lutté ensemble, et la Syrie sans la France, facteur de stabilité régionale, ce n'est plus du tout la même chose ; la présence et l'influence de l'Iran entre deux pays aux orientations fondamentalement opposées (cf. un régime baathiste laïc militant et une théocratie prosélyte).

« *L'Égypte, une passion française* », a écrit Robert Solé. Soixante années après l'indépendance, France-Algérie est aussi – mais différemment – une passion française, incandescente mais en même temps stagnante. Chaque mot pouvant blesser et surtout enflammer, le langage de la relation est voilé, fait d'euphémismes et il ne nomme généralement pas les faits et les réalités. Ce blocage mental n'échappe même pas entièrement au changement des générations car l'éloignement, qu'il soit temporel ou géographique, n'empêche pas la radicalité du discours et parfois aussi des actes.

La communication officielle est codée, car à défaut d'avancer il s'agit de ne pas reculer. Le discours est donc stéréotypé, répétitif, lassant et finalement déprimant au regard des attentes et des besoins : que « tout change pour que rien ne change » correspond encore à trop d'intérêts.

Il a manqué en réalité à la relation franco-algérienne une réconciliation publique, spectaculaire, comme Adenauer et le général de Gaulle ont su le faire des deux côtés du Rhin. Il y a eu pourtant des tentatives, des frémissements, comme lors de l'Année culturelle de l'Algérie en France, il y a désormais près de vingt ans. Or, l'Algérie est sans doute le pays le plus important au Sud pour la France, comme l'est au Nord l'Allemagne pour Paris.

Il nous faut alors continuer contre nature à réprimer nos passions, fermer nos regards à l'éblouissement de la lumière de la Méditerranée, oublier Alger la Blanche et méconnaître le « *vérité du soleil* » des *Noces à Tipasa* de Camus, c'est-à-dire d'une histoire qui dépasse même les plus belles pages de notre parcours commun.

Les intérêts mutuels sont considérables et nous relient, mais la substance de notre expression est minimaliste. Il faut en effet se garder de tout ce qui soit ressenti comme une provocation sur les deux rives et d'entretenir une polémique. Une forme de silence s'impose encore pour un temps indéfini. Ce seul droit de se taire devient-il même un devoir ? Mais la passion nous tient et dans cet état sera plus forte encore. Nous pourrons peut-être un jour penser avec Camus que « *hors du soleil, des baisers et des parfums sauvages, tout nous paraît futile* ».

Les vertiges et l'éblouissement que peut susciter le monde méditerranéen ne peuvent nous conduire à méconnaître pour autant le sens des mots : la République méditerranéenne – quelle qu'en soit l'appellation – devrait être un grand projet d'avenir. Et des efforts ont d'ailleurs déjà été tentés en ce sens. La Méditerranée, analysée depuis longtemps, notamment par le grand historien Fernand Braudel dans sa fameuse thèse *La Méditerranée et le monde méditerranéen au temps de Philippe II* (cf. étude du milieu, du destin collectif, des événements et de la politique des hommes) implique une communauté de destins positifs ou négatifs ; mais la condition sine qua non est la progression des idées et pratiques républicaines sans lesquelles tout rapprochement est illusoire.

L'Afghanistan, variable d'ajustement

Les mois d'août ne sont malheureusement pas exempts de catastrophes et il n'y a pas de léthargie de l'été qui puisse y faire obstacle. Nous le rappellent Hiroshima et Nagasaki les 6 et 9 août, la construction du mur de Berlin un 13 août, l'invasion de la Tchécoslovaquie le 21 août 1968, sans oublier le sous-marin Koursk, il y a un près de vingt-cinq ans et bien d'autres tragédies encore. Les regards sont aujourd'hui tournés vers le Proche et Moyen-Orient.

Les Talibans ont repris le pouvoir à Kaboul en 2021, un 15 août ; ils l'avaient déjà occupé en 1996. Nous sommes allés en Afghanistan, nous en sommes partis, nous avons d'une certaine manière abandonné ce pays. Un ministre français avait déclaré alors dans un comité de l'ONU, à propos des femmes et des jeunes filles, parmi les catégories de la population les plus vulnérables du pays, qu'il y avait « *celles qui partaient et celles qui restaient* » et que « *dans les deux cas, nous les aiderions* ». Mais, dans les deux cas, ce fut un drame ; si l'Afghanistan a parfois été appelé le « cimetière des empires » (*Graveyard of Empires*), n'est-il pas devenu aussi le « cimetière des innocents » ?

Les relations internationales ne sont pas faites de sentiments, mais d'intérêts à l'état brut. Ne faut-il pas évoquer un devoir humanitaire et même moral, compte tenu de notre engagement passé ? Le pire serait le silence, voire l'oubli : en tout état de cause, nous ne devons pas céder à l'humiliation due aux conditions de l'abandon, à la peur ou à la rancœur qui nous conduisent aujourd'hui à la paralysie et à détourner le regard ; les questions humanitaires, les réfugiés et les personnes déplacées, devraient interpeller la communauté internationale.

L'œil du cyclone

La région, au cœur de grands enjeux stratégiques, finira de toute façon par nous rattraper. L'Afghanistan a été maintes fois conquis, mais jamais entièrement soumis. Les divisions ethniques, voire tribales, ont été à l'origine de différends et conflits sans fin qui furent aussi exploités par des puissances extérieures. C'est ainsi que le pays est l'enjeu stratégique d'une lutte sans merci dans le sous-continent entre le Pakistan et l'Inde, depuis la partition de cette dernière en 1947.
L'Afghanistan est ainsi le révélateur et le creuset de menaces à la fois anciennes et plus récentes. Celles-ci furent visibles aux yeux du monde entier, tel le terrorisme ayant frappé New York qui fut conçu et coordonné à partir du repaire d'Al-Qaeda dans des montagnes quasiment inaccessibles.

L'Afghanistan est dans l'œil du cyclone d'une zone nucléarisée. Outre l'Inde et le Pakistan qui ont procédé à leurs premières expériences en 1998, la Russie et la Chine, respectivement ancienne et peut-être nouvelle puissance tutélaire, ne sont pas éloignées de ce théâtre. L'Iran, en raison de l'existence d'une importante communauté chiite Hazara, du rejet d'un modèle religieux concurrent, d'importants flux migratoires suscités par la guerre qui l'on affecté et de son statut de pays du « seuil » nucléaire, ne peut non plus être insensible à ce qui se passe chez son voisin et sur son pourtour.
L'Europe et même les États-Unis qui se sont retirés, au terme d'une guerre de vingt ans, pourront-ils se désintéresser dans le moyen et long terme de cette zone destinée à être au cœur de grands projets

économiques, telles les nouvelles routes de la soie ? Resterons-nous passifs sur cette nouvelle ligne de front, comme dans le Désert des Tartares où l'attente mine les défenseurs et ne les prépare pas à relever les défis ? Nous dirons-nous simplement en pensant à toutes les victimes civiles et militaires de tous les camps en présence au cours des décennies écoulées : tout ça pour ça ?

Un rocher de Sisyphe

La situation en Afghanistan est un éternel recommencement. L'histoire du mouvement des « étudiants en religion » (Taleban), officiellement constitué à partir des zones pachtoun est en fait ancienne et liée à la lutte s'appuyant sur des « moudjahidines » – organisée avec le soutien de l'Ouest – contre l'occupation pendant dix ans (1979-1989) du pays par l'Union soviétique.

Un rêve a pu être caressé, dès la fin des années 70. Il aurait consisté à soutenir un pouvoir s'affichant comme religieux et capable de transcender les tribus, à faire appel à la figure d'un Roi – dont le retour à partir d'un exil en Italie avait été parfois évoqué – et à développer un vaste projet économique. Il se serait agi de faire de l'Afghanistan une zone de transit des hydrocarbures, à partir des zones de production en direction des marchés et des ports d'Asie du Sud. Ce schéma, au fond, n'était pas sans rappeler un « modèle » saoudien à des fins essentiellement stratégiques. Le projet de gazoduc TAPI, toujours pas réalisé mais non abandonné (NB : Turkménistan-Afghanistan-Pakistan-Inde) a correspondu à un schéma similaire, toutes proportions gardées.

Pour la communauté internationale, le souci premier, après le retrait, restera de tenter de s'assurer que l'extension de facto des zones tribales du Pakistan ne va pas devenir le foyer incontrôlé des activités les plus extrémistes. Le spectre d'un terrorisme sur une vaste échelle, qui ne s'était plus dissipé depuis le World Trade Center en 2001 – ayant précisément provoqué la dernière guerre dans le pays –, va continuer à hanter longtemps le monde.
Le second objectif, quel que soit le pouvoir en place, sera de travailler à la stabilisation du pays et de la région. Il y va de notre devoir

humanitaire comme de nos intérêts sécuritaires. Si les zones rurales ont largement échappé au progrès, les vingt années écoulées auront permis de transformer et de moderniser, en termes d'infrastructures et de mode de vie, un pays dont la population a doublé pendant la période considérée pour atteindre 40 millions d'habitants. L'honnêteté doit conduire à reconnaître que les moyens considérables dépensés par les États-Unis et leurs alliés n'auront pas tous été gaspillés. Il était en tout état de cause impossible de réaliser le *nation building* avec de seules armées. La question est aujourd'hui de savoir ce qui pourra être préservé. Cette dernière approche peut être une justification, même si elle n'est pas la seule, de la décision de certaines puissances de rester sur place et d'y maintenir leurs ambassades.

Un Kriegsspiel éternel ?

L'Afghanistan n'a cessé de provoquer rejet immédiat, mais aussi addiction durable. Le choc se produit par exemple lorsque se dresse devant le nouvel arrivant la barrière de l'hindou Kouch, une muraille de 5 000 mètres de hauteur au fond du désert d'Asie centrale, marquant ainsi une claire limite et signifiant le caractère enclavé et impénétrable du pays.

Le problème des talibans ne concerne pas l'Afghanistan seul. À la guerre de dix ans des Soviétiques, succéda celle de vingt ans des Américains. Certains ont alors parlé du moment de la Chine ; mais il y a fort à parier que celle-ci prendra en compte les expériences précédentes. Le « nouvel ancien » Afghanistan serait en effet susceptible de lui poser problème notamment en compliquant ses relations avec des États de la région, en particulier Islamabad et New Delhi.

Ce qui est certain, c'est que le « Grand Jeu » dans la région, ainsi appelé depuis le XIXe siècle à l'époque de l'opposition des empires russe et britannique, continuera sous une autre forme. Quoi qu'il en soit, il ne faudra pas oublier le peuple afghan – variable d'ajustement de tant de drames – qui a été acteur du *Kriegsspiel* pour certaines de ses composantes, notamment les seigneurs de la guerre, mais aussi une victime expiatoire des oppositions de puissance. Les conflits et la désolation ne doivent pas être considérés comme une fatalité des populations censées être en développement. Il s'agira de définir, à commencer par l'Europe, une nouvelle forme « d'engagement », terme sans doute préférable à celui « d'intervention » de plus mauvaise réputation désormais, fût-elle définie comme humanitaire.

11

L'ancien Ouest et le nouvel Est

Les fissures de l'Ouest, l'anti-américanisme renouvelé

Comme le réflexe du même qualificatif, l'anti-américanisme pavlovien est toujours présent. Sur toile de fond de guerre en Ukraine, où l'avenir du continent européen est en jeu, certains préfèrent tourner leur dard en direction de la « mainmise des États-Unis sur l'Europe » comme aboutissement ultime d'un « vieux rêve de domination ».

L'anti-américanisme n'est pas nouveau en France. Il relève pour partie de l'amnésie du plus vieil allié par rapport à une histoire commune trouvant ses racines dans l'indépendance des colonies américaines et magnifiée par la libération de 1945. Il a pu être alimenté, bien que ce ne fût pas sa finalité, par un certain discours gaulliste d'une extrême susceptibilité à propos de l'indépendance. Les Français qui, dans le même temps, rêvaient de la civilisation américaine popularisée en particulier par le cinéma ont finalement beaucoup aimé un pays qu'ils ont véritablement découvert relativement récemment grâce à des voyages rendus de plus en plus accessibles.

Déconvenues françaises

Cela n'a pas empêché des rechutes puissantes d'une affection n'ayant jamais complètement disparu. Et il ne peut pas en être autrement dans la mesure où le puissant « protecteur » au sein de l'OTAN est un empire dont les intérêts ne peuvent qu'être égoïstes : les institutions de Bretton Woods et même le Plan Marshall correspondirent aussi pour partie à cette attitude ; plus près de nous à l'été 2021, le retrait sans concertation, voire consultation, d'Afghanistan a confirmé ce comportement récurrent de cavalier seul.

La France, pour ce qui la concerne, a eu son lot de déconvenues. L'annulation par l'Australie du contrat de sous-marins dit « du siècle » – prévoyant la fabrication de 12 sous-marins *Barracuda* à propulsion classique par Naval Group – a été ressentie comme un affront par la puissance européenne la plus présente sur le plan militaire dans la région Indo-Pacifique, sans parler de 1 600 000 Français qui vivent dans la région. La constitution de l'alliance AUKUS sous l'impulsion des États-Unis, entre ce dernier pays, l'Australie et le Royaume-Uni, a réduit sur le champ en cendres le partenariat stratégique entre la France et l'Australie marqué par la visite du président de la République en mai 2018 et de nombreux accords dans le domaine sécuritaire et économique.

La relation transatlantique demeure intangible

Sur le plan international en général, un « syndrome de Suez » n'a peut-être jamais été totalement surmonté et certains analystes considèrent que c'est le résidu d'un tel traumatisme qui alimente encore des orientations telles que l'objectif d'une « autonomie stratégique » européenne. Mais il faudrait aussi parler d'une compétition économique où le terme « d'alliés » n'a plus de sens. Chacun a en tête l'application extra-territoriale de lois américaines, comme dans le cas de la banque BNP condamnée à payer 9 milliards $ de pénalités pour des transactions en dollars en Iran, au demeurant parfaitement légales au regard de la réglementation européenne. Tout aussi choquante, dans un autre domaine, pour l'opinion fut la révélation en 2016 des écoutes, sur une longue période, par l'Agence de sécurité américaine (NSA) des dirigeants français, d'une partie de la classe politique ou encore de diplomates et autres responsables, avec le concours des services de renseignement d'un pays européen réputé ami et proche de la France.

Mais la relation transatlantique demeure intangible malgré tant de griefs et récriminations accumulés. Les différences de culture sont fortes entre l'Europe et les Français souvent s'illusionnent même sur la proximité de leurs « cousins » francophones du Canada qui, en réalité, sont d'abord des Américains du Nord. Mais le concept de « communauté » euro-atlantique n'est pas un vain mot et l'émergence de grandes puissances autocratiques contribue à rappeler une telle proximité. C'est en fonction de celle-ci que sont ressenties en Europe les perturbations vécues par la démocratie américaine, les risques de régression du droit facilités, le cas échéant, par une Cour suprême devenue plus conservatrice en raison des nominations intervenues sous la présidence Trump ou encore des drames dus à la libéralisation du commerce des armes, sans parler de la peine de mort toujours en vigueur dans certains États de la Fédération.

Voir plus loin

Le général de Gaulle, soucieux à l'extrême de l'indépendance de la France – et qui ne surmonta probablement jamais la difficile relation qu'il eut avec le président Roosevelt tout au long du second conflit mondial – fut souvent caractérisé par son anti-américanisme. En réalité, chacun sait qu'il fut toujours le premier à se ranger au côté des États-Unis dans les crises majeures, telles celles de Berlin ou de Cuba. Il respecta beaucoup le président Eisenhower, fut fasciné comme chacun par le couple Kennedy et apprécia Richard Nixon qu'il s'efforça de conseiller pour le règlement de l'affaire vietnamienne.

Le contexte n'est plus le même et il n'est pas certain que la guerre en Ukraine donne lieu dans la durée à une « résurrection » de l'OTAN et à un « retour » durable des États-Unis en Europe dont la priorité, jusqu'à l'obsession, demeure la Chine. Il est donc souhaitable que la sortie de crise intervienne le plus rapidement possible afin que ne soit pas érigé un nouveau « rideau de fer » sur le continent européen. Il est clair qu'entre l'égoïsme américain et le risque d'hégémonie d'une puissante dictature le choix sera toujours fait dans le même sens. Mais il faut voir plus loin dans l'intérêt à long terme d'un ensemble géostratégique européen dont les limites à l'Est pourraient même un jour s'avérer finalement asiatiques.

Au carrefour de l'Europe oubliée

Un éclairage doit être donné dans l'ancien Ouest et le nouvel Est sur une partie de l'Europe trop souvent négligée ou passée sous silence : ainsi en est-il des terres roumaines dans l'Europe danubienne. Les déplacements, au terme de sa présidence européenne, du président de la République française en Roumanie et en Moldavie ainsi qu'en Ukraine en compagnie du chancelier allemand, du Premier ministre italien et du président roumain pour cette dernière destination, ne peuvent être dissociés mais les différentes étapes eurent aussi leur spécificité. Si les terres roumaines sont devenues en effet le flanc occidental d'un conflit majeur, il était temps aussi qu'on les mette en valeur pour elles-mêmes.

Sinon trop tard, du moins pourquoi ?

Le président de la République, qui s'est notamment entretenu en direct et en amont de la crise ukrainienne pendant des dizaines d'heures avec son homologue russe et fut au contact de l'ensemble des acteurs de la guerre en cours, dispose de données dont nous sommes privés et, dans l'accomplissement d'une responsabilité qu'il ne partage pas au regard des prérogatives de sa fonction, nous devons respecter sa démarche. Néanmoins, la mission à Kiev, capitale où il avait fait escale lors d'un retour de Moscou en amont du conflit pour rencontrer le président Zelensky, semble avoir été trop longtemps différée. On ne peut dire « trop tard ! » mais assurément « enfin ! ». Le chef de l'État aura heureusement été précédé par la visite de sa ministre des Affaires étrangères qui s'était rendue également à Boucha avant une audience présidentielle dans la capitale ukrainienne.

L'attelage européen, pour être singulier et assez inhabituel sur le plan diplomatique en associant un pays du Nord de l'Europe, deux pays du Sud et un État de l'Est européen, exprime à l'évidence un message qui est celui de la recherche d'une voie diplomatique au-delà des affrontements guerriers. Il est à noter que c'est bien la ministre des Affaires étrangères qui accompagnait le président de la République et non pas le ministre de la Défense. La France, qui s'est rarement départie de tout dialogue avec la Russie, n'est pas cependant dans la même position que l'Allemagne et l'Italie recherchant par tous les moyens à sortir de l'impasse dans laquelle elles se trouvent en raison de leur dépendance énergétique par rapport à leurs approvisionnements venant de l'Est.

Il était temps que la Présidence européenne se rende à Kiev et le fait que la France fut accompagnée ne réduit pas la portée de l'affirmation d'une direction européenne par les États membres. On retrouve en la circonstance un débat ancien sur les prérogatives respectives des États membres et de la Commission et, force est de constater, que Mme Ursula von der Leyen s'était déjà rendue à deux reprises en Ukraine pendant le conflit. La prestation tardive de la troïka élargie à la Roumanie en terre ukrainienne aura eu l'inconvénient de clairement marquer une cassure au sein de l'Europe dans la façon de traiter la crise en cours. Varsovie et les capitales des États baltes ne manqueront pas de considérer que « finasser » n'est pas la bonne approche face à une Russie qui les a longtemps dominées et dont ils n'attendent plus rien.

Le « en même temps » à la française risque de concentrer à lui seul les critiques après des déclarations incomprises et parfois même détournées. Si la tradition intellectuelle française est celle du « juste milieu », au sens au XVIIe siècle, elle devrait signifier en réalité la recherche d'une synthèse sur laquelle l'on essaie d'élaborer et de construire et non pas un mouvement, pendulaire permanent.
La seule façon de surmonter ces difficultés était d'effectuer un déplacement à Kiev qui ne fut pas symbolique mais porteur d'engagements concrets, à défaut d'un véritable plan de sortie de crise, fût-il différé dans sa mise en œuvre. De plus, les étapes préalables roumaine et moldave en marquant un clair soutien à des pays inquiets face à la Russie, auront eu le mérite de fournir une coloration plus équilibrée de la manœuvre diplomatique.
Cette dernière condition aura finalement été remplie avec l'engagement des Quatre en faveur d'un statut immédiat de candidat à l'Union européenne pour l'Ukraine, sur lequel devaient se prononcer ultérieurement la Commission et les États membres. Du côté français, les livraisons de canons mobiles Césars supplémentaires (NB : 6 s'ajoutant à 12), prélevés sur des stocks nationaux qui ne sont pas considérables (72) compte tenu des engagements militaires extérieurs de la France, auront constitué un geste fort.

Hormis le mot malheureux sur « l'humiliation » de la Russie, qui a beaucoup heurté ne particulier les Ukrainiens face à une agression effroyable, le président de la République a affirmé une ligne qui a sa cohérence : être aux côtés de l'Ukraine aussi longtemps que cela sera nécessaire ; favoriser un processus de négociation si tant est que Kiev le décide ; travailler dans l'immédiat, sinon à la levée hors d'atteinte, du moins au contournement du blocus céréalier de l'Ukraine et c'est là que le rôle de la Roumanie et la présence de son président Klaus Iohannis à Kiev prit tout son sens.

Terres latines et de farouche résistance

Il ne faut pas réduire la présence du chef de l'État français dans des capitales de l'Europe dite danubienne et balkanique à la seule guerre en Ukraine. La présence en Roumanie et en Moldavie aura eu une valeur en soi car l'histoire du monde roumain est une leçon pour la période très contemporaine.

On oublie en effet trop souvent que la Roumanie est membre de l'Union européenne depuis 2007, de même qu'elle est aussi dans l'OTAN depuis 2004. C'est dans ce cadre-là que la France vient de lui apporter un soutien militaire en positionnant certains de ses soldats sur la base avancée Mihail Kogālniceanu, du nom d'un grand homme d'État roumain. La Moldavie, dont la remarquable Présidente Maia Sandu a été reçue à Paris à plusieurs reprises, a aussi vocation à faire partie de l'Europe, parallèlement au processus d'adhésion, telle que la conçoit le président de la République et dont il a tracé les contours dans son discours de Strasbourg.

Les terres roumaines sont avant tout des terres latines. La Roumanie est née à l'Histoire comme une marche frontière, en tant que Dacie de l'empereur Trajan dont le récit figure sur la colonnade située près du Forum de Rome et sa réplique sur la place Vendôme à Paris. Elle a donc incarné à l'origine le rempart humain de la latinité contre les assauts des peuples de la steppe. Les invasions slaves des VIème-IXème siècles ont eu la force du nombre mais manquaient d'une organisation politique comme Rome l'avait instaurée. La Roumanie sera, après un siècle dans la *Pax romana*, submergée pendant dix siècles par les hordes venues d'Asie, occupée, partagée ou repartagée pendant cinq siècles entre les puissances et Grands Empires (Magyars servis parfois par les ordres monastiques comme les chevaliers de l'Ordre Teutonique ; ottomans entre les XVe et XVIIe siècles ; austro-hongrois après la levée siège de Vienne en 1683) dont les intérêts s'opposaient sur le Danube. La Roumanie est en effet à cheval sur l'arc des Carpates et délimitée au Sud par le Danube qui s'épanouit dans un delta majestueux, aujourd'hui au-delà d'un port de Galati devenu éminemment stratégique.

Des historiens ont estimé que c'était grâce à « *l'immolation des Balkaniques et des Slaves de l'Est* » que la civilisation occidentale avait pu continuer dans l'Europe de l'Ouest. Mais le pays aura trouvé dans ce cheminement héroïque la conscience de son unité nationale dont la figure la plus emblématique aura été Stefan cel Mare (Étienne le Grand) au XVe siècle qui, de la soumission aux Hongrois et Polonais, a fait une Renaissance culturelle exceptionnelle en Moldavie dont les monastères aux façades peintes extérieures portent témoignage.

Cet épanouissement de la nation a été forgé également grâce à la France dans le respect de sa tradition chrétienne (NB : une partie de son Église dite « uniate », dans un pays dominé par l'orthodoxie, se rattachera même à Rome), de sa langue et par le développement de sa culture. Le message de la « Grande Roumanie », plus large extension territoriale du pays au sortir du Premier conflit mondial, fut celui de la civilisation occidentale, au bord de la mer Noire, au *Carrefour des empires morts*, pour reprendre le titre d'un ouvrage de Lucien Romier écrit il y désormais près d'un siècle.

Tombée à l'Est, comme la Dacie trajane, dans le heurt des deux idéologies irréconciliables de la guerre froide, elle sut à nouveau résister – sous influence orientale étant administrée sous les Ottomans par les Grecs de Constantinople et occidentale par les Magyars et les Allemands de Transylvanie – et être un trublion du camp socialiste européen sous la direction de Nicolae Ceausescu dont il ne faut pas oublier cette audace. Elle s'appuya même sur la Chine en jouant sur les fortes tensions sino-soviétiques, à partir de la fin des années 60. La Roumanie sait ce que signifient unité et indépendance affirmées pleinement de nos jours dans une Union européenne qui ne constitue pas pour elle un frein mais un cadre et un soutien nécessaires à son développement et à son progrès.

Un message des terres danubiennes

Le message des terres roumaines nous ramène à notre propre identité, celle de la latinité héritée de Rome et celle d'une Europe qui reste celle des Lumières. Un message de même nature s'élève du monde slave voisin, en Ukraine où Kiev est, sinon une nouvelle Rome, du moins une Constantinople luttant pied à pied contre les invasions et s'efforçant de repousser une issue fatale au profit aussi d'un ensemble qui la dépasse.

S'il était plus que temps de reconnaître et honorer cette partie de l'Europe, il était bon de s'adresser directement à ces terres de civilisation un message de reconnaissance et de solidarité. Mais Kiev, Bucarest et Chisinau nous posent des questions fondamentales : le message des terres roumaines est-il vraiment le nôtre ? Celui de Kiev est-il compatible avec celui de la Roumanie et de la Moldavie ?

La relation de l'Europe avec le monde russe est un processus séculaire. Mais la résistance le fut aussi dans la région du Danube, et au-delà du Dniepr au Dniestr. Le vrai message ou ADN qui n'a jamais été perdu en ces Terres roumaines, que nous avons trop longtemps délaissées, est celui d'un grand pays romain, qui fut contemporain notamment de l'empereur Hadrien, successeur de Trajan au Ier siècle. Marguerite Yourcenar nous a livré les *Mémoires d'un lettré*, philosophe, déterminé à mettre fin à une politique expansionniste, à pacifier et à bâtir, fût-ce à l'intérieur de frontières demeurant poreuses.

Est/Ouest : convergences oubliées, méconnues et inavouées

Le Caucase et l'Asie centrale constituent à bien des égards un trou noir dans notre connaissance : un terrorisme islamiste de grande ampleur a fait irruption à Moscou dans une salle de concert en mars

2024, avec l'attentat revendiqué par l'État islamique du Khorasan ; il a pu faire craindre à la Russie – malgré les dénégations initiales et l'insinuation d'une piste ukrainienne – la constitution d'un second front sur son propre territoire.

Des attentats contre des églises orthodoxes et une synagogue, qui ont été également revendiqués par l'État islamique, se sont déroulés quelques mois plus tard au Daghestan – entité de la Fédération de Russie – en ce mois de juin 2024 ; une vingtaine de morts et des dizaines de blessés ont été déplorés et plusieurs bâtiments officiels et historiques ont été incendiés.

Le premier événement, par le *modus operandi*, le lieu et le nombre des victimes, a réveillé le syndrome du Bataclan et des attentats à Paris en novembre 2015 ; il a suscité dès lors l'expression de sentiments de compassion et même d'une disposition à la coopération sécuritaire contre le terrorisme. Le second a fait l'objet d'une couverture médiatique relativement réduite et d'un quasi-silence assourdissant de notre part.

Alors que le pouvoir russe suggérait assez rapidement une piste ukrainienne, certains commentaires à l'Ouest n'excluaient pas une manipulation des autorités pour justifier un engagement plus fort encore dans la guerre en Ukraine et une répression accrue de l'opposition sur le plan intérieur ; ces analyses ne s'interrogeaient pas sur la nécessité pour le président de la Fédération – qui venait tout juste d'être réélu – d'affirmer au contraire son autorité et sa position de garant de la sécurité pays. L'une et l'autre thèse ont d'ailleurs fait long feu.

En réalité, le terrorisme islamiste ne fut pas et n'est pas un phénomène nouveau pour un pays s'étirant de l'Europe à l'Extrême-Orient et dont les engagements internationaux ne peuvent que l'exposer à la complexité des conflits contemporains. Mais le péril terroriste, à partir du Caucase ou de l'Asie centrale, est aujourd'hui d'une autre nature. Menace réelle, il est aussi plus diffus et peut avoir des ramifications intérieures. L'Asie centrale, souvent oubliée à l'Ouest, est en effet le théâtre d'un Nouveau Grand Jeu après celui opposant au XIXe siècle les empires russe et britannique.

La Russie a conservé, au-delà d'un *soft power*, des positions en Asie centrale, malgré un reflux depuis la fin de l'Union soviétique (NB : 40 % de Russes alors au Kazakhstan, seulement environ 20 % de Russes ethniques aujourd'hui). Sur cette aire d'influence, est venue empiéter la Chine et ses visées économiques (cf. les Nouvelles Routes de la Soie ; Le Turkménistan est son premier fournisseur de gaz). Les pays de l'Ouest y ont une présence économique variable privilégiant le colosse qu'est le Kazakhstan (NB : 5 fois la France) par rapport aux autres républiques d'Asie centrale.

Ces derniers font partie de la Communauté des États indépendants (CEI) et, à l'exception du Turkménistan, État neutre, d'un réseau d'organisations régionales ; l'Organisation de coopération de Shanghai (OCS) s'est fixée notamment des objectifs sécuritaires : la lutte contre le terrorisme, l'extrémisme et le séparatisme.

La question peut aujourd'hui être la suivante : Nouveau Grand Jeu ou cordon sanitaire ? Face à la menace terroriste (cf. agitation récurrente dans la région de la Caspienne du Kazakhstan, Écoles coraniques financées un temps de l'extérieur en Ouzbékistan, rivalités ethniques et déséquilibres régionaux), s'ouvre aussi un vaste champ d'opportunités, y compris pour l'Europe acteur encore relativement marginal (NB : partenariat stratégique de la France et du Kazakhstan depuis 2008). En contrepoint des rivalités économiques, peuvent aussi se développer des convergences sécuritaires afin d'éviter pour tous un « second front ».

Le défi des attentats de Moscou

Il convient de noter que le pouvoir soviétique – à l'exception de Staline qui déporta des minorités, dont les Tatars de Crimée – puis la Russie, ont plutôt bien géré la question musulmane sur leur territoire en garantissant un Islam modéré (NB : la Grande Mosquée de Moscou, reconstruite en 2015). Les guerres de Tchétchénie et des violences sporadiques dans le Caucase ne doivent pas faire oublier que les musulmans font partie de l'histoire de la Russie, au cœur de celle-ci. Kazan, capitale du Tatarstan, est à 800 km à l'est de Moscou, fondée après elle, et les Tatars avec 6 millions de personnes sont le deuxième peuple de Russie. Les musulmans sont estimés jusqu'à 25 à 30 millions de personnes, soit 17 à 20 % de l'ensemble de la population russe. Il est vrai que l'immigration économique récente en provenance d'Asie centrale (NB : 1 million de Tadjiks estimés) pose des défis nouveaux.

Le fait que le président Poutine ne se soit pas référé immédiatement à la piste de *Daech,* mais ait orienté les accusations vers des complicités ukrainiennes, fut une position à l'évidence au service de sa guerre contre Kiev. Mais il a pu s'agir aussi de préserver des relations avec le monde musulman, notamment arabe, et au-delà avec le « Sud global ».

L'attentat de Moscou a représenté un défi important pour le pouvoir russe, à l'instar toutes proportions gardées de la révolte de Prigojine en juin 2023. L'appareil sécuritaire a montré des vulnérabilités et V. Poutine devra prouver à nouveau qu'il est en mesure de garantir la stabilité intérieure, source de sa légitimité. Cela ne lui suffira pas à défaut d'un grand projet de réforme et de modernisation du pays. Dans cette perspective, la Russie ne pourra pas supporter la guerre en Ukraine dans la durée. Elle devra se souvenir qu'elle appartient aussi à l'hémisphère nord et qu'elle doit faire face aux mêmes défis, qu'il s'agisse du climat, des migrations ou encore de la prolifération nucléaire.

L'amertume ressentie à Moscou après le 11 septembre

On a trop souvent oublié que Vladimir Poutine a été le premier dirigeant à exprimer sa solidarité avec les États-Unis et son président George Bush Jr après les attentats à New York du *World Trade Center* et de Washington sur le Pentagone. Il ne s'est pas agi seulement d'une rhétorique limitée à des sentiments de compassion pour les victimes et d'une vague solidarité dont les contours n'auraient jamais été définis précisément. La Russie est immédiatement passée à l'acte et a offert des facilités aux États-Unis en matière de transfert de troupes et d'équipements militaires en direction de l'Afghanistan, puisque telle avait été la cible privilégiée par l'administration américaine pour la riposte au 11 septembre ; il ne faut pas oublier non plus le rôle que Moscou a joué auprès de certains États d'Asie centrale, par exemple au Tadjikistan où stationnaient à la frontière de l'Afghanistan des gardes-frontières russes.

D'une certaine manière, la Russie s'est comportée comme si elle avait été membre de l'Alliance atlantique et avait fait usage de l'article 5 de sa Charte (NB : les alliés des États-Unis se sont conformés à cet engagement de solidarité défini par l'article 5 pour la première et seule fois dans l'histoire de l'Alliance). Ce moment très particulier de rapprochement avec l'Ouest ne s'est pas confirmé dans la durée et la Russie a estimé n'avoir pas été « récompensée » en retour, par exemple en 2004 avec la première vague d'élargissement de l'OTAN à six pays ayant appartenu à l'URSS (NB : après la Pologne, la Hongrie et la République tchèque en 1999), lors du Sommet de l'Alliance à Bucarest en 2008 – où la question s'est posée pour l'Ukraine et la Géorgie – et sous la présidence Obama (2009-2017) avec la « révolution » du Maidan à Kiev. Après la révolution Orange de 2004, *Euromaïdan* ou *Euro-révolution* furent en effet les noms donnés aux manifestations ayant fait suite en 2013-2014 à la décision du gouvernement ukrainien de ne pas signer finalement l'accord d'association avec l'Union européenne.

Retour sur la guerre froide : tensions et recherche de la stabilité

S'il ne s'agit pas de justifier quoi que ce soit, il est tout au moins important pour comprendre la psychologie et la logique des acteurs de mettre les événements en perspective. La période actuelle est parfois qualifiée improprement de nouvelle guerre froide alors que le système a perdu la stabilité que paradoxalement l'arme nucléaire – crise des missiles de Cuba exceptée – avait garantie. La période où les blocs se faisaient face mais ne s'affrontaient pas directement permit en réalité des coopérations.

En mai 1981, entre les deux tours de l'élection présidentielle en France, une haute personnalité française – qui n'était alors plus membre du gouvernement – vint à Berlin-Est pour des activités dans le secteur industriel et rencontra les plus hauts dirigeants est-allemands. La crise des euromissiles (cf. menace de déploiement des missiles de croisière et des fusées Pershing II américains en réponse aux missiles à moyenne portée SS-20 soviétiques visant l'Europe) battait alors son plein. Pour autant, le message rapporté fut celui de la coopération et du rétablissement des équilibres du système international. Dans une vision qui aurait pu s'avérer prémonitoire – et qui sera peut-être un jour perçue comme telle – la personnalité dont il s'agit développa la perspective de convergences à terme entre les puissances de l'hémisphère Nord qui s'opposaient alors face aux problèmes propres aux pays du Sud qu'elles devraient traiter de manière prépondérante.

Dans cette même « capitale » de la RDA, l'ambassadeur de France reçut à la même époque son homologue d'Union soviétique Pyotr Abrassimov. Ce dernier, qui avait été en poste à Paris et avait connu le général de Gaulle et le président Pompidou, était une grande figure de la diplomatie soviétique ; il fut d'ailleurs le négociateur de l'URSS pour l'Accord quadripartite 11971 sur Berlin. Il revenait précisément Moscou où il avait participé au dernier Congrès du PCUS et s'était entretenu avec Léonid Brejnev ; il évoqua devant l'ambassadeur de France l'élection présidentielle française qui approchait et prit de nettes distances avec une possible victoire de la gauche en France, y compris avec le PCF, au nom de la stabilité que Moscou disait rechercher avant tout.

Des convergences objectives, à défaut d'affinités électives

Ces références historiques illustrent ce que l'on appelle les relations d'État à État et qui pouvaient alors primer toute considération idéologique. Plus tard, au début des années 90, le KGB devenu FSB sous la direction d'Evgeny Primakov aidait la France à faire libérer des aviateurs français faits prisonniers par les Serbes dans les combats de l'ex-Yougoslavie ; d'autres exemples de coopération inattendues et peu perceptibles pour les opinions publiques pourraient être évoqués.

La Russie s'est ainsi montrée particulièrement prudente et responsable par rapport au développement du programme nucléaire iranien. Les efforts de ce que l'on a appelé le P5+1 (c'est-à-dire les Cinq membres permanents du Conseil de sécurité de l'ONU et l'Allemagne) ont d'ailleurs abouti à l'accord du 14 juillet 2015, dont sont finalement sortis les États-Unis de D. Trump, de manière très dommageable pour les contrôles *in situ* de l'Agence internationale de l'énergie atomique (AIEA).

Aujourd'hui, la Russie de V. Poutine affiche un rapprochement avec la Corée du Nord, en raison de besoins d'équipements et de munitions pour sa guerre en Ukraine et aussi pour des considérations d'ordre géopolitique. Il n'est pas assuré que Moscou ait de réelles intentions de transférer en retour à Pyongyang des technologies sensibles et a fortiori proliférantes. Le message n'est-il pas plutôt adressé à Washington sur le thème : nous pourrions le faire, retenez-nous d'y consentir et reprenons un dialogue sur des questions majeures dont dépend la paix du monde. Entre les risques du terrorisme islamiste et celui de la prolifération nucléaire, le champ des coopérations sinon des solidarités est vaste ; ces perspectives requièrent notamment la fin de la guerre de haute intensité sur le continent européen et l'adaptation, voire la reconstruction, d'un système international qui tienne compte des nouveaux rapports de puissance dans le monde.

La Chine, en ligne de mire de l'OTAN ?

Le Sommet du 75e anniversaire de l'Alliance atlantique s'est tenu à Washington du 9 au 11 juillet 2024. Paradoxalement, malgré cette longévité et alors que l'Organisation vient de s'élargir à deux nouveaux membres, la Finlande et la Suède, la commémoration est parfois perçue comme se situant à un moment d'incertitude (cf. perspective des élections américaines du mois de novembre ; conditions de la sortie de guerre en Ukraine ; relations avec le Sud « global »). Les crises internationales dont l'Ukraine et le Poche-Orient ont naturellement été au cœur des préoccupations, alors qu'a été officialisé le remplacement du Secrétaire général de l'Organisation, le Norvégien Jens Stoltenberg par Mark Rutte, l'ancien Premier ministre des Pays-Bas. Mais il ne faut pas négliger non plus la dimension asiatique des enjeux géostratégiques actuels ; aussi convient-il de s'arrêter un instant sur la perception par l'Alliance et ceux qui la composent de cette partie du monde, c'est-à-dire sur la montée en puissance de la Chine et la manière de s'y adapter ou pour certains de tenter de s'y opposer.

Retour sur la genèse de l'Alliance

La genèse de l'Alliance atlantique est connue, mais un rappel fournit un éclairage sur son identité à l'heure de possibles transformations. C'est la rupture qui se produisit à partir de 1947 avec l'URSS qui amena les Occidentaux à rechercher un nouveau système d'alliance ; on peut ainsi dater du blocus de Berlin en 1948, qui dura près d'une année, les origines de la guerre froide. L'idée d'un pacte défensif, sous forme d'une assistance automatique en cas d'agression – selon des modalités non précisées – émergea alors ; elle se traduisit par le fameux article 5 de la Charte. Le Secrétaire général de l'ONU d'alors exprima à l'origine quelques réserves sur des alliances régionales qui auraient pu se développer au détriment de la sécurité collective (NB : même si l'art. 52 de la Charte des Nations Unies reconnaît l'existence d'accords ou d'organismes régionaux ; l'article 53 précise toutefois qu'aucune « *action coercitive* » ne sera entreprise au niveau régional sans l'autorisation du Conseil de sécurité).

C'est le 4 avril 1949 que fut signé à Washington, dans les locaux du Département d'État, un Pacte atlantique limité par définition à une zone déterminée (N.B: la première entorse au caractère « atlantique » de l'Alliance – et la question fit alors débat – se manifesta avec l'admission de la Grèce et de la Turquie en 1952). Le général Eisenhower fut le premier commandant suprême en Europe. À Roquencourt, près de Versailles, fut établi le SHAPE (*Superior Headquarter of Allied Powers in Europe*).

C'est en septembre de cette même année de fondation que fut décelée la première explosion atomique en URSS. Mais 1948 avait déjà été caractérisée par l'extension de la zone d'influence soviétique en

Europe orientale, tandis qu'en Extrême-Orient s'étaient dégradées les positions des nationalistes chinois conduits par Tchang Kaïchek. L'URSS reconnut immédiatement la République populaire de Chine dès sa proclamation en septembre-octobre 1949 ; elle fut suivie notamment, au début de l'année 1950, par l'Inde et le Pakistan et aussi par la Grande-Bretagne – ce qui est parfois oublié – qui souhaitait sans doute préserver d'importants intérêts commerciaux en Chine.

Une extension du champ géographique ?

Des États membres de l'OTAN, dont la France, sont intervenus en Afghanistan, en soutien des États-Unis, après les attentats du *World Trade Center* ; ce fut la seule fois dans l'histoire de l'Alliance où l'article 5 de sa Charte fut appliqué. Cet important développement n'impliqua pas pour autant une extension formelle du champ géographique d'intervention de l'Organisation.

Parler aujourd'hui de l'OTAN et de la Chine implique également d'évoquer le Japon. Ce dernier devrait toutefois faire attention au rôle que les États-Unis pourraient lui voir dévolu, dans le cadre de leur campagne – pour ne pas dire croisade – qui ne va cesser de s'amplifier contre Pékin. Ce sommet de l'Alliance atlantique à Washington méritait donc d'être scruté à cet égard car il pouvait confirmer une évolution inquiétante dans cette direction, après l'ouverture d'un Bureau de l'OTAN à Tokyo.

Indépendamment de la montée en puissance finalement assez récente de la Chine, surtout depuis environ trente-cinq ans sur le plan économique sous l'impulsion de Deng Xiao-ping et après 1995 sur le plan militaire, il ne faut jamais oublier une identité américaine de pays riverain du Pacifique. C'est l'attaque de Pearl Harbor du 7 décembre 1941 qui a déterminé l'entrée en guerre des États-Unis dans le Second conflit mondial. La guerre du Vietnam, à la suite de la guerre d'Indochine, s'inscrivit dans un vaste projet de mise en place d'un système anti-Pékin ; les communistes vietnamiens, guidés par Hô Chi Minh, dont les rapports avec Moscou et Pékin étaient complexes et sous-tendues par un ardent nationalisme, en payèrent le prix. Plus près de nous, la constitution de l'alliance AUKUS entre l'Australie, le Royaume-Uni et les États-Unis, coïncida avec la perte d'un très important contrat de fourniture à Canberra de sous-marins français et apparut être l'émergence d'un nouveau bloc dans la zone Indo-Pacifique face à la Chine.

Les valeurs et la légitimité

Le Japon – à la différence de l'Allemagne – n'a jamais fait de véritable introspection à propos de son histoire contemporaine. Hiroshima a peut-être permis, en posant le pays en victime, de la maquiller sinon de l'oublier.

Au cours de la guerre sino-japonaise ont été commises des atrocités sans nom, dont nos livres d'histoire parlent d'ailleurs assez peu ; Rana Mitter dans *China's War with Japan, 1937-1945* rappelle qu'au printemps 1939, alors que l'Europe, malgré bien des inquiétudes, était encore en paix, la Seconde Guerre mondiale faisait déjà rage à plusieurs milliers de kilomètres à l'Est. Il faudrait aussi évoquer les conditions de l'occupation japonaise dans toute l'Asie du Sud-Est jusqu'à la bataille pour l'Australie (cf. La fameuse bataille de *la mer de Corail* en mai 1942). À ce titre, l'Indochine française n'a pas non plus été épargnée. Souvenons-nous simplement du « coup de force » japonais du 9 mars 1945.

Si le Japon est devenu un pays pacifique et parfois même pacifiste, il fut aussi une puissance impérialiste en Asie (cf. Edwin O. Reischauer, *Japan, Past and Present*) et cette réalité est parfois restée une réputation vivace. C'est lors des conférences de Yalta et de Potsdam qu'il fut décidé en 1945 que la Corée serait débarrassée de la domination exercée par le Japon depuis 1910. Dans le contexte de l'après-Seconde Guerre mondiale, les États-Unis prirent des distances, à partir de 1947, avec les nationalistes chinois et ils concentrèrent leur attention sur l'établissement de bons rapports avec le Japon. Le statut international du Japon fut forgé à la conférence de San Francisco en 1951, immédiatement suivie de la conclusion d'un traité de sécurité entre Washington et Tokyo. Il était prévu que le Japon ne disposerait pas des moyens propres de sa défense (NB : des forces

« d'auto-défense » en lieu et place d'une véritable armée) ce qui impliquerait le maintien provisoire de bases américaines, comme à Okinawa ; le Japon acquerrait graduellement une capacité de défense en évitant tout armement offensif (cf. art. 9 de sa constitution qui lui fut imposé par les États-Unis : « *le Japon renonce à jamais à la guerre en tant que droit souverain de la nation* »).

Les Forces japonaises d'autodéfense (JSDF) ne se limitent plus à une simple capacité de police intérieure. Le pays a d'ailleurs augmenté la part de son budget militaire dans le PIB (NB : de 1 à 2 %). Avec un budget annuel de 50 milliards de dollars et 200 000 hommes environ, le Japon dispose de moyens classiques significatifs, mais qui ne peuvent être comparés à ceux de la Chine. Cependant, il faut tenir compte d'un niveau technologique très élevé des équipements. Il est à noter que les forces armées japonaises participent, depuis une trentaine d'années, aux contingents de maintien de la paix des Nations Unies (ex. Cambodge en 1992, FNUOD dans le Golan à partir de 1996 ; retrait en revanche du Sudan du Sud en 2017). Le Premier ministre Shinzō Abe, tragiquement disparu, contribua à faire évoluer les forces de défense japonaise vers une plus grande autonomie.

Le piège de Thucydide peut-il être évité ?

Graham Allison, auteur de l'ouvrage de référence sur la crise des fusées de Cuba (*Essence of Decision*), a décrit dans un ouvrage plus récent (*Destined for War*) le scénario conduisant les superpuissances actuelles à finalement s'affronter (NB : « *on a collision course for war* »), à moins que certaines dispositions délicates et douloureuses ne soient prises. C'est cette perspective qui l'a conduit à définir son « piège de Thucydide », désormais largement popularisé, dont la conception initiale s'est appuyée sur l'analyse des guerres du Péloponnèse dans la Grèce antique : l'émergence d'Athènes aurait ainsi conduit Sparte à réagir par un conflit devenu inévitable afin de préserver sa puissance. G. Allison recense ainsi une série de conflits au cours de l'histoire ayant été la résultante, tout au long de l'histoire, d'une réaction préemptive à une puissance émergente malgré un déséquilibre des forces.

Vue de Washington, la relation sino-américaine a été abordée avec une grande continuité au cours des dernières présidences : B. Obama a été le premier à définir le « pivot » de l'Asie, privilégiant ainsi la Chine, tant de manière positive que négative, par-delà toute autre considération ; lors d'un sommet avec le président Xi Jinping en 2015, il a néanmoins exprimé l'assurance que les deux pays devaient être capables de « *gérer leurs* différends », tandis que son homologue n'excluait pas de son côté « *le risque d'erreurs de* calcul ». D. Trump a développé pour sa part un langage plus antagoniste, sans toutefois que les échanges commerciaux en pâtissent et les grands groupes américains ont continué à développer leur présence en Chine (cf. Tesla, Apple). Le président Biden s'est efforcé de maintenir une grande fermeté à l'égard de la Chine qui demeure une priorité ; William Burns, ancien ambassadeur et actuel directeur de la CIA, l'a confirmé publiquement au cœur même de la guerre en Ukraine. Les contacts sino-américains au plus haut niveau n'ont cependant jamais été rompus (ex. visites en Chine du Secrétaire d'État A. Blinken ou de la Secrétaire au Trésor Mme Janet Yellen).

Victimes collatérales et effet boomerang

Le Japon, dont le commerce avec la Chine notamment est fructueux, a-t-il intérêt à se plier aux préoccupations obsessionnelles des États-Unis à l'égard de Pékin ? Mais un libre choix lui sera-t-il laissé dans la mesure où Washington n'a cessé de « tordre le bras » aux vaincus de la Seconde Guerre mondiale, qu'il s'agisse du Japon, de l'Allemagne ou encore de l'Italie ? Ce dernier pays a par exemple une opinion publique nettement pro-russe par tradition et intérêt, notamment en raison de la dépendance énergétique, mais l'on voit bien que Mme Giorgia Meloni ne s'écarte pas d'une ligne plutôt atlantiste, par exemple par rapport à Kiev. Elle concilie d'ailleurs l'ensemble de ces exigences avec habileté. Le Japon paraît lui bien seul et il n'a pas de perspective « d'autonomie stratégique » qui, même pour l'Europe, ne consistera pas en un cheminement tapissé de roses.

L'alerte vaut en effet également pour l'Europe. N'est-elle pas déjà « sous influence », comme l'atteste le langage agréé de Bruxelles à l'égard de la Chine (cf. « *un partenaire, un compétiteur et un rival* systémique ») ? Les États-Unis, contrairement à ce qui est régulièrement annoncé dans la perspective des élections présidentielles américaines du mois de novembre prochain, n'ont pas d'intérêt a priori à se retirer de l'OTAN. Le président de la République française avait fait – à juste titre avant la guerre en Ukraine – le constat de son « *état de mort cérébrale* ». L'Alliance n'est d'ailleurs pas engagée en tant que telle dans ce dernier conflit. Après la guerre froide, l'OTAN a été convertie en un instrument privilégié au service de la politique américaine en Europe. Pourquoi dès lors D. Trump ou quelque autre élu à la présidence s'en priverait-il ?

Considération plus rassurante, l'interdépendance économique des économies mondiales pourrait jouer un rôle stabilisateur. On le constate avec la guerre en Ukraine où la Chine, qui penche à l'évidence en faveur de la Russie pour des raisons géopolitiques, ne peut se permettre de mettre en péril ses échanges avec l'Ouest (NB : États-Unis, Union européenne) qui représentent dix fois ceux qu'elle a développés avec la Russie, ces derniers ayant pourtant atteint en 2023 des chiffres record (NB : 240 milliards de dollars).

Malgré le contrôle des échanges sur certains produits de haute technologie (ex. microprocesseurs) ou le retrait graduel de certaines entreprises américaines du marché chinois (ex. délocalisation d'Apple en Inde ou au Vietnam), les chiffres continuent à donner le vertige selon une énumération très partielle : la Chine détient au moins 860 milliards de dollars de la dette publique américaine (soit 12 %) : le volume des échanges sino-américains a atteint environ 700 milliards de dollars en 2022 ; les États-Unis demeurent la principale destination des investissements extérieurs de la Chine. Le Japon ou encore l'Australie, dont les échanges commerciaux pour ce dernier pays avec la Chine viennent d'atteindre des niveaux inégalés, auraient également beaucoup à perdre d'un affrontement de blocs dans la zone Indo-Pacifique.

Pour Graham Allison, le piège de Thucydide ne relève pas du fatalisme et ne doit pas nécessairement conduire au pessimisme. La Chine est à l'évidence en ligne de mire, mais il est à souhaiter qu'elle le soit aussi pour de bonnes raisons.

Parfum de guerre froide

Le monde nouveau a parfois encore des relents de guerre froide. C'est ainsi que les États-Unis et la Russie ont échangé en août 2024 des prisonniers, généralement qualifiés « d'espions » par chacune des deux parties – même si ces dernières ne désignent naturellement pas ainsi leurs propres ressortissants. Ainsi le prisonnier américain le plus connu était-il Evan Gershkovitch, journaliste du *Wall Street Journal,* condamné par un tribunal russe pour espionnage, à l'issue d'un procès à huis clos ; du côté russe, Vadim Krasikov, ancien du FSB, condamné pour le meurtre d'un Tchétchène en Allemagne, était le cas auquel semblait s'intéresser le plus directement V. Poutine. L'ampleur de l'échange, alors que l'on évoque la libération de 24 personnes, n'a pas eu d'équivalent durant toute la période postérieure à la guerre froide. Il est à noter que ce règlement a fait suite à celui de décembre 2022 qui avait permis d'échanger Brittney Griner, une *star* américaine de basket-ball, avec Viktor Bout, un homme d'affaires russe proche du pouvoir politique, spécialisé dans le commerce des armes.

Le souvenir du Pont des espions de Glienicke

Ce développement ne pouvait être attendu, car ce genre d'affaires se traite généralement dans la plus grande discrétion, malgré parfois la pression des opinions publiques à l'Ouest. Une négociation durait depuis de longs mois et semble s'être accélérée vers la fin du mois de juin dernier lors d'une rencontre, dans une capitale indéterminée du Moyen-Orient, entre services des deux pays. Le dénouement a revêtu un aspect spectaculaire bien différent de l'échange en 1962 sur le pont de Glienicke, près de Potsdam dans la région de Berlin, entre le pilote de l'avion U2 Gary Powers et Rudolf Abel, l'agent soviétique emprisonné aux États-Unis. Si le cinéma de S. Spielberg a depuis lors immortalisé la scène, ce dernier n'avait pas été médiatisé et les images de l'échange ne furent pas diffusées en temps réel. Le contexte n'est de plus pas comparable : en 1962, les personnes échangées revêtaient une importante valeur en soi ; Gary Powers avait réalisé une opération avec un avion-espion dont les Soviétiques pouvaient redouter qu'il ait transmis des informations hautement sensibles grâce à une technologie dont eux-mêmes ne disposaient pas ; la Russie pouvait de plus craindre, de manière quasi paranoïaque, que l'agent Abel, infiltré aux États-Unis, ne finisse par livrer des données de première valeur sur le système politique à Moscou.

La négociation fut donc principalement centrée sur les personnes en cause et des aspects liés à la stricte sphère du renseignement. Tel n'est, semble-t-il, pas le cas aujourd'hui, Washington n'admettant pas de son côté que le journaliste, comme cela avait été le cas pour la championne de basket-ball, ait un rapport avec le monde où se déroule de manière continue la guerre de l'ombre.

Dimensions de politique intérieure et extérieure

L'affaire a donc dépassé le sort finalement heureux des personnes qui ont été libérées. Paradoxalement – mais cela était nécessaire par définition pour qu'il y ait dénouement – l'on peut estimer que les présidents russe et américain y ont trouvé un intérêt comparable sur leur scène intérieure et le dénouement a été d'ailleurs très médiatisé des deux côtés. J. Biden s'est rendu en personne en pleine nuit, accompagné de K. Harris sur une base militaire pour assurer l'accueil ; V. Poutine a fait de même à Moscou l'aéroport de Vnoukovo 1 réservé pour les officiels. Mais ce n'est pas tout. L'essentiel est sans doute la dimension internationale de l'événement, en partie inscrite dans le fait que, du côté russe, huit ressortissants étaient emprisonnés dans des pays de l'OTAN et que plusieurs États ont été impliqués dans la négociation, à savoir – outre les deux principaux protagonistes naturellement – la Biélorussie, la Pologne, la Norvège, l'Allemagne, la Slovénie et la Turquie.

Le retour des ex-prisonniers américains fut un succès pour le président Biden. Celui-ci avait indiqué, après le retrait de sa candidature à un nouveau mandat présidentiel, qu'il consacrerait principalement ses derniers mois à la Maison-Blanche aux affaires internationales. Ce résultat était de nature à lui permettre de présenter un bilan final plus positif en ce qui concerne une politique étrangère ternie, dès les premiers mois de sa présidence en août 2021, par le retrait chaotique d'Afghanistan. La guerre en Ukraine et surtout la situation au

Proche et Moyen-Orient sont demeurées toutefois des facteurs d'incertitudes susceptibles encore de faire basculer le jugement sur l'administration démocrate sortante.

Le président Poutine a aussi largement fait médiatiser le retour de ses ressortissants. Il les a accueillis lui-même sur le tarmac de l'aéroport où avait été déroulé un tapis rouge et déployé une garde d'honneur. Si l'opinion générale à l'Ouest est qu'il n'existe pas d'opinion publique en Russie, cela n'est pas entièrement exact même si les canaux d'expression populaire sont strictement contrôlés. Après la révolte d'E. Prigojine, au cours de laquelle le pouvoir du Kremlin avait tremblé, sinon vacillé, l'on pouvait estimer à ce moment-là que le président russe ne pourrait assurer sa longévité politique qu'à trois conditions : rétablir l'autorité de l'État en mettant en particulier au pas les milices ; retrouver son rôle d'arbitre entre factions et différents pouvoirs – contrairement à la vision exclusive de la verticalité du pouvoir ; se camper à nouveau dans un rôle de réformateur avec un programme de modernisation – dans la tradition de Pierre le Grand – et de progrès social. Le retour sur le sol russe de ceux que V. Poutine a considérés comme des « *patriotes ayant accompli leur devoir militaire et servi fidèlement leur pays* » a permis au chef de l'État – outre sa considération renouvelée aux « structures de force » – de souligner son attention aux individualités au sein d'une société marquée, plus qu'on ne le pense souvent, par la guerre en Ukraine.

Des choix stratégiques de plus long terme

Mais, dans cette affaire d'échange de prisonniers, la question essentielle fut d'ordre stratégique. Quelles ont été les motivations respectives des deux principales puissances concernées dans cette perspective ? À la différence de motivations intérieures qui peuvent présenter certaines convergences (cf. achèvement heureux du mandat de J. Biden ; refondation de la popularité de V. Poutine), le prisme stratégique offre une vision plus fracturée.

Du côté de Moscou, le pouvoir russe a pu donner le change avec l'impression de faire le pari, sinon le choix, d'une victoire démocrate en novembre ; il se serait agi « d'investir » sur la candidature Kamala

Harris avant que les « prix » ne s'envolent et le moment était assez bien choisi. Si la Russie avait alors estimé que D. Trump avait une chance sérieuse de l'emporter, le possible échange de prisonniers aurait pu être différé à l'automne au plus tôt, voire au mois de janvier (NB : il convient de se souvenir que les Iraniens n'ont libéré les otages de l'ambassade des États-Unis à Téhéran qu'au lendemain de l'élection de R. Reagan affectant ainsi de manière négative la fin de campagne J. Carter). Mais les choses ont depuis lors évolué au gré des incertitudes de l'échéance présidentielle du mois de novembre aux États-Unis.

En tout état de cause, il y aura un prix à payer par Washington et l'on peut penser notamment aux conditions de sortie de la guerre en Ukraine. D. Trump s'était adonné à des rodomontades en prenant l'engagement qu'il règlerait la guerre en Ukraine en 24 h. Même si la Russie n'est plus la superpuissance qu'a été l'Union soviétique, Moscou et Washington continuent à traiter ensemble des dossiers qui pèsent lourd, à commencer par les questions de limitation des armements nucléaires. Et l'on réalise sans doute aussi à Washington que la Russie pourrait jouer un jouer un rôle finalement utile dans les affaires du Proche et Moyen-Orient, zone devenue très volatile, voire face à la prolifération en Corée du Nord. Dans cette perspective, il existe toujours du côté de Moscou, depuis l'époque soviétique, une prévention à l'égard des démocrates (cf. La diplomatie des valeurs et de la défense de droits de l'homme et de la démocratie en général) ; mais Kamala Harris peut aussi être perçue comme rationnelle et prévisible tandis que le parti républicain apparaît désormais tout aussi idéologue – voire messianique – qu'attaché à la *Realpolitik*.

La politique ukrainienne de l'administration Biden sera restée de bout en bout ambiguë. Le mot d'ordre des mois précédant l'élection aura été le statu quo. Le débat sur la fourniture et l'autorisation d'emploi en territoire russe de missiles occidentaux à longue portée a fait long feu malgré des effets d'annonce spectaculaires, y compris à Kiev à l'occasion d'un déplacement conjoint d'A. Blinken et de son homologue britannique. Au Proche et Moyen-Orient, les États-Unis, surtout depuis le 7 octobre 2023, ne donnent pas le sentiment qu'ils contrôlent la situation ni même leur allié Israël. Cette ligne générale entre l'interventionnisme passé, par exemple celui des néo-conservateurs, et un isolationnisme que l'état du monde ne permet probablement pas, devra être clarifiée.

12

Un(e) Américain(e) à Paris

L'heure de Kamala Harris

Le dernier débat télévisé entre Biden et Trump, improprement qualifié de « présidentiel », puisqu'aucun des deux protagonistes n'avait encore été officiellement adoubé par la Convention de son parti respectif, a tourné au cauchemar pour le président en exercice qui l'avait pourtant demandé. Telle est d'ailleurs bien la question du choix du champion appelé à guerroyer qui s'est alors posée, en particulier dans le camp démocrate, après la calamiteuse prestation du président en exercice devant plus de 70 millions de téléspectateurs américains et une trentaine d'autres millions sur Internet pour les seuls États-Unis.

Les noms de nouveaux présidentiables démocrates ont alors circulé sur une *short list* dressée par les médias, parmi lesquels ceux de la vice-présidente, de plusieurs gouverneurs dont ceux de la Californie ou encore du Michigan. Dès avant le désastreux débat, une rumeur avait d'ailleurs déjà circulé, selon laquelle la Convention démocrate pourrait être amenée à prendre une drastique décision, dans la perspective de la consultation du mois de novembre, en choisissant finalement un autre candidat que J. Biden.

La candidature démocrate à la présidence des États-Unis s'est jouée au cours d'un week-end dans la résidence de l'État du Delaware où J. Biden était reclus pour soigner un Covid. Des signaux contradictoires ont tout d'abord été émis : sous la pression croissante de figures démocrates, telles que Mme Pelosi ou B. Obama, l'impression avait été recueillie que le président en exercice pourrait renoncer à sa candidature ; puis, un J. Biden s'estimant requinqué avait au contraire fait état – malgré l'abandon d'importants donateurs – de son intention de reprendre la campagne (NB : menée jusque-là quasiment seule et de manière très loyale par K. Harris). Le président Biden, que de très nombreux démocrates n'estimaient plus en état de pouvoir gouverner, a finalement annoncé le 21 juillet 2024 le retrait de sa candidature.

De nombreuses interrogations se sont alors immédiatement fait jour dans le camp démocrate : Kamala Harris pouvait-elle désormais être la vraie solution alternative ? Malgré la popularité relativement réduite qui lui était reprochée dans son propre camp, voire une fermeté considérée comme de la dureté, elle s'est finalement imposée rapidement comme la formule la plus naturelle, compte tenu en particulier du faible laps de temps imparti pour prendre une décision radicale. L'équipe de campagne de D. Trump s'était d'ailleurs immédiatement mise au travail sur cette hypothèse, au sortir de la Convention républicaine de Milwaukee.

La révélation Kamala

Un pari a été fait sur K. Harris, mais il était sans doute l'ultime chance pour que les démocrates puissent l'emporter en novembre. Dans cette hypothèse, une autre question capitale avait surgi : en renonçant à la candidature, le président Biden démissionnerait-il dans le même temps de ses fonctions de chef de l'Exécutif ? Quel que soit le cas de figure, cela n'aurait en tout état de cause pas nécessairement affecté le choix des délégués qui devaient se prononcer à la Convention démocrate prévue à Chicago du 19 au 22 août prochain ; le président Biden a finalement « recommandé » Kamala Harris, orientation qui ne les liait pas juridiquement mais que dont une écrasante majorité d'entre eux, ralliés en un temps record à la vice-présidente, allaient logiquement suivre. Même sans la démission de J. Biden, K. Harris n'a pas eu besoin de l'intégralité du temps au demeurant très limité jusqu'au mois de novembre, pour montrer qu'elle avait l'étoffe présidentielle. Un excellent numéro deux ne devient pas nécessairement un bon numéro un, mais le costume de la vice-présidence – par définition effacée – est souvent un handicap que la candidate a manifestement rapidement surmonté.

Le scénario s'est finalement avéré idéal pour les démocrates, vu de l'extérieur donnant à K. Harris – qui a refait dans un temps record le retard qu'avait J. Biden sur D Trump dans les sondages – des chances de mener une vraie compétition sinon de l'emporter. Kamala Harris a notamment pour atout d'incarner les États-Unis d'aujourd'hui et de demain (multi-ethniques et tournés vers le Pacifique). Il convient de se souvenir que lors de l'élection de 1988, G. Bush Sr, vice-président sortant de R. Reagan, avait 17 points de retard sur son concurrent en juillet et il l'emporta finalement.

L'Inde, la Jamaïque et le rêve américain

Kamala Harris est la fille d'un économiste d'origine jamaïcaine de l'Université de Stanford et d'une chercheuse en oncologie d'origine indienne, qui furent par ailleurs des activistes au sein du mouvement pour les droits civiques durant leurs études à Berkeley. Kamala Harris a donc de qui tenir sa forte inclination pour la justice sociale. Elle a toujours voulu changer la société et *défendre la « vérité »*, conformément au titre de l'un de ses ouvrages (*The Truths We Hold : An American Journey*).

Elle a développé cette passion pour la justice, à la suite de ses études en sciences politiques et en droit. Entre 2011 et 2017, elle fut une procureur générale de Californie, fonction qui aux États-Unis requiert naturellement des compétences appropriées mais résulte aussi d'une élection. En 2017, elle a prêté serment (NB : devant le vice-président Biden) en tant que sénatrice des États-Unis, et est apparue comme l'une des opposantes démocrates les plus déterminées au président Trump et à son administration.

Histoire de raison, d'amour et de rêve

Kamala Harris n'a rien de la riche héritière du film « Un Américain à Paris » (1951) de Vincente Minnelli, sur une musique de Gershwin, avec l'inoubliable Gene Kelly et Leslie Caron. L'héritière n'est finalement pas le personnage central par rapport au *happy end* entre ces dernières stars.

Il est finalement tant mieux pour elle qu'elle ne puisse être assimilée à une personne incarnant des amours impossibles. La question qui va se poser désormais pour elle aura trait à sa relation personnelle avec l'Amérique et son peuple. Une élection présidentielle est en effet une double histoire, la sienne propre et celle de ceux dont elle est susceptible de solliciter les suffrages. Ces deux parcours se rejoignent dans un projet, qui peut être aussi un rêve et ne relève pas uniquement de la rationalité. Pour cette raison-là, J. Kennedy, R. Reagan même et B. Obama auront marqué l'histoire contemporaine et la mémoire collective des États-Unis, plus même que H. Truman, malgré la bombe atomique, L. Johnson, malgré le paroxysme de l'engagement au Vietnam ou encore G. Bush Jr, en dépit du 11 septembre, de l'Afghanistan et l'Irak.

Compétences et méthode de travail

Kamala Harris s'est consacrée aux sciences humaines, mais sa méthode de travail est héritée sa mère qui était une scientifique de haut niveau. Son obsession fut – et sans doute demeure – la recherche de l'innovation, dont est susceptible de bénéficier la sphère publique et politique. Dans cette perspective, la bonne démarche, selon elle, consiste à formuler tout d'abord des hypothèses, à approfondir la recherche et surtout à réaliser des tests permettant de vérifier, par l'expérimentation, des schémas théoriques et préétablis. Il doit en résulter un plan d'action – toujours orienté vers le monde des réalités – car il n'est pas question en politique de se limiter à la rhétorique et de ne pas proposer des solutions. C'est la raison pour laquelle son slogan favori fut toujours « *d'aller sur le terrain* » (*Go to the scene*). C'est ce qu'elle fit tout au long de sa carrière, y compris judiciaire, en constatant des ravages de la pollution dans son État de Californie, en étant aux côtés du contingent en Irak ou encore en visitant des camps de réfugiés syriens en Jordanie. Enfin, selon la vice-présidente, le « capital public » ne peut être conçu en fonction d'intérêts qu'il pourrait rapporter, mais il doit être entièrement dépensé au bénéfice des populations.

Le test de la popularité

Cette approche générale des problèmes lui a-t-elle permis de surmonter la « fatalité protocolaire » qui frappe généralement les Vice-présidents des États-Unis, quel que soit leur dynamisme, en en faisant des personnalités par définition effacées ? Thomas Jefferson, troisième président des États-Unis dans les toutes premières années du XIXe siècle, après avoir assumé la Vice-présidence, fut une exception ; il avait en effet déjà été l'auteur principal en 1776 de la fameuse *Declaration of Independence*.

Mais la liste est longue des vice-présidents oubliés de l'histoire ou dont la marque fut postérieure ou extérieure à la fonction considérée : qui se souvient de Spiro Agnew élu avec Nixon en 1968 sinon des conditions de son départ pour faits d'évasion fiscale et de corruption ? Qui a le souvenir de Walter Mondale – qui incarna auprès du sudiste J. Carter le nord industriel, progressiste et industrialisé des Grands Lacs – pourtant premier vice-président « moderne » en participant à l'élaboration de la Politique étrangère et en obtenant de manière plus que symbolique un bureau à la Maison-Blanche, mais qui échoua rudement dans la course à la présidence contre R. Reagan en 1984 avec pour la première fois, événement cependant notable, une co-listière à ses côtés ? Même George Bush Sr dont le cursus ne lasse pas de nous impressionner (cf. ambassadeur à l'ONU en 1971, chef de la Représentation américaine en Chine populaire de 1974 à 1975, directeur de la CIA en 1976), qui fut pourtant le vice-président de R. Reagan pendant huit années n'a laissé de souvenirs marquants que de sa présidence, en particulier de la guerre du Golfe en 1991 après l'invasion du Koweït. Plus près de nous encore, Mike Pence ne s'est fait véritablement connaître qu'en raison des circonstances de l'assaut du Capitole, le 6 janvier 2021, en se dissociant de D. Trump.

De plus, la perception par l'opinion publique américaine, de l'action de K. Harris est ambiguë. Son passé de Procureur de Californie lui a forgé une réputation de dureté, notamment dans la répression à l'égard de la criminalité ; elle finit d'ailleurs par devenir la cible du mouvement *Black Lives Matter*. Mais elle s'inscrivit aussi dans la tradition démocrate classique de progressisme à l'américaine. Elle souhaita davantage de contrôle des armes à feu, sujet tabou s'il en est ; elle s'engagea en faveur de la prise de conscience des changements climatiques ; elle s'opposa à l'interdiction du mariage entre personnes de même sexe et défendit le droit à l'avortement lors du débat à l'échelon national finalement tranché par la Cour Suprême qui renvoya la législation aux compétences des États fédérés. Paradoxalement, la visibilité que lui ont procurée toutes ces prises de position – qui l'ont extirpée du relatif anonymat de la Vice-présidence – n'a pas nécessairement joué en sa faveur, en termes de popularité.

Les responsabilités de l'Amérique et le monde

Selon un processus cyclique tout au long de leur histoire, Washington a oscillé entre l'isolationnisme et l'engagement dans le monde. Au cours des dernières années, D. Trump a incarné la nostalgie d'une Amérique blanche, prospère, dominante et plutôt concentrée – sinon repliée – sur ses intérêts propres, Chine exceptée. Le président Biden s'est aussi inscrit dans une évolution que B. Obama a incarnée avec sa conception du « pivot de l'Asie » mais cette orientation fut teintée, sinon corrigée, d'une idéologie internationaliste traditionnelle chez les démocrates.

K. Harris peut être rapprochée, à certains égards, de B. Obama (né à Hawaï et ayant vécu en Indonésie). Tous deux peuvent être dès lors qualifiés « d'alchimistes du monde nouveau ». Kamala, dans sa première jeunesse accompagnait d'ailleurs sa mère dans son laboratoire de recherches et elle maniait et nettoyait des burettes.

L'histoire de Kamala Harris est une belle histoire américaine. Est-elle encore si conforme que cela à l'un de ces beaux récits, tels qu'on les aime, que les États-Unis aiment mettre en scène ? Le reste du monde aimerait finalement le croire, dans une époque troublée et alors que les deux principaux protagonistes du débat politique dans le pays paraissent d'un autre âge et sont contestables à différents et bien des égards. Que l'on aime ou non la puissance dominante du monde occidental, celle-ci demeure encore incontournable dans le traitement des affaires du monde, c'est-à-dire aussi de nos propres intérêts. Mais nos besoins ont leurs limites et notre jugement peut être altéré en raison de notre prisme.

Kamala Harris a projeté tout au long de sa carrière une image d'énergie, d'optimisme et d'attachement aux valeurs que nous aimons. Pour l'anecdote, Kamala Harris si elle est naturellement venue à Paris, notamment en pour la 4ᵉ édition du Forum de Paris sur la Paix, a vécu à Montréal avec sa mère et elle y suivit une scolarité à l'école primaire française.

En raison de ses origines et d'une carrière longtemps californienne, elle est perçue comme étant par définition tournée vers la région Asie-Pacifique. Elle incarne à cet égard les États-Unis tels qu'ils sont devenus, à la pointe de la modernité, mais aussi en raison de son éducation de belles traditions qui ont alimenté la séduction exercée par l'Amérique. « *Paris, c'est comme l'amour, l'art et la foi* », déclare un acteur du film *An American in Paris.* Il serait tellement bienvenu que Kamala Harris nous le rappelle, outre l'ambition de l'excellence. Elle collectionna les premiers prix : après avoir été la première femme procureur générale de Californie (élue en 2010 et réélue en 2014), Sénatrice des États-Unis (NB : elle prêta alors serment devant le vice-président J. Biden), elle devint la première femme vice-présidente, et par là même la première afro-américaine et afro-asiatique.

La voie de la présidence n'a-t-elle pas été tracée pour elle depuis longtemps ? B. Obama fut en quelque sorte « pris en étau » entre G. Bush Jr et D. Trump ; K. Harris, toutes proportions gardées, se trouve dans une situation comparable de pression conjuguée d'un héritage de la politique américaine traditionnelle – incarnée par un J. Biden qui passa l'essentiel de sa carrière, pendant des dizaines d'années, dans l'univers confiné du Congrès – et les exigences, les pulsions et l'appel d'un vaste monde entièrement nouveau.

L'homme ou la femme de son temps

L'âge du capitaine n'est pas le critère unique de jugement de l'adéquation entre une personnalité et son époque. La question principale est celle de l'incarnation d'aspirations, de réponses et décisions en retour, de grands projets développés en fonction de changements et d'évolutions profondes qui ne sont pas toujours perceptibles sans recul. Joe Biden fut d'ailleurs, à sa manière, un jeune président. Il donna même l'impression d'accomplir dans ses nouvelles fonctions de chef suprême de l'Exécutif des « Cent jours », durée qui est une sorte de mètre étalon dans l'histoire politique. Le «vol de l'aigle» s'était arrêté à Waterloo, tandis que Joe Biden acheva de son côté la première phase de son parcours à un rythme échevelé après un départ plutôt hésitant.

Le nouveau président des États-Unis fut ainsi, au cours des premiers mois de 2021, un débutant qui fit ses premiers pas ; on ne sait jamais si un fidèle et même « brillant second » fera jamais un vrai numéro un. Ce cheminement et ce statut correspondent, toutes proportions gardées, à la situation dans laquelle se trouve Kamala Harris ; l'interrogation à son sujet est même d'autant plus grande que le cas de figure est inédit depuis le renoncement du président Lyndon Johnson en 1968, en raison des développements et des impasses rencontrées dans la conduite de la guerre du Vietnam.

Les débuts en fanfare de Joe Biden

L'heure est donc tout d'abord à un premier bilan de la présidence de J. Biden, auquel sans tarder la vice-présidente K. Harris a rendu hommage par une vibrante défense et illustration. Une présidence aujourd'hui manifestement essoufflée ne doit pas effacer le départ en fanfare de Joe Biden, au sortir notamment de la pandémie du Covid et des effets que celle-ci eut sur l'économie américaine dès avant la fin du mandat de D. Trump. Sur le plan intérieur, en particulier en ce qui concerne l'économie, Joe Biden est apparu rapidement audacieux avec un programme massif de relance par la demande de type keynésien, c'est-à-dire en rupture avec toutes les théories et pratiques depuis l'ère Reagan, ce qui l'a même fait qualifier de révolutionnaire.

On put en juger par ses premières orientations : à l'*American Rescue Act* d'un montant de 1 900 milliards de dollars, tout particulièrement destiné aux personnes et entreprises de petite taille ayant souffert du Covid – comparable par les sommes en jeu au programme spatial des années 60 en réaction notamment au lancement de Sputnik en

1957 ou, dans l'esprit tout au moins, au *New Deal* des années 30 –, s'est ajouté l'*American Jobs Plan* (2 300 milliards $) pour la rénovation des infrastructures et l'*American Families Plan* (1 800 milliards $) visant à réduire les inégalités sociales et la fracture raciale ; il s'est agi, entre autres dispositions, de moderniser les écoles et d'instaurer un congé maternité à l'échelon fédéral.

Cette dernière mesure, qui semblait aller de soi au regard des politiques sociales ayant cours en Europe, a marqué un changement radical et constitué une véritable révolution. Il n'a pas été suffisant cependant pour Joe Biden d'avoir énoncé de telles ambitions, il lui a fallu aussi compter sur l'opposition républicaine prenant tout d'abord la forme du *filibustering* au Congrès. À une campagne aussi brève qu'intense de vaccination contre le Covid – qui a donné des résultats –, s'ajouta une reprise incontestable illustrée par une croissance annualisée au premier trimestre 2021 de 6,4 % du PIB et de 1,6 % par rapport à la même période l'année précédente.

Un bilan international mitigé

Dans la continuation du président Obama, on pouvait imaginer que J. Biden n'ait pas voulu non plus se conformer au « manuel de Washington », sorte de doctrine non écrite imposant à tout président américain le recours aux moyens militaires ; son prédécesseur avait renoncé en 2013 à sanctionner l'emploi d'armes chimiques en Syrie écartant ainsi le risque d'une nouvelle aventure militaire, alors qu'il avait été élu pour mettre un terme aux interventions en Irak et en Afghanistan.

Le retrait définitif d'Afghanistan était censé être une illustration de cette politique. Après vingt ans de présence et 2 300 victimes américaines dans le conflit, il avait été négocié par l'administration Trump pour le 1ᵉʳ mai 2021 et il fut fixé au 11 septembre de la même année pour signifier par cette date qu'une boucle avait été bouclée et aussi laisser la possibilité d'un retrait plus ordonné incluant les alliés selon le principe : « *In together, Out together* ». Les choses ne se sont malheureusement pas passées telles qu'elles avaient été conçues et le départ de Kaboul, qui s'est accompagné de la prise de pouvoir des talibans le 15 août, fut totalement chaotique avec des airs de parodie du Capitole. Cette débandade, qui ne fut pas sans rappeler surtout la chute de Saïgon en avril 1975, ne put pas ne pas peser ensuite sur la gestion de la guerre en Ukraine, pays dont on ne pouvait concevoir que, s'il ne pouvait l'emporter sur la Russie, il ne pouvait non plus perdre face à cette dernière.

Mais, d'une manière générale, Joe Biden s'est conformé dans ses premières attitudes de politique étrangère à une forme de classicisme, dans la tradition démocrate. Il fut aidé dans sa tâche par une *Dream Team* de politique étrangère très expérimentée, comme peut-être aucune administration n'en avait jamais connue, avec John Kerry, Antony Blinken, William Burns, sans oublier Robert Malley pour le Proche et Moyen-Orient – déjà présent aux côtés de Bill Clinton – et naturellement la vice-présidente Kamala Harris dont la fonction comportait d'importantes tâches, fussent-elles discrètes, de représentation extérieure.

Ce classicisme, mis à mal bien bien avant Donald Trump par l'administration Reagan, se traduisit par un retour à la diplomatie multilatérale. Un terme fut immédiatement mis par *executive order* à la procédure de sortie de l'OMS ainsi que fut prise la décision de réintégrer l'accord de Paris sur le climat. Le nouveau président et son équipe montrèrent du talent pour constituer des sortes de « coalitions thématiques » à géométrie variable.

Le classicisme ne pouvait être cependant le retour au bon vieux « duopole » datant de l'époque soviétique, mais tout de même la préservation, dans un premier temps, d'un dialogue substantiel et constructif entre les États-Unis et la Russie dans les affaires politico-militaires et tel était d'ailleurs l'intérêt de Washington. Ainsi Joe Biden décida-t-il de proroger pour cinq ans le Traité *New Start* qui demeure le seul sur les armes stratégiques entre les deux pays. La guerre en Ukraine a, à l'évidence, profondément perturbé ce processus.

Le revers du classicisme fut aussi la difficulté à innover, face à la Chine par exemple après le pivot vers l'Asie d'Obama et la politique de ferme réaction commerciale de Trump. Telle est peut-être la raison qui a conduit J. Biden à parfois déléguer à son Secrétaire d'État Antony Blinken et au directeur de la CIA, le diplomate William Burns. Il s'est aussi fié, surtout dans ses premiers pas, à son ADN démocrate qui intègre la « diplomatie des valeurs » en se dissociant très clairement de son prédécesseur républicain. Le Proche et Moyen-Orient, surtout après le 7 octobre 2023 et la réaction contre Gaza, a constitué une difficulté inédite au regard à la fois d'une solidarité intangible avec Israël et d'une gauche radicale du parti démocrate ayant nettement évolué sur la question palestinienne. Cette situation cornélienne a pu expliquer une certaine retenue américaine à l'égard de l'Iran, ordonnateur régional.

Les lignes de force de la campagne présidentielle

Il est malaisé de cerner les contours du programme de politique étrangère de D. Trump. Est-il en mesure mieux que quiconque de mettre un terme à la guerre en Ukraine, ainsi qu'il le proclame ? Souhaite-t-il véritablement s'éloigner de l'OTAN, instrument essentiel de la présence américaine en Europe, sinon de son contrôle voire de sa domination ? Quelles sont ses intentions réelles face à la Chine, avec laquelle le *big business* américain entend préserver des échanges substantiels ? Le questionnement sur l'isolationnisme ou l'interventionnisme n'est-il pas un débat artificiel dans le monde contemporain ? L'absence de ligne directrice claire chez le candidat républicain est en fait largement due à une approche des relations internationales totalement dénuée d'idéologie. Telle est sans doute là la vraie boussole de D. Trump. Menacer Taïwan, comme il l'a fait récemment, de réduire les assurances sécuritaires si l'île ne contribuait pas plus à l'effort de défense n'est que l'écho de la mise en garde adressée pendant sa présidence aux États membres de l'OTAN, coupables à ses yeux d'engagements budgétaires insuffisants pour leur protection et celle de l'Alliance.

Mais, comme traditionnellement aux États-Unis – même au plus fort de la guerre du Vietnam – ce seront immanquablement les questions intérieures qui seront au centre des débats lors de la campagne en cours pour l'élection présidentielle. Les questions de pouvoir d'achat, d'inflation, de sécurité et d'immigration ne sont en effet pas réservées aux électeurs européens.

Face au libéralisme économique échevelé de Trump, Kamala Harris préservera-t-elle la nouvelle ligne d'un parti démocrate – s'éloignant de la gestion, respectueuse du marché, des années Clinton ou Obama – insistant sous la pression des contraintes contemporaines sur un rôle accru de l'État ? L'orientation post-libérale de la politique économique américaine sera-t-elle confortée dans les urnes ? Existera-t-il une *Bidenomics* sans Biden ?

Kamala Harris, face au paradoxe d'un milliardaire sachant se faire entendre des « cols bleus », aura-t-elle réussi à établir un lien avec le monde des ouvriers de l'industrie et de l'agriculture ? Même si les responsabilités de l'administration démocrate par rapport au retour de l'inflation relèvent aussi de facteurs externes, la candidate aura-t-elle acquis une crédibilité suffisante sur ce sujet ainsi que pour traiter les questions du coût du logement, des soins de santé et de l'éducation ? Quoi qu'il en soit, elle devra absolument corriger l'image dont elle a été parfois affublée – qu'elle soit fondée ou non – de « *brillante Californienne adorée par Wall Street* ».

Retour au passé et horizons nouveaux

Le slogan MAGA de Trump (NB : *Make America Great Again*) résume-t-il véritablement une vision d'avenir ou est-il un rêve insufflé à des couches déclassées de la population et nostalgiques d'un passé révolu ? Kamala Harris n'a d'ailleurs pas manqué de lancer ses premières attaques contre la vision passéiste et rétrograde de son concurrent.

L'Amérique évangéliste peut-elle être centrale dans un monde postmoderne ? L'Ohio, *Swing State,* dont le Gouverneur vient d'être désigné par Trump pour figurer sur le *ticket* républicain, est-il le moteur de l'innovation et de la croissance des États-Unis ou n'est-ce pas plutôt la côte Ouest, où Kamala Harris est l'incarnation d'une « élite » en passe de se substituer aux WASP de la côte Est ? La candidate sera immanquablement vivement attaquée sur les questions d'immigration, mais ses origines ne sont qu'une faiblesse apparente car l'Amérique est devenue multiculturelle au terme d'un processus finalement aussi ancien que ses origines. Il y a plus de 30 ans, les

États-Unis accueillaient déjà annuellement 500 000 immigrants illégaux, principalement hispaniques. Le mur de Trump fut-il la panacée ? Y a-t-il une culpabilité démocrate particulière ? L'Amérique change incontestablement en profondeur : la réponse est-elle le refus, la violence ou bien la régulation et la meilleure intégration des apports extérieurs, sel de l'Amérique ?

L'historien Jon Meacham, dont on dit qu'il fut, surtout au début du mandat, un *speechwriter* influent de Joe Biden, s'interrogea sur le sens de la fonction présidentielle en citant le président Lyndon Johnson au lendemain de l'assassinat de John F. Kennedy. Le questionnement « à quoi peut donc servir la présidence ? » (*what the hell is the presidency for?*), fut en fait l'expression déterminée à accomplir de grandes choses, en l'occurrence – conversion nouvelle chez lui – à mener à son terme le *Civil Rights Act* dont Kennedy avait pris l'initiative. Ce changement soudain, sous le choc de la tragédie, n'avait eu d'égal dans l'histoire américaine que la conversion en une seule année entre 1861 et 1862 de Lincoln à une détermination à abolir l'esclavage.

Joe Biden fut un temps présenté revêtu des atours de Roosevelt et de sa politique des grands travaux. S'agissant d'une politique d'investissements massifs, le discret et pragmatique sénateur du Delaware – qui avait déjà beaucoup appris de la crise de 2007-2008 en ayant été chargé du Plan de relance d'Obama – eut l'audace de ses Cent jours. Ceux-ci demeureront-ils une référence pour un siècle nouveau ? « *Pour être l'homme de son pays, il faut être l'homme de son temps* », affirma Chateaubriand. Ce principe incontournable s'appliquera aux prétendants à la fonction suprême et définira les conditions de leur échec ou de leur succès, au-delà même du 6 novembre.

13

Face à la révolution permanente
en Chine

Le président Xi Jinping s'est rendu en 2024 en visite d'État en France, cette fois-ci à l'occasion du 60ᵉ anniversaire de l'établissement des relations diplomatiques entre la France et la Chine. Il a poursuivi son séjour sur le continent européen, en Hongrie et en Serbie.

Derrière l'image de l'empereur rouge, l'on peut aussi s'interroger, au-delà de l'évolution du pouvoir politique depuis la fondation de la République populaire de Chine (RPC), sur les grandes personnalités qui ont façonné cet immense pays, devenu la deuxième puissance mondiale. Il ne s'agit pas de minimiser le rôle des « masses populaires » qui ont été un agent majeur des transformations, sous la férule de Mao Tsé-toung, mais de ne pas négliger aussi le poids des individus, de leur milieu social et de l'éducation qui ont permis à des dirigeants devenus « révolutionnaires » de contribuer aux mutations considérables d'une nation et d'une civilisation millénaires.

Dans ses *Trois Messages* adressés à la France, immédiatement avant sa visite, le président Xi Jinping a lui-même rappelé que « *la France a été l'un des premiers pays à accueillir des boursiers gouvernementaux chinois sur son sol, il y a un siècle, de jeunes étudiants chinois, dont certains éminents ont apporté une contribution remarquable à la fondation et au développement de la Chine nouvelle* ».

Xi, Sun, Chou, Deng et les autres

Xi Jinping né à Pékin, est le fils d'un ancien cadre de rang élevé du Parti communiste chinois, déclassé pendant la Révolution culturelle. À ce titre, et parce qu'il fut élevé dans un milieu privilégié, il fut et est encore parfois considéré comme un « Prince rouge ». Comme plusieurs de ses prédécesseurs ayant occupé des fonctions éminentes à la tête de l'État, il effectua le voyage à l'étranger pour parfaire sa formation ; il se rendit ainsi en 1985 aux États-Unis pour étudier les techniques de l'agriculture mode et logea dans une famille américaine.

Le père de la République

Mais l'on pourrait aussi parler bien avant lui de Sun Yat-sen, premier président de la République de Chine proclamée à Nankin en 1912, l'un des Fondateurs puis Président du Parti Kuomintang, de Chou En-laï à l'allure patricienne ou encore de Deng Xiao-ping.

Sun Yat-sen est considéré aujourd'hui en Chine comme le père de la modernité dans ce pays et même de la nation chinoise contemporaine. Son programme initial consista à chasser les étrangers, fonder une république et redistribuer la terre. Il tenta de former une alliance avec le Parti communiste chinois à partir de Canton et est aujourd'hui vénéré tant par ce dernier que par le Kuomintang. Cet unanimisme devrait à lui seul nous conduire à une réflexion plus approfondie et circonspecte au sujet de Taïwan.

Sun était issu d'une famille paysanne mais, fortune rapidement acquise, il évolua par la suite au sein de l'élite intellectuelle et politique de la Chine impériale finissante de la dynastie mandchoue Qing, dont le dernier représentant fut le jeune Pu Yi. Son mode de vie à Shanghai l'atteste. Il suffit de voir sa résidence dans la concession française de Shanghai pour s'en persuader ; cette demeure était située à quelques centaines de mètres de celle de Chou En-laï, mais cette dernière, occupée pendant un laps de temps assez court jusqu'à la rupture avec le Kuomintang en 1948 après une alliance contre les Japonais, ne présentait que des similitudes extérieures alors qu'elle était organisée de manière spartiate, dans la perspective de la conquête du pouvoir par les communistes, comme le futur ministère des Affaires étrangères chinois.

Chou En-laï, fut l'une des plus grandes figures de la RPC ayant été Premier ministre de 1949 jusqu'à sa disparition en 1976, quelques mois avant celle de Mao. Il naquit dans le Jiangsu dont le chef-lieu est Nankin, région côtière l'une des plus riches de Chine. Sa mère était l'épouse d'un haut fonctionnaire et il donna toute sa vie l'image d'un patricien. Il avait lu très jeune les grands romans classiques chinois du XVIIIᵉ siècle, tels que *Rêve dans le Pavillon rouge* ou encore *Jin Ping Mei* (Fleur en Fiole d'Or). Il déclara lui-même : « *Je suis un intellectuel, issu d'une famille féodale… ma carrière révolutionnaire commença à l'étranger* ». Appartenance à l'élite et formation à l'étranger – qui était le gage d'une promotion sociale lors du retour au pays – qu'il s'agisse des États-Unis ou du Japon, furent en effet des caractéristiques dominantes des futurs cadres de la révolution en marche.

Mais Chou fut, de manière très précoce, un lycéen et un étudiant contestataires. Cela lui permit ultérieurement de comprendre, voire de contenir, les Gardes Rouges d'une Révolution culturelle dévastatrice et ainsi finalement de sauver les structures du Parti communiste et de l'État. C'est en France qu'il organisa le premier groupe de l'élite communiste chinoise avant que Mao ne prenne la direction du mouvement en Chine, il attira à sa cause les meilleurs cadets de l'École militaire fondée par Tchang Kaï-check et il convertit au communisme bien des échelons de l'armée républicaine. Et pourtant, paradoxe de sa pensée et de son action, Chou, dès sa jeunesse, ne crut jamais à la révolution par le haut, mais plutôt à la transformation des masses, notamment par l'éducation.

Ainsi, créateur d'une élite politique bien avant Mao, organisateur de l'armée communiste, capable de toutes les synthèses, Chou fut l'homme de toutes les crises surmontées dans la turbulente histoire de la Chine contemporaine. Avec le recul, il et possible de dire que Mao révisa le marxisme originel, mais que le maoïsme fut aussi révisé, par à coups parfois violents mais en permanence. De fait, le portrait de Mao trône toujours à Pékin sur la place Tian'anmen. Celui de Chou En-lai, parfois considéré comme le dernier mandarin de tradition confucéenne, aurait certainement mérité d'y figurer.

Deng Xiao-ping, fut issu d'une famille de propriétaires terriens aisés du Sichuan et il participa à la Longue Marche en 1930 sur un parcours de 12 000 km. Encouragé par son père – qui avait étudié le Droit et les Sciences politiques – et lui donna pour mission d'apprendre en Occident pour sauver la Chine, il s'embarqua pour la France (NB : Shanghaï-Marseille) en 1920 ; étudiant, il y fut même ouvrier, notamment dans les usines Renault de Billancourt ; il vécut un temps Place d'Italie où il partagea même une chambre avec Chou En-lai. Il ne rentra en Chine qu'en 1926 après un séjour en Union soviétique.

Il subit les purges de Mao pendant la révolution culturelle et c'est lui qui lança la réforme économique en 1978. Il était aux commandes du pays lors de la révolte de la place Tian'anmen. Il mit en place un système, sous lequel la Chine vit encore mais qui a peut-être atteint ses limites, s'appuyant sur la direction du Parti communiste mais dans le cadre d'une économie ouverte et parfois même considérée comme hyper-capitaliste ; son adage, datant déjà de 1960, selon lequel *« Peu importe qu'un chat soit blanc ou noir, pourvu qu'il attrape la souris »* est devenu fameux.

Deng est associé au développement économique foudroyant d'une Chine qui, en 30 ans, est sortie de la misère pour atteindre des taux de croissances à deux chiffres. Le système, caractérisé à la fois par l'autorité et l'extrême libéralisme économique, fonctionne-t-il toujours ? Les problèmes démographiques nouveaux que connaît le pays, la reprise en mains par l'État du secteur économique ainsi que de l'idéologie et aussi une certaine contestation sourde et dans certaines situations plus visibles, comme lors de la pandémie du Covid – sous l'effet paradoxal de l'élévation du niveau de vie et de l'accès à l'information par la jeunesse – conduisent à se poser la question. Tel est le défi majeur que doit affronter Xi Jin ping, celui de masses devenues elles-mêmes une élite.

Le général Bâ, maoïste du Kuomintang

Et l'on pourrait aussi parler du Général Bâ, moins connu, mais dont le parcours illustre le syncrétisme politique chinois. Là encore, il faut se tourner vers le sud de la Chine, en l'occurrence la ville de Guilin (cf. *Les Conquérants* d'André Malraux, publié en 1928, commence par : « *la grève générale est décrétée à Canton* » ; c'est dans cette ville que le Président Xi reçut le Président de la République française). Le général, figure du Kuomintang, collabora en effet avec les communistes et avec Mao lui-même dans la lutte contre les envahisseurs japonais.

Aujourd'hui encore, la mémoire du général (NB : un général du Kuomintang glorifié dans la Chine communiste) est honorée. Sa résidence est devenue une sorte de musée où sont exposées de nombreuses photographies de cette période héroïque.

Ce rapide kaléidoscope ne saurait occulter les grandes étapes d'une histoire troublée, auxquelles d'éminentes personnalités ont dû s'adapter et qui y ont été souvent entièrement soumises : la Réforme des Cent-Jours en 1898 afin de tenter de sauver, en vain, un Empire engoncé dans un immobilisme mortifère ; la Révolte des Boxers en 1900 ; la Révolution républicaine de 1911 coexistant un temps avec le pouvoir impérial de Pékin ; la Révolution communiste qui vit le triomphe de Mao Tse-tung en 1949. Tout au long de ces événements, l'histoire ne saurait oublier que se multiplièrent des institutions plus modernes – encouragées par des missions religieuses étrangères – basées le plus souvent sur des modèles anglais et américain. Le voyage à l'étranger (NB : qu'effectua Chou lui-même en 1917, avant le séjour en France et sa découverte de plusieurs pays européens) avait fait aussi son œuvre.

Des Sœurs Soong à Xi Jinping

Le président Xi Jinping est un dirigeant contemporain, mais aussi l'incarnation d'une permanence de la Chine, ne serait-ce que par sa gouvernance aux atours « impériaux ».

La Chine, malgré cette constance dans la durée, ne peut que rechercher, de manière continue, la façon de gouverner une population pléthorique qui atteint aujourd'hui 1,4 milliard d'habitants. « *Il n'y a jamais de petits problèmes en Chine* » et les équilibres y sont toujours instables, compte tenu des défis, disent souvent les Chinois.

Le défi est aujourd'hui en particulier démographique, économique et environnemental. À l'extérieur du pays, le dirigeant souvent qualifié « d'autocrate » et le régime où le Parti communiste (PCC) conserve la direction du pays peuvent inspirer la crainte. Mais il faut sans doute voir les choses différemment : ce qui est à craindre est la force d'inertie d'une sorte de « machine » chinoise aux dimensions gigantesques et incomparables ; afin d'assurer une croissance élevée garantissant la paix sociale et la stabilité politique, la Chine doit absolument conquérir en permanence de nouvelles parts de marché et ce gigantisme « nécessaire » ne peut que peser sur la société et l'environnement ainsi que sur les rapports avec le monde extérieur. Plus que Xi ou tout autre dirigeant chinois qui le remplacerait, le vrai danger est là dans la force d'inertie du gigantisme.

Dans ce contexte, le modèle mis en place par Deng Xiao-ping – qui reposait sur une ouverture économique coexistant avec le maintien du pouvoir du PCC – est-il toujours approprié ? Xi semble avoir fait le pari de le confirmer pour partie en mettant à nouveau en exergue une dimension idéologique dans sa gouvernance tout en réintroduisant l'État dans la gestion de l'économie, ce qui le distingue pour partie de Deng. Le pari sera-t-il réussi ? Une nouvelle révolution chinoise n'est-elle pas inéluctablement en marche que devraient réaliser les dirigeants eux-mêmes sous la pression de la population ? Qui seront les acteurs de changements qui ne manqueront pas de se produire à l'échelle de l'histoire de la Chine ? Dans cette perspective, quelques références au passé peuvent apporter un éclairage utile. La Chine reste un Empire du Milieu, centré sur sa propre histoire et elle est l'objet unique de sa politique, quels que soient les courants qui peuvent parfois la déchirer. L'histoire des sœurs Soong l'atteste notamment. Les Sœurs Soong ont largement contribué à des changements majeurs en Chine et l'on peut même dire que leur père Charles Soong les avait « programmées » pour cela.

Il faut s'arrêter sur le destin extraordinaire des trois sœurs Soong – Ai-ling, Ching-ling et Mei-ling – ce qui est aussi une manière de parler du rôle des femmes dans la politique de la Chine contemporaine. Les sœurs Soong auront finalement représenté tout l'échiquier politique chinois, du Kuomintang au communisme. Elles auront ainsi incarné, à leur manière, les Trois Principes du peuple (Nationalisme, Démocratie, Socialisme) proclamés par le Dr Sun Yat-sen dès 1898. Mao aurait dit « *La première aimait l'argent, la deuxième la Chine et la troisième le pouvoir* ». Cette affirmation apocryphe est réductrice mais flatteuse pour Ching-ling.

Elles surmontèrent les différences de leurs parcours respectifs, en faisant notamment de l'éducation et de la modernisation de la Chine leur cause commune. La lutte contre l'envahisseur japonais rassembla aussi l'ensemble des Chinois. Les Japonais intervinrent en 1931 en Mandchourie où ils créèrent l'année suivante l'État artificiel du Mandchoukouo confié au dernier empereur déchu Pu-Yi ; ils occupèrent Pékin en 1937, au terme de la seconde guerre sino-japonaise, et les photographies que prirent leurs responsables militaires au Temple du Ciel ne sont pas sans rappel Hitler prenant la pose au Trocadéro end 1940.

Les Soong n'étaient pas riches, car le chef de famille Charles Soong, l'un des premiers étudiants chinois aux États-Unis – à l'époque où les Églises protestantes recherchaient des missionnaires pour évangéliser l'Empire du Milieu – qui était rentré en Chine en 1881, était un ministre du culte méthodiste ; leur mère descendant d'un illustre mathématicien de l'époque Ming avait été convertie au christianisme par les Jésuites. L'on n'envoyait généralement étudier à l'étranger que les garçons, mais Charles Soong – qui entretenait par ailleurs une relation d'amitié avec le Dr Sun Yat-sen – avait un projet qui n'était rien moins que de contribuer à la libération de la Chine et cela commençait par la transformation des esprits. Il s'appuya donc sur l'organisation des méthodistes du Sud de la Chine (*Southern Methodist Church*) pour envoyer ses filles étudier aux États-Unis. Ailing alors âgée de 15 ans fut la première à partir. En 1908, Ching-ling et Mei-ling rejoignirent leur sœur aînée dans l'État de Géorgie. Elles reviendront en Chine (Shanghai) juste avant la révolution de 1911.

Ching-ling fut la plus portée sur les études. Elle se montra déjà la plus idéaliste et la plus intéressée par les affaires chinoises. Très jeune, elle commença à écrire des pensées sur le changement de la Chine qui pourrait être opéré par les étudiants rentrant de l'étranger. Ceux-ci trouvaient au pays (NB : comme Ai-ling qui y retournera après 6 années passées aux États-Unis) une société conservatrice et figée. Il y avait eu l'alerte de 1898 et 1910/1911 approchait. Mais les jeunes réformateurs rapportant les idées américaines étaient souvent perçus comme un corps extérieur. En 1910, la Chine pouvait être considérée comme la plus conservatrice des grandes nations ; le pouvoir impérial à Pékin était engoncé dans l'isolement, des traditions surannées et l'immobilisme.

La Révolution de septembre 1911 fut d'abord fomentée à Shanghai où était revenu le Dr Sun, qui avait fui la Chine en 1895 et y était revenu en 1900 (NB : Ching-ling commençait alors l'école ; Tchang Kaï-check n'avait que 14 ans et Mei-ling, sa future épouse avait 1 an) après des séjours en Europe et au Japon. L'impératrice douairière Tseu-hi était déjà morte et la dynastie des Tsing, tout en réalisant la nécessité de changements s'avérait incapable de les mettre en œuvre. Cela finira par une révolution nationaliste et plus tard communiste ; Tchang (NB : Kuomintang signifie « Parti du Peuple ») et Mao auront été à leur manière deux révolutionnaires visant le même objectif d'une mutation profonde de la Chine (NB : à cet égard, il est à noter que Sun et Tchang se sont connus au Japon).

Sun Yat-sen devenu le premier président de la République de Chine en 1912, qui était Cantonais, demeura dans le Sud du pays en coexistant dans un premier temps avec le dernier empereur. Il était le héros secret de Ching-ling rentré à Shanghai en 1913 où elle demeurait avenue Joffre dans la concession française. Elle l'épousa l'année suivante. Ching-ling vécut tout d'abord avec son mari à Shanghai, rue Molière dans la même concession, puis à Canton en 1920. Après le décès de Sun en 1925 à 58 ans, Ching-ling ne cessa de s'occuper d'affaires publiques ; comme Sun, elle montra un intérêt pour la révolution russe et se rendit à Moscou, mais elle aboutit à la même conclusion que ce dernier, selon lequel « *la révolution soviétique ne pouvait être introduite en Chine* ». Veuve de Sun, cela ne l'empêcha pas de donner sa caution à la République populaire de Chine après sa proclamation, le 1er octobre 1949. Elle fut même co-présidente de la République populaire et occupa plusieurs autres hautes fonctions à la tête de l'État, dont celle de Présidente honoraire, quelques semaines avant sa disparition en 1981.

Tchang fut aussi conseillé efficacement par les Russes (NB : Joffe et Borodine) pour réorganiser le Kuomintang ; il passa même une année à Moscou pur étudier les questions militaires. Mais il rompit avec les communistes après la Commune de Canton de 1927. Cet échec de la révolution ouvrière conduisit Mao à se tourner vers le monde rural et à éloigner les communistes du Kuomintang.

Il y eut ainsi une sorte de « consanguinité » du pouvoir contemporain en Chine. C'est dans la maison du Dr Sun que Tchang rencontra Mei-ling pour la première fois. Mei-ling était rentrée en Chine en 1917, après 10 ans passés aux États-Unis et elle se vantait même d'en connaître chaque État ; elle dut même réapprendre sa langue natale. À son retour, elle se consacra aux questions d'éducation et à des activités sociales et caritatives. En épousant Tchang, elle adhéra au Plan de l'unification de la Chine, alors en proie aux seigneurs de la guerre. Tchang Kaï-chek réalisa son projet en 1928 et devint alors chef de l'État. Elle fut ainsi la Première dame de la République de Chine, avant de l'être de Taïwan. Parfaitement anglophone, elle sera une célébrité aux États-Unis en particulier. Elle s'y retira d'ailleurs après le décès de Chiang en 1975 et définitivement en 1991 et elle vécut à New York jusqu'en 2003, à l'âge de 105 ans.

Les sœurs Makioka

Les sœurs japonaises Makiokaka ne sont pas moins attachantes et dignes d'intérêt les sœurs Soong. Mais il s'agit d'êtres de fiction – mais plus vrais que nature – décrits dans le grand roman *Sasameyuki* (Bruine de neige), publié entre 1943 et 1948, de l'écrivain japonais Tanizaki. Tanazaki, sous les bombes pleuvant sur le Japon, pensait que son pays allait disparaître mais il avait fait aussi le constat d'une mutation considérable de la société japonaise, au cours des années précédentes. L'histoire des *Makioka Sisters* couvre une période 1936-automne 1941 se terminant quelques mois avant l'attaque sur Pearl Harbor. Mais il est clair, compte tenu de la date de publication que le spectre de la Seconde Guerre mondiale et d'une possible occupation du Japon hante l'esprit de l'écrivain. La description minutieuse d'un gigantesque Tsunami ravageant la province du Kansai résume l'angoisse de l'effondrement.

Les Quatre sœurs japonaises d'Osaka – Tsuruko, l'aînée, Sachiko, Yukiko et Takeo – eurent à faire face à une société japonaise en pleine transformation, dès avant le second conflit mondial, sous l'effet des évolutions économiques et sociales et du déplacement de la richesse au détriment des grandes familles traditionnelles. Les deux caractères les plus éloignés étaient Tsuruko et Yukiko. Tsuruko est la gardienne de ces valeurs qui finalement sont toujours encore vivantes au Japon malgré le modernisme apparent ; Yukiko (Yuki signifie la neige), dans sa jeunesse trentenaire et libre, préfigure des lendemains différents.

La grande différence entre les sœurs Soong et les sœurs Makioka est que les premières réussirent à devenir des actrices de l'Histoire et de changements majeurs en Chine qui ne furent pas uniquement politiques. Les sœurs Malika subirent l'Histoire mais *volens nolens* furent tout de même à la fois le réceptacle et les relais d'un nouveau Japon.

Les révolutions de la liberté, de l'égalité et de la fraternité

Mao Tsé-tung pratiqua la révolution permanente en Chine et en fit une véritable pratique pour gouverner la Chine, fût-ce de manière chaotique, et aussi pour conserver son pouvoir. Il suffit, pour s'en convaincre, de citer les *Cent-Fleurs* en 1956, le *Grand Bond en avant* en 1958 ou encore l'insurrection de la jeunesse (NB : Gardes rouges) qu'il suscita de 1966 à 1968 avec la violente *Révolution culturelle* que Chou En-laï s'efforça finalement d'endiguer. Deng Xiao-ping était au pouvoir en 1989 au moment de la révolte de Tian'anmen qui fut réprimée dans le sang, mais en 1992 étaient lancées les grandes réformes économiques qui se traduisirent par des taux de croissance à deux chiffres.

Mais la singularité de la révolution chinoise peut finalement conduire à tenter d'établir une typologie des révolutions dans le monde, fût-elle artificielle. De manière schématique, au risque de caricaturer, l'on pourrait ainsi parler – en s'appuyant sur le triptyque républicain – des révolutions de la liberté, de l'égalité et de la fraternité.

« *Le libéralisme est un des grands faits du XIXe siècle* », souligna l'historien René Rémond. Il s'agit d'une philosophie globale, politique, individuelle, de l'histoire (NB : l'histoire est faite par les individus) et de la connaissance. À cet égard, la révolution chinoise n'a jamais été libérale. La religion de la liberté s'oppose par ailleurs aux religions et aux traditions et il n'en fut pas ainsi de manière prioritaire en Chine, malgré la dénonciation à partir du début du XXe siècle de l'immobilisme du pouvoir impérial.

Le libéralisme a transformé l'Europe, telle qu'elle est apparue en 1815 avec, en France, le *Soleil de juillet 1830* et le *Printemps des peuples en 1848* ; la Russie connut le mouvement décabriste en 1825 et le libéralisme y triomphera, fût-ce de façon éphémère, lors de la révolution de 1905 ; le Parti du Congrès en Inde a une inspiration libérale ; la révolution du *Meiji* (Lumières) au Japon, à partir de 1868, fut entreprise à parti du sommet par le pouvoir impérial et fut donc un mouvement élitiste : il s'agissait d'un processus de modernisation sans rupture avec le passé.

Fortune et instruction sont les deux piliers de l'ordre libéral et il y eut un temps en Chine avec Deng Xiao-ping une orientation qui n'était pas sans rappeler le célèbre « *Enrichissez-vous* » de Guizot ; cela donna une croissance à deux chiffres pendant de nombreuses années et permit à la Chine de devenir l'une des deux premières puissances économiques mondiales.

Les révolutions de l'égalité se sont inscrites dans « *l'ère de la démocratie* ». Le mouvement démocratique n'a pas eu à s'attaquer à l'Ancien régime ce à quoi s'était déjà livré l'ordre libéral. Les révolutions de l'égalité sont surtout les révolutions socialistes ; il s'agit le plus souvent de la démocratie associant l'autorité et un fondement populaire. Les révolutions démocratiques sont souvent antiparlementaires, anti-libérales et plébiscitaires ; elles peuvent aujourd'hui s'incarner dans des mouvements populistes.

Les révolutions socialistes se sont faites historiquement sous l'influence du marxisme. Il y eut un intérêt pour elles et le Kuomintang lui-même (NB : Parti du peuple) n'y fut pas insensible ; mais le modèle chinois fut spécifique et s'appuya sur les masses rurales (cf. choix stratégique de Mao) et non pas sur l'insurrection ouvrière (cf. ce qui fut l'espérance de Chou En-lai) ; Staline ne crut ainsi jamais à la révolution chinoise et de là date le schisme entre les deux puissances communistes qui culmina avec de graves affrontements militaires en 1969 le long des fleuves Amour et Oussouri.

Pour schématiser, les révolutions de la fraternité sont celles du Tiers-Monde. La Chine révolutionnaire, misérable, s'y rattache et en sera même le porte-flambeau à partir de la conférence de Bandoeng des non-alignés en 1955 ; devenue riche et puissante, la RPC s'efforce aujourd'hui d'être l'une des figures de proue du « Sud global ».

Le fait national, trait dominant du XIXe siècle, n'est pas incompatible avec toutes ces révolutions ; de libéral, il se muera en démocratique et la révolution castriste sera qualifiée de « cubaine », autre appellation d'une révolution « tropicale » ; Hô Chi Minh au Vietnam associera le nationalisme au communisme. De même, il y aura une « révolution chinoise » qui ne versera pas dans le prosélytisme ; si le socialisme aura contribué à l'évolution des nationalismes, la révolution chinoise demeurera nationaliste jusqu'à nos jours. L'Union européenne définit la Chine comme « *un partenaire, un compétiteur et un rival systémique* », mais ce langage est inapproprié. Sommes-nous vraiment dans une confrontation des systèmes avec Pékin ? Voulons-nous convertir la Chine ? Cette dernière n'a aucunement un tel projet, car elle veut avant assurer la poursuite de son développement qui passe par le commerce avec l'Ouest (NB : États-Unis et Union européenne).

Le testament de Georges Pompidou

« *Les révolutions sont souvent le fait de privilégiés insatisfaits* », écrivit Georges Pompidou dans son ouvrage posthume *Le Nœud gordien* en se référant en particulier aux événements de Mai 68 en France. Mais qu'en fut-il finalement en Asie ?

À l'échelle du monde – et l'on peut ici également intégrer une réflexion sur l'Ouest – pourra se poser la question suivante : des sociétés de plus en plus éduquées seront-elles exclusivement un facteur de progrès ? Ou bien une source d'ébullitions destructrices car nihilistes ? Une partie de la réponse à la question est une autre interrogation sur la nature et les résultats des systèmes éducatifs. Les révolutionnaires chinois étaient en quelque sorte des mandarins. Mais les privilégiés insatisfaits, identifiés et décrits de façon si pertinente par Georges Pompidou, ont désormais été rejoints par des multitudes innombrables et de plus en plus indociles, comme l'ont montré des réactions plus que turbulentes à la gestion du Covid par le gouvernement chinois. La révolution en Chine risque dès lors de se poursuivre.

14

La tentation eurasiatique de la Russie

Le président russe et son homologue chinois ont tenu en 2024 à Pékin leur troisième Sommet bilatéral en deux ans (cf. visite de V. Poutine en Chine en octobre 2022 et du président Xi à Moscou en mars 2023). Cela atteste de la densité de la relation bilatérale sino-russe (NB : 43 rencontres au total entre les deux dirigeants) entre deux grands États ayant des analyses géopolitiques convergentes, à défaut d'être de manière formelle de véritables « alliés ». Cette dernière rencontre s'est située à un moment-clé dans la guerre en Ukraine, mais aussi dans des perspectives à plus long terme.

Des frères ennemis à l'amitié sans limites

La Russie et la Chine, autrefois frères ennemis du communisme, se sont indéniablement rapprochées au cours des dernières années ; la croissance exponentielle de leur commerce depuis 2021/2022 en atteste. Elles ne sont toutefois pas devenues des puissances formellement alliées, mais plutôt des partenaires proches. La convergence d'intérêts géopolitiques, à l'origine du rapprochement, alors que la dimension idéologique de ces pôles du communisme avait disparu ou tout au moins s'était affadie sous l'empire du réel et des nécessités, n'exclut pas la persistance d'un état de compétition, notamment dans le domaine économique. Alors que la Russie rappelle sa dimension asiatique – ainsi que l'a illustré le sommet Poutine-Kim Jong-un – une compétition pour le *Heartland*, qu'il s'agisse de l'Extrême-Orient russe ou de l'Asie centrale, doit être prise en considération.

Si l'on a parlé ces dernières années du « pivot » asiatique des États-Unis – formulé surtout à partir de la présidence Obama – il existe aussi une dimension eurasiatique de la politique russe, de plus en plus visible et affirmée. Celle-ci puise sa source dans l'évolution du courant slavophile ayant muté dans une conception plus nationaliste de la Russie l'éloignant de ses liens historiques et culturels avec l'Europe. D'une manière pragmatique, Evgeny Primakov s'était déjà efforcé de promouvoir, à partir du milieu des années 90, un nouveau triangle entre l'Europe, la Russie et l'Asie se substituant à la relation conflictuelle entre Washington, Moscou et Pékin.

La question est aujourd'hui de savoir si la nette orientation de la Russie en direction de l'Asie est dictée par les circonstances ou si elle est un processus qui, à défaut d'être définitif, est plus profond et durable, à la mesure des investissements considérables, pluriannuels, par exemple dans le domaine énergétique avec la construction de nouveaux gazoducs (cf. « Force de Sibérie 2 », théoriquement à partir de 2024) desservant la Chine. La durée de la guerre en Ukraine sera à cet égard un facteur important : il est clair que la poursuite du conflit sur le continent européen consacrerait la rupture d'une proximité ancienne avec l'Europe dans de nombreux domaines. Celle-ci, comme la Russie, devront faire à cet égard des choix stratégiques majeurs qui les engageront de manière historique.

Sources et sens du communisme russe

La tentation eurasiatique relève en réalité d'une interrogation sur l'identité, qui n'est d'ailleurs pas propre à la Russie mais est due globalement à la modernisation accélérée, aux effets de la mondialisation et aux migrations devenues incontrôlées de par le monde sous l'effet du dérèglement climatique, des guerres et des inégalités à l'échelle mondiale. La Russie est un empire bicontinental, multi-ethnique, multi-religieux et multi-culturel et son Eurasisme apparaît plus comme une protestation contre l'Ouest qu'un attachement à l'Asie (NB : cela marque une différence avec les slavophiles russes du XIXe et du début du XXe siècle). Il faut se souvenir, dans un pays où l'histoire fait partie de la mémoire collective permanente, que les invasions mongoles de 1214 à 1552 – les plus dangereuses dans l'histoire de la nation russe – sont venues de l'Est et que l'histoire de la Russie, une fois son expansion territoriale achevée, a toujours été tournée vers l'Ouest.

L'orientation eurasienne de la Russie n'est pas sans lien avec l'ancien débat entre Occidentaux et slavophiles. Le philosophe Nicolas Berdiaev a été l'un des théoriciens de cette différence dans ses recherches sur les racines profondes du communisme. Selon lui, la pensée russe s'est forgée sur un territoire trop vaste et aux contours imprécis. De ce fait, Moscou s'est longtemps imaginée comme une « troisième Rome », une sorte de Byzance perdue.

D'une certaine manière paradoxale, le communisme a contribué à une certaine occidentalisation de la Russie, mais Vladimir Poutine – qui s'en distingue – est évidemment un partisan de l'Eurasie, dans une version contemporaine du slavophile à la haine inextinguible de l'Occident. C'est aussi la raison pour laquelle il s'appuie sur la hiérarchie de l'Église orthodoxe. Il reproduit ainsi à sa manière le triptyque de Nicolas II : Autocratie-Orthodoxie-Nationalisme.

Le marxisme-léninisme fut subtilement influencé par les idées eurasiennes. Plus encore que les slavophiles, les Eurasiens condamnent l'Europe et sa civilisation. Le débat eurasien réapparut au début des années 90 ; le communiste Ziouganov fut partisan d'une alliance avec la Chine ; le politicien nationaliste Jirinovsky s'appuya sur la géopolitique de Haushofer et McKinder en mettant l'accent sur le *Heartland* et craignit autant la Chine que les États-Unis ; le philosophe Douguine se positionna résolument dans le camp antichinois ; les Eurasiens en général mettent l'accent sur la spécificité de la civilisation russe, mais d'autres penseurs soulignèrent a contrario que la Russie post-soviétique était et devait être tournée vers l'Europe.

Le legs d'Evgeny Primakov

Pour Evgeny Primakov, ancien directeur de l'Institut des études orientales de l'Académie russe des Sciences, qui fut chef du Renseignement extérieur (SVR), ministre des Affaires étrangères et Premier ministre de Boris Eltsine en 1998, il faut plutôt parler d'un intérêt de circonstance pour l'Eurasie, sous l'empire des nécessités, plus que d'une croyance.

L'analyse de Primakov fut que l'Union soviétique avait perdu la guerre froide, mais qu'elle n'était pas anéantie comme l'avaient été l'Allemagne et le Japon en 1945. Une seule superpuissance s'était alors imposée et, tandis que les schémas mentaux de la guerre froide avaient persisté, une transition vers un monde multipolaire était en cours. Il importait donc pour la Russie de tirer parti de cette évolution dans le cadre de coopérations nécessaires et profitables (« *les ennemis ne sont pas permanents, tandis que les intérêts le sont* »).

Primakov comprit sans doute mieux que Poutine que la Russie post-soviétique – parfois qualifiée de « *puissance pauvre* » – n'avait plus les moyens d'un projet s'inscrivant dans une tradition impériale ; il prôna ainsi des coopérations, qui pouvaient être parfois conflictuelles mais excluaient résolument le recours à la force ; il s'agissait pour lui d'éviter absolument une coupure avec l'Ouest, contraire à l'ADN de la Russie ainsi qu'à son histoire tournée à la fois vers le continent européen et l'Asie.

Primakov conçut ainsi tout d'abord un triangle Moscou-New Delhi-Beijing qui s'intégra naturellement dans sa réflexion stratégique. Ce projet, qui fut conceptualisé dans ce que l'on appela en 1998 la « Doctrine Primakov » préfigura les BRICS. Mais ce triangle pourrait aussi être décrit comme un « trio d'asymétries ». Le projet chinois de Nouvelles Routes de la Soie (*Belt and Road Initiative*) est en effet susceptible d'affaiblir l'influence russe dans la région. Ces nouvelles réalités confirment à leur manière l'opinion du président russe selon laquelle la disparition de l'Union soviétique fut « *la plus grande catastrophe du XXe siècle* ».

On ne peut imaginer des personnalités plus différentes que Poutine paraissant distant, froid et quasiment autiste et Primakov, un extraverti bon vivant originaire du Sud. Mais Poutine reprit à son actif le « logiciel » de politique étrangère de son prédécesseur à la tête du gouvernement qu'il vénéra pour avoir été un maître incontesté du renseignement. En plus de la nécessité d'un État fort, la dialectique du monde unipolaire/multipolaire et la question du non-élargissement de l'OTAN, ont rapproché l'actuel président russe de son mentor.

Une rupture « définitive » avec la Russie ne serait pas non plus à notre avantage à terme, notamment face à la Chine et il faudra bien reconstruire une relation avec Moscou. Mais l'on pourrait aussi parler des pays proliférants que sont l'Iran et la Corée du Nord pour lesquels le dialogue avec Moscou est absolument nécessaire. Il y va des grands équilibres du monde. La Chine et la Russie, en ce qui les concerne, ne sont en effet pas des alliés et peineront à le devenir car trop d'intérêts les séparent. L'Asie centrale, cœur de la puissance de demain, est déjà par exemple un lieu de concurrences dont nous sommes par trop absents. Nous devrons donc gérer, sinon tenter d'exploiter, tous azimuts de telles différences dans un monde caractérisé par la multiplication des pôles de puissance et un système international fragilisé et à reconstruire.

Outre l'Asie centrale, la Corée du Nord – sous une certaine tutelle de la Chine – peut être un point d'achoppement entre Pékin et Moscou. La signification principale de la visite du dirigeant nord-coréen Kim Jong-un en Russie en septembre 2023 ne fut sans doute pas celle que l'on crut.

V. Poutine s'est en effet probablement efforcé d'adresser un message à l'Occident, c'est-à-dire à Washington. D'autres interprétations ont également déjà été avancées : le besoin immédiat de se procurer des munitions pour la guerre en Ukraine, grâce à la compatibilité des équipements d'origine soviétique des deux pays ; la recherche de travailleurs nord-coréens pour les usines russes, notamment d'armement, afin de compenser l'envoi de combattants russes au front ; la fourniture en retour à Pyongyang d'une aide alimentaire, voire plus largement économique ; l'amorce d'un dialogue sur d'éventuels transferts de technologies sensibles, par exemple dans le domaine spatial si ce n'est nucléaire. Nous n'avons pas eu les conclusions précises de cette visite du chef de l'État nord-coréen, nous devrons donc faire nos propres hypothèses. Mais la communication développée par les parties, à commencer par l'accueil de Kim Jong-un à son arrivée au cosmodrome de Vostotchny dans l'Extrême-Orient russe, est susceptible de guider nos analyses.

La question des technologies sensibles, dans le contexte d'une Corée du Nord déjà nucléarisée, est en effet centrale. Les intérêts de la Corée du Nord et de la Russie ne se recoupent pas totalement, et des différences peuvent être constatées : Pyongyang, puissance repliée sur elle-même et ostracisée à l'extrême, a très vraisemblablement cherché dans cette visite spectaculaire un moyen de s'affirmer sur la scène internationale ; du côté russe, l'objectif ne fut pas de prendre le pas sur la Chine, et un triangle Moscou-Beijing-Pyongyang se dessine déjà.

La Russie de Vladimir Poutine a rarement cherché à séduire et s'inscrit au contraire dans une tradition historique et culturelle dominée par le culte de la force et de la puissance. Depuis le début de la guerre en Ukraine, la rhétorique et les actions de la Russie correspondent à une stratégie de terreur, comme en témoignent les références récurrentes à l'utilisation possible de l'arme nucléaire.

Dans le cas de la Corée du Nord, au-delà de la visite de Kim Jong-un, il s'agit de montrer qu'un « front » asiatique peut aussi exister et se renforcer, et que la Russie, jugée jusqu'à présent par le Conseil de sécurité de l'ONU comme une puissance rationnelle et responsable en matière de prolifération nucléaire, que ce soit contre l'Iran ou la Corée du Nord, pourrait se départir de cette attitude.

Le message « retenez-moi ou je fais un malheur » fut clairement un rappel d'une capacité de nuisance adressée aux États-Unis et ne fut pas sans lien avec le théâtre européen, où Washington a hésité sur la politique à tenir à l'égard l'Ukraine et où la campagne pour les élections présidentielles américaines est déjà fortement engagée. Le « message » de Pyongyang ne correspond-il pas finalement en tous points à la signification profonde de la « tentation » eurasiatique de la Russie ?

15

Responsabilités de l'Ouest ?
Neutralisation de l'Ukraine ?

Il est nécessaire d'établir le bilan des trente dernières années écoulées, tant en ce qui concerne la Russie que les relations de celle-ci avec le monde occidental pour comprendre la guerre en Ukraine. La thèse des responsabilités de l'Ouest – pour ne pas dire sa culpabilité – dans les échecs de la transition du système soviétique et surtout dans la politique suivie ces dernières années par le président Poutine a été plusieurs fois avancée du côté de Moscou. Le sujet, sur lequel les historiens vont poursuivre leurs recherches, étant d'une grande complexité, il importe néanmoins de rétablir certains faits conduisant à nuancer des affirmations souvent plus politiques, voire idéologiques, que réellement documentées.

La lancinante question de l'extension
de l'OTAN vers l'Ouest

La mise en cause la plus fréquente, émanant principalement du côté russe, a trait à l'élargissement de l'OTAN auquel Moscou aurait fini par répondre pour rétablir un glacis protecteur à ses frontières. Ainsi l'extension de l'OTAN se serait-elle déployée en contradiction avec les « promesses » faites à la fin de la guerre froide. Il est vrai que l'OTAN s'est élargie par phases à partir de 1999 – notamment avec l'adhésion des pays baltes en 2004 – et que la Russie a, de manière réitérée, fait état des « engagements » qui auraient été pris auprès de Mikhaïl Gorbatchev, notamment par le Secrétaire d'État James Baker, lors de la réunification de l'Allemagne. De ce fait, l'ancien président russe demeure voué aux gémonies dans son propre pays en raison de sa faiblesse supposée – et dans le cas d'espèce pour n'avoir pas négocié de manière formelle le retrait des forces soviétiques stationnées en Allemagne de l'Est en échange d'un non-élargissement de l'OTAN – tandis qu'il jouit toujours d'une aura incomparable à l'extérieur pour avoir transformé, de manière pacifique, le monde de la guerre froide. Mais en réalité, l'Ouest ne prit pas d'engagement formel, hormis les paroles lénifiantes de James Baker.

Quoi qu'il en soit, le processus d'élargissement à l'Ukraine – ainsi qu'à la Géorgie – a été gelé en 2008 lors du sommet de l'Alliance atlantique à Bucarest. Le président français et la chancelière allemande s'étaient alors opposés à une telle perspective et tout au plus avait été maintenue dans le document final du sommet, sur l'insistance du président américain George Bush Jr, une « porte ouverte » destinée à ménager l'avenir. Pendant le cours de la guerre en Ukraine, sous la pression des événements et dans un souci de conciliation, le président Zelensky a fait de lui-même le constat de l'impossibilité d'envisager cette option.

Il est dès lors paradoxal que la victime expiatoire d'une Russie qui affronte en réalité l'Ouest de manière interposée, soit un pays qui n'est toujours pas dans l'Alliance atlantique et ne semble pas près d'y entrer. Depuis l'annexion de la Crimée et surtout les tensions armées et meurtrières dans le Donbass, il est devenu en effet impossible d'intégrer dans l'OTAN un pays en guerre. L'article 5 de la Charte de l'Alliance, qui prévoit la solidarité des membres en cas d'agression – en leur laissant toutefois la liberté des modalités de réaction – devrait en effet lui être appliqué *ab initio*. L'adhésion de l'Ukraine serait donc une forme de déclaration de guerre à la Russie que l'Ouest ne peut envisager.

Le complexe obsidional russe

Le complexe obsidional russe, qui est ancien et ancré dans une longue histoire d'invasions, empêche manifestement Moscou de se soucier également de la menace qu'elle fait peser sur les pays européens. Il est clair que la guerre en Ukraine a accéléré le rapprochement de l'OTAN de pays tels que la Suède et la Finlande et a conduit ces derniers pays à devenir membres de l'Alliance. L'exclave de Kaliningrad, ancienne Prusse orientale entre la Pologne et la Lituanie, appartient désormais à la Russie. Elle est hautement militarisée et il faudrait notamment s'assurer que des missiles hypersoniques n'y sont pas implantés. Cela ferait alors certainement ressurgir un débat du type de celui que l'Europe avait connu avec la crise des euromissiles dans les années 80. L'Union soviétique avait alors lancé une vaste campagne contre l'implantation des missiles de croisière et des fusées Pershing II américains – qui ne furent d'ailleurs jamais déployés en Europe – alors que ces armements étaient une réponse au déploiement des missiles SS 20 braqués vers l'Europe par l'URSS. Si méfiance il y a, on peut dès lors aussi concevoir qu'elle soit mutuelle.

L'Ouest, vainqueur de la guerre froide ?

Récemment a ressurgi une thèse, exposée comme un postulat, selon laquelle « *pour les Occidentaux, seul comptait que l'URSS soit abattue* » et un ancien ministre des Affaires étrangères d'un grand pays de l'UE s'est même exprimé en ces termes en s'appuyant notamment sur le programme de Ronald Reagan des dernières années de la guerre froide de « guerre des étoiles ». À cet égard, il convient de relever que le président américain lui-même, qui avait pourtant qualifié dès 1983 l'Union soviétique « *d'empire du mal* » semblait s'être converti à un désarmement nucléaire total lors du Sommet de Reykjavik de 1986 ce qui donna d'ailleurs le tournis à ses propres administrations manifestement prises de court. Lors de la dernière phase de l'Union soviétique et la période qui a immédiatement suivi, le président George Bush Sr s'est montré soucieux de ménager Mikhail Gorbatchev puis la nouvelle Russie. Son soutien au dernier dirigeant soviétique était en particulier motivé par la crainte que suscitaient les armements nucléaires dans un pays en pleine décomposition, d'autant plus que les arsenaux n'étaient pas entreposés uniquement en Russie, mais aussi en Ukraine, en Biélorussie et au Kazakhstan. Le cauchemar d'une « Yougoslavie avec des armes nucléaires » (*Yugoslavia with nukes*) hanta même alors les esprits. Sentant le pays vaciller, George Bush Sr s'efforça d'avancer au plus tôt le Sommet de Moscou, qui se tint finalement en juillet 1991, au cours duquel fut signé le traité START 1 sur la réduction des armements nucléaires.

Pour ces raisons majeures, il est désormais établi – sur la base par exemple des documents de la *George Bush Library* consultés par l'historien américain d'origine ukrainienne Serhii Plokhy – que le président américain pouvait s'accommoder de la survie de l'Union soviétique et de l'existence d'un parti communiste au demeurant fortement affaibli. Les « coups de boutoir » donnés par Boris Eltsine contre son rival Mikhail Gorbatchev n'ont aucunement suscité l'enthousiasme initial de l'Ouest, y compris en France auprès de François Mitterrand. Plusieurs chancelleries occidentales durent d'ailleurs s'efforcer ultérieurement d'établir et de développer une relation plus apaisée avec le nouveau dirigeant russe au risque de ne pas juger comme cela aurait dû être la « bataille du Parlement » d'octobre 1993 – au cours de laquelle Eltsine fit tirer au canon sur ses opposants – ou encore lors de la première guerre de Tchétchénie.

Les sirènes occidentales dans l'économie

Sur le plan économique, le tableau mérite d'être nuancé. Si la nouvelle Russie, en mal de repères et aussi de compétences pour mettre en œuvre une gestion s'éloignant radicalement de l'économie dirigée, a été sensible à l'excès aux sirènes d'un libéralisme pourtant alors inapplicable, on ne peut nier que les experts occidentaux parfois alors présents dans des ministères russes n'aient pas toujours été les meilleurs conseillers. Un Mikhail Gorbatchev, déjà ébranlé sur le plan intérieur et dont la popularité avait pâli, eut aussi à se plaindre de l'indifférence ressentie par rapport aux besoins de son pays. Invité aux G7 de Londres en juillet 1991 – qui préfigura ainsi le G8 –, il en revint les mains vides, sans l'aide financière à laquelle il aspirait, malgré les soutiens que tentèrent de lui apporter Mme Thatcher et le président Mitterrand. Il s'offusqua a posteriori que le président Bush ait eu, quelques mois plus tôt, plus de facilités à financer sa guerre du Golfe, que de consentir à l'aide financière (NB : 20 milliards $) dont la Russie avait alors cruellement besoin.

Alors que le « Programme des 500 jours », conçu par des économistes autour de Gorbatchev – dont Iavlinsky – pour les années 1990-1992, ne fut jamais mis en œuvre, car considéré finalement comme une transition trop radicale, la « thérapie de choc » du gouvernement russe conduit par Egor Gaïdar et inspirée de l'École de Chicago est généralement présentée comme l'illustration d'une politique inadaptée aux réalités russes. Privatisations et libéralisation des prix sont des orientations qui furent finalement maintenues tout au long des années 90, y compris par le Premier ministre Victor Tchernomyrdine, successeur de Gaïdar dont toute la carrière s'était jusque-là déroulée au sein du Groupe d'État Gazprom. La Russie fut encouragée au libre-échange qui marquait également une rupture par rapport à la période soviétique. Le pays n'y était pas préparé et nombre de ses produits – tels les camions et l'automobile comme le montra la privatisation des usines ZIL – n'étant pas compétitifs sur le marché mondial, il en résulta une dislocation du tissu industriel russe.

Des responsabilités partagées

On peut donc oser parler de responsabilités partagées, dans la mesure où de plus les aides occidentales, via le FMI ou la Banque mondiale, ne furent pas insignifiantes. Les privatisations « sauvages » des premières années de la transition sous Boris Eltsine, qui permirent à ce que l'on appelle une « oligarchie » d'émerger, sont un phénomène spécifique à la société et à l'économie du pays au cours de la période considérée. La « consanguinité » des oligarques et du pouvoir étatique est sans doute le phénomène principal qui a empêché jusqu'à aujourd'hui au pays d'avoir un développement plus harmonieux et moins inégalitaire.

La question sur les responsabilités nous ramène à Mikhail Gorbatchev et à l'Ukraine. Mikhail Gorbatchev lutta de toutes ses forces pour prévenir la dislocation de l'espace soviétique et son projet de nouveau Traité sur l'Union élaboré à l'été 1991 fut l'un des facteurs déclencheurs du putsch du mois d'août. À l'inverse, son rival Eltsine s'attacha à promouvoir une Russie indépendante en s'appuyant sur un discours nationaliste. C'est lui qui, le 8 décembre de la même année, conclut avec ses homologues ukrainien et biélorusse un accord en vue de la Communauté des États indépendants (CEI). Or, le président russe actuel n'est pas l'héritier de Mikhail Gorbatchev, mais fut amené au pouvoir par Boris Eltsine qui bénéficia de la compréhension et du soutien de l'Ouest. Si Eltsine et le président ukrainien Kravchouk s'entendirent pour défaire l'Union soviétique – et en conséquence priver Gorbatchev de son pouvoir – les fortes dissensions commencèrent dès ce moment-là avec l'épineuse question du partage de la flotte de la mer Noire et de la base navale de Sébastopol et elles allèrent crescendo pour aboutir au conflit que l'on connaît.

Zone tampon, cessez-le-feu et neutralisation ?

Dans la situation de blocage actuel, il peut paraître hors de circonstances de réfléchir à une sortie de crise en Ukraine ou tout au moins à un apaisement des tensions. Du côté français, les efforts de dissuasion conventionnelle (NB : l'hypothèse de « troupes au sol » dans une conception de plus grande ambiguïté stratégique) ont-ils été crédibles dans une démarche isolée ? Une dissuasion classique en filigrane (NB : l'accord de sécurité France-Ukraine se réfère à une « dissuasion active ») n'est-elle pas une orientation aventureuse ?

Si l'on fait le constat de l'impasse militaire ukrainienne actuelle (cf. défaut ou incertitudes de la politique des États-Unis ; insuffisance des armements ; problèmes de recrutement), on ne saurait exclure que la Russie soit finalement aussi susceptible de rechercher une porte de sortie qui consiste en une sorte « d'actualisation » de l'opération spéciale initiale.

L'évocation à un moment donné par V. Poutine d'une « zone tampon » ne fut pas nécessairement une simple référence à un cessez-le-feu de facto (cf. conflit gelé) ou formalisé (cf. Panmunjom en Corée). L'on peut plutôt imaginer que, dans l'esprit des responsables russes, la zone tampon équivaudrait plutôt à une forme de « neutralisation » à l'échelle de l'Ukraine tout entière. Cet objectif ne requerrait pas inévitablement, à ce stade, une large négociation sur la sécurité européenne.

La Russie peut trouver avantage à se limiter à un cessez-le-feu de facto. Ainsi, en l'absence d'un règlement formel, la ligne de démarcation entre la Russie et l'Ukraine demeurerait floue, à l'instar de situations que connaît la Géorgie ou la Transnistrie ; la possibilité que le conflit ne reprenne empêcherait l'inclusion de Kiev dans une alliance comme l'OTAN, voire l'UE. Il s'agit sans doute là d'une raison supplémentaire pour V. Poutine de ne pas négocier un accord plus global. Tout conflit se termine-t-il nécessairement autour de la table des négociations, contrairement à ce qui est répété *ad nauseam* ? Souvenons-nous que l'Union soviétique, puis la Russie, n'ont jamais signé de traité de paix avec le Japon depuis 1945.

Kiev de son côté pourrait trouver des avantages à cette issue « provisoire » – qui pourrait d'ailleurs durer – outre qu'elle mettrait un terme à des destructions matérielles et humaines intolérables. L'Ukraine n'aurait pas ainsi à entériner de manière formelle la perte de territoires et elle se réserverait ainsi pour des jours meilleurs.

Neutralisation et neutralité

La neutralisation n'est pas synonyme de la neutralité. La neutralité, qui exclut la participation à une alliance militaire, ne signifie pour sa part aucunement le désarmement. Il convient de corriger les idées reçues sur la neutralité en distinguant tout d'abord les États qui ont une politique de neutralité de ceux qui optent pour un statut de neutralité permanente. Les premiers manifestent une volonté de rester en dehors des blocs et des alliances et déterminent leur politique en conséquence. Ce fut le cas de la Suède et de la Finlande jusqu'à leur demande d'adhésion à l'OTAN. Les seconds choisissent une situation particulière comportant des droits et obligations internationaux établis par traités.

La neutralité permanente mérite que l'on s'y arrête. Elle correspond à l'engagement d'un État de ne pas recourir à la force, sauf pour défendre son indépendance et son intégrité territoriale. Cet engagement est reconnu par les autres États qui s'obligent de leur côté à ne pas user de la force contre lui et parfois s'imposent de garantir sa neutralité, c'est-à-dire à agir par la force à l'encontre de ceux qui manqueraient au statut de neutralité.

Ce dernier statut de neutralité est historiquement ancien et répond généralement à un désir d'éviter des conflits armés dans des zones particulièrement sensibles. Le fondement juridique de la neutralité suisse a ainsi résulté d'actes unilatéraux concordants et concertés adoptés en 1815. Le Traité d'État autrichien de 1955 a mis fin à l'occupation de l'Autriche et contenait l'engagement de l'URSS, de la France, du Royaume-Uni et des États-Unis de respecter l'indépendance et l'intégrité territoriale de l'Autriche. Une loi constitutionnelle autrichienne de la même année a proclamé la neutralité perpétuelle de l'Autriche. Cette position excluait alliances et bases militaires sur son territoire.

Le Turkménistan offre un exemple très contemporain de la neutralité permanente. Cette République d'Asie centrale a accédé à l'indépendance en 1992 après la dissolution de l'Union soviétique. Par une Déclaration enregistrée par l'ONU en 1995, le pays a choisi la neutralité permanente. Ce statut a résulté de l'exercice d'un droit souverain et il a été confirmé, lors de son vingtième anniversaire, par une résolution adoptée par l'Assemblée générale des Nations Unies sur proposition du Turkménistan dont la France s'est d'ailleurs portée co-auteur.

Chaque exemple de neutralité permanente, statut au demeurant peu répandu, est spécifique et l'on ne peut comparer le modèle d'Asie centrale à la Suisse et à l'Autriche et même à une ancienne République soviétique aujourd'hui en guerre. Une réflexion s'était néanmoins développée au sujet de l'Ukraine après l'affaire de la Crimée. Des scénarios militaires se déroulent sous nos yeux dont il ne sera pas aisé de s'extirper mais la question de la sécurité régionale, selon des modalités à déterminer, serait inévitablement intégrée en cas de règlement d'ensemble.

On peut imaginer les très vives réticences que ne manqueront pas de soulever la perspective de « garanties » extérieures, le non-respect du Protocole de Budapest de 1994 – suite à la dénucléarisation militaire de l'Ukraine – par la Russie constituant à lui seul un traumatisme difficile à surmonter. Mais une neutralité permanente devrait être conçue différemment et devenir l'affaire de la communauté internationale tout entière. Rien n'interdit d'explorer toutes les voies et formules possibles pour mettre un terme à un conflit destructeur et la neutralité, dans cette recherche, peut avoir aussi quelques vertus.

La guerre, une spirale infinie ?

La guerre, au-delà des pertes humaines et des destructions matérielles, est une spirale infinie même lorsqu'elle n'est plus visible car elle gangrène les esprits, entretient le désir de revanche ou donne tout au moins lieu à des représentations mentales négatives et paralysantes.

La dimension économique est susceptible de peser aussi puissamment tant sur les belligérants directs que leurs soutiens. Si les sanctions affectent la Russie, les perturbations de l'économie mondiale qui en résultent et les conséquences directes de la guerre elle-même – à l'exemple du rôle joué avant le conflit par l'Ukraine en tant que « grenier céréalier » du monde notamment pour la Chine, – peuvent-elles être supportables dans la durée pour l'ensemble des économies déjà fragilisées par les conséquences de la pandémie ?

Et puis, il faut évoquer les conséquences mentales d'une guerre vécue en direct, de la contemplation de destructions de l'ampleur, comme à Marioupol, de Berlin en 1945 et du constat accablant de crimes de guerre massifs et répétés. Armements, alliances, violations du droit de la guerre et juridictions internationales, budgets militaires, armes nouvelles hypersoniques, banalisation du langage de la dissuasion, sont devenus des thèmes obsessionnels en ces temps d'anachronismes et d'un conflit que l'on aurait imaginé dans un autre âge.

Ce qui ne paraît pas négociable du côté de l'Ukraine, à ce stade, est le recouvrement de la souveraineté sur l'ensemble du territoire. La question se pose alors de la délimitation de ce dernier. En effet, même si l'annexion de la Crimée par la Russie en 2014 n'a pas été reconnue par la communauté internationale, « l'appartenance » de la péninsule à la Russie – qui invoque l'histoire et où elle a des intérêts stratégiques avec notamment la présence de sous-marins nucléaires – sera très certainement également considérée comme non négociable par Moscou. Mais l'Ukraine pourra-t-elle oublier son histoire et s'extirper de sa géographie qui façonnent son destin ?

Pour la Russie, la levée graduelle des sanctions, selon un calendrier déterminé par la mise en œuvre des autres accords conclus, sera déterminante. On peut aussi imaginer qu'une « perspective » européenne soit offerte pour le plus long terme à Moscou, selon des spécificités à déterminer, et même que soit fixé l'horizon d'une nouvelle architecture de sécurité sur le continent impliquant la Russie. L'OTAN, malgré son regain dû à l'invasion russe et son élargissement attendu, n'est en effet pas une structure immuable et celle-ci dépendra notamment de l'engagement des États-Unis en fonction de leurs priorités à l'échelle mondiale.

Après la guerre, l'heure de la diplomatie ?

Les données de la guerre en Ukraine n'ont pas fondamentalement changé depuis près d'un an ; il importe de les rappeler alors que la guerre en Ukraine ne figure plus que de manière ponctuelle au premier plan sur nos écrans radars.

Il était alors affirmé que les scénarios militaires détermineraient la sortie de crise. La guerre d'agression, quelles qu'en soient les motivations, avait naturellement entraîné une réaction de Kiev ; la Charte de l'ONU avait été violée et le système international s'en était trouvé perturbé ; une guerre de haute intensité sur le continent européen ne pouvait pas ne pas handicaper la prospérité et le développement de l'Europe.

Mais le contexte avait déjà changé, plus d'un an après le début du conflit : si les Ukrainiens n'avaient pu aller au bout de négociations, « le révolver sur la tempe » (cf. entretiens d'Istanbul, mars 2023), une contre-offensive de leur part ne laissait pas augurer d'un succès ; la puissante artillerie russe et la maîtrise du ciel par la Russie devaient être prises en compte ; une lassitude de l'opinion (*war fatigue*) se faisait jour aux États-Unis comme en Europe ; le coût de la guerre, tout autant que celui prévisible de la reconstruction, commençaient à apparaître comme des charges insupportables pour les soutiens de Kiev.

Des initiatives diplomatiques pointaient çà et là (cf. Chine, Afrique) qui, conjuguées, faisaient naître l'espoir de parvenir à un résultat. Les débats du G7 à Hiroshima avaient confirmé que les États-Unis s'étaient fixé des limites à ne pas dépasser ; du côté russe, la question de la Crimée était une ligne rouge implicite, dévoilée par des déclarations plus que subliminales sur l'emploi éventuel de l'arme nucléaire tactique. La France, qui s'était efforcée en amont de la crise de préserver des canaux de communication avec Moscou, avait peut-être envisagé des négociations de manière prématurée et ne s'engageait plus vraiment quand il l'aurait fallu pour éviter l'enlisement ou pire l'escalade. Reviendra-t-on à une voie diplomatique alors que s'est tenue une première conférence internationale en Suisse et qu'une seconde conférence à laquelle la Russie perdrait part cette fois-ci n'est pas confirmée ?

La guerre en Ukraine a profondément affecté la prospérité de l'Europe et perturbé ses mécanismes, au-delà même des Traités qui la régissent. Cela n'est pas tenable. « L'Otanisation » de l'Europe – après le diagnostic contraire de la « *mort cérébrale* » – avec notamment l'adhésion de la Finlande et de la Suède, ne peut que ruiner les projets d'une « autonomie stratégique européenne » à terme qui ne se l'imiterait d'ailleurs pas aux questions militaires, mais engloberait aussi les hautes technologies. Il faudra également tenir compte dans la révision du système international, sinon sa refonte, des nouveaux pôles de puissance : ceux-ci considèrent le conflit en Ukraine comme une guerre parmi d'autres et ont des intérêts propres. Les élections américaines du mois de novembre seront à l'évidence déterminantes. Le Plan de règlement de l'équipe républicaine, évoqué pendant la campagne, consisterait grosso modo à geler la situation de terrain actuelle.

16

L'éternelle question de la politique
et du droit

Droit et relations internationales

La décision récente de la Cour Suprême des États-Unis à propos de l'immunité présidentielle est une illustration des rapports étroits qu'entretiennent le droit et la politique. Si l'arrêt de la Cour n'a pas affecté outre mesure la campagne présidentielle, elle pourrait peser, le cas échéant, sur les suites de l'élection en donnant la possibilité théorique à l'ancien président Trump de se gracier lui-même s'il était élu. Une décision contraire de la Cour aurait pu avoir des conséquences bien différentes. Si la force prime actuellement le droit dans les relations internationales avec un Conseil de sécurité de l'ONU paralysé – du fait de l'un de ses membres permanents qui s'est affranchi des règles de base contenues dans la Charte de l'Organisation – le droit reste néanmoins une référence dans le traitement de nombreux problèmes internationaux. Énumérons quelques exemples à titre d'illustration.

La CPI à contretemps

L'annonce par le Procureur de la Cour pénale internationale (CPI) d'un dépôt de requêtes, aux fins de délivrance de mandats d'arrêt visant tant le Premier ministre israélien, son ministre de la Défense ainsi que trois dirigeants du Hamas, a suscité des controverses passionnées. Il ne s'agit pas ici d'entrer dans le débat sur la mise sur un pied d'égalité apparente des responsables du gigantesque pogrom terroriste du 7 octobre dernier et de ceux de la guerre à Gaza, mais de s'en tenir à une réflexion sur la Justice pénale internationale.

Il convient tout d'abord de souligner que l'institution de la CPI, qui n'est pas un organe de l'ONU, n'est pas universelle. Des États im-

214

portants, en l'occurrence les États-Unis, la Chine et la Russie notamment, n'ont pas signé ou ratifié les Statuts de Rome adoptés en 1998 et entrés en vigueur en 2002 ; dans le cas d'espèce, Israël n'est pas parti aux Statuts et le Hamas ne représente pas un État. De plus, la CPI aurait dû respecter le principe de complémentarité, c'est-à-dire qu'elle ne peut intervenir que lorsque les États n'ont pas été en mesure ou n'ont pas voulu juger les crimes relevant de leur compétence.

D'autre part, la Justice pénale internationale ne peut qu'être une illusion en l'absence d'une autorité politique ; cela vaut tant pour le système international que pour des juridictions nationales. En réalité, l'annonce du Procureur Karim Khan apparaît comme politique en raison des considérations précédentes et elle survient à un moment inapproprié. On ne peut en effet imaginer la possibilité d'une intervention d'un pouvoir judiciaire au beau milieu d'un conflit. Guillaume II ne fut poursuivi qu'en 1919, par décision des négociateurs du Traité de Versailles et en l'absence totale de droit pénal international ; il dut alors se réfugier aux Pays-Bas, État neutre. Les Tribunaux de Nuremberg et de Tokyo se sont réunis après la fin du Second conflit mondial et ils ont jugé les représentants d'États défaits et écrasés. Ce fut peut-être le seul moment dans l'histoire où s'appliqua véritablement une justice pénale internationale.

La CPI, depuis ses débuts, n'aura jugé que des personnes émanant d'États faibles ou qu'elle considérait comme tels ; il en est un peu de même aujourd'hui, toutes proportions gardées, et ni la Chine ou les États-Unis – par exemple pour la Seconde guerre du Golfe – n'ont jamais été mis en cause par la Cour ; l'exception est le mandat d'arrêt international à l'encontre de V. Poutine. Ce faisant, elle s'est éloignée d'une justice impartiale.

En réalité, en se départissant de cette noble ambition et en voulant jouer un rôle politique à contretemps – et cela vaut aussi pour l'étonnant communiqué du Quai d'Orsay, publié de nuit et dans la précipitation – la CPI n'aura paradoxalement fait que renforcer le Premier ministre Netanyahu derrière lequel s'est rassemblé l'ensemble de la population et de la classe politique d'Israël.

Alors que le conflit israélo-palestinien a atteint un niveau paroxystique, de nombreuses voix se sont élevées pour réclamer à nouveau une « solution à deux États ». L'Irlande, la Norvège et l'Espagne ont d'ailleurs décidé de reconnaître formellement l'État palestinien.

Une telle issue a déjà essuyé des échecs dont ceux attribués aux Palestiniens eux-mêmes, à l'issue par exemple des discussions en 2000 entre Yasser Arafat, le chef de l'OLP et le Premier ministre Ehud Barak, sous l'égide du président Clinton lors du Sommet de Camp David II ; elle ne serait pas sans poser d'immenses problèmes politiques : peut-on « récompenser » les Palestiniens après les violences extrêmes du 7 octobre dernier ? Que deviendrait la sécurité d'Israël dont des fragilités viennent d'être exposées ? Quid de Jérusalem dont le statut fut une pierre d'achoppement majeure de Camp David II ? Sans parler de la lancinante question des réfugiés.

Concrètement se pose la question des frontières du nouvel État, de la population qui le composerait et du pouvoir politique qui le dirigerait : l'Autorité palestinienne de Cisjordanie ou le Hamas de Gaza ? Ces questions sont éminemment politiques, mais elles relèvent aussi du droit international.

Les éléments constitutifs d'un État sont traditionnellement au nombre de quatre : la population, le territoire, l'organisation politique et la souveraineté. Cette dernière ne peut être absolue et doit être compatible avec la Charte de l'ONU.

La légitimité et la légalité de l'État d'Israël reposent sur le Plan de partage adopté par les Nations Unies en 1947, mais aussi sur la fameuse résolution 242 du Conseil de sécurité de 1967, votée après la guerre des Six Jours, qui s'applique à « chaque État de la région » et donc à Israël dont l'existence ne peut être dès lors remise en cause. Les résolutions 242 de 1967 et la résolution 338 de 1973 demeurent des bases d'un règlement international.

Mais en l'absence de celui-ci et compte tenu des incertitudes à propos des éléments constitutifs d'un État palestinien, peut-on reconnaître ce dernier formellement ? Ce faisant, ne procèderait-on pas dès lors à une inversion de l'ordre des priorités ? La solution ne réside-t-elle pas encore aujourd'hui comme hier avant tout dans la volonté des parties ? Les reconnaissances qui viennent d'intervenir ne sont-elles pas dans ces conditions « virtuelles » ? Madrid, Oslo et Dublin sont-elles prêtes à échanger des ambassades avec le Hamas ? De son côté, le Quai d'Orsay vient de déclarer que « *les conditions ne sont pas réunies à ce jour pour que cette décision (de reconnaissance) ait un impact réel* ».

Les armes à sous-munition : le syndrome vietnamien

Le président Biden a décidé de livrer à un moment donné du conflit où l'Ukraine paraissait à court de munitions – à défaut de fournir directement des avions F-16 et/ou encore des missiles de longue portée – de fournir des armes à sous-munitions interdites désormais par 111 États ayant ratifié la Convention d'Oslo de 2008 et que les États-Unis n'utilisent plus eux-mêmes depuis 2010 en application d'une loi interne.

Une telle décision a traduit en fait une hésitation des États-Unis sur la ligne politique en Ukraine et confirme une tendance américaine générale à considérer qu'il y a toujours une solution technique à un problème. À la veille du Sommet de l'OTAN à Vilnius, le choix de l'administration Biden n'a pu que créer des fissures au sein des partenaires de l'OTAN dont les Européens sont partis à la Convention d'Oslo.

Les armes à sous-munitions, inventées par l'Union soviétique, ont été utilisées au cours de la Seconde Guerre mondiale par l'Allemagne nazie et l'URSS. Elles le furent également massivement par les États-Unis pendant la guerre du Vietnam. Elles sont considérées comme particulièrement inhumaines par les opinions publiques en raison de leurs effets à retardement sur les populations, des années voire des dizaines d'années après.

Contrairement à ce qu'affirment certains experts, les armes à sous-munitions occidentales ne sont pas nécessairement plus discriminantes (cf. taux d'explosion initial supérieur) que celles du stock soviétique, d'ailleurs également utilisées par les Ukrainiens mais qui n'en disposent plus. Au Laos, 50 ans après, l'on estime que 30 % des bombes à sous-munitions n'ont toujours pas éclaté. Au Vietnam, les États-Unis n'ont pas hésité à utiliser, tant contre les civils que l'environnement, des moyens qui ont heurté leur propre opinion. Ils l'on fait sur le territoire de leur allié, le Sud-Vietnam : la fameuse photographie *Napalm girl* a été prise en 1972 à quelques kilomètres de Saïgon seulement. En Ukraine, Washington permettra au pays qu'il soutient d'opérer des destructions irréversibles sur son propre territoire occupé.

Résistance et exécutions extra-judiciaires

La France a commémoré en ce 8 mai à Lyon la mémoire d'un héros. Jean Moulin fut l'organisateur et l'unificateur de la résistance au sein du CNR (Conseil national de la résistance). Il le paya de la torture et de sa vie. Il entra au Panthéon le 19 décembre 1964, alors que résonnait la voix caverneuse inoubliable d'André Malraux, sous le regard du Général de Gaulle. Il incarnera à jamais la légitime lutte pour la survie et l'indépendance d'une nation.

Une autre résistance se développe aujourd'hui dans une Ukraine menacée dans son existence et sa souveraineté. La virulence des propos de son responsable du renseignement militaire peut se comprendre, dans un tel contexte. Mais ses déclarations, selon lesquelles « *nous avons tué des Russes et nous continuerons à tuer des Russes partout dans le monde* », posent question. Si elles visent des acteurs de la guerre, elles peuvent aussi laisser penser que des exécutions extra-judiciaires, en tous lieux et sans discrimination de Russes sont aussi prônées.

Les relations d'État à État

La France traditionnellement ne reconnaît pas les régimes ou les gouvernements, mais les États.

Nous avons ainsi toujours des relations diplomatiques avec la Russie, avec laquelle d'ailleurs nous ne sommes pas en guerre. À l'époque soviétique, nous distinguions déjà les relations d'État à État du rôle du Parti communiste d'URSS, engagé dans une internationale. La position de la France, dans le cas d'espèce, est donc parfaitement cohérente. La question est de savoir si elle l'est aussi avec d'autres prises de position récentes.

Les exemples pourraient être multipliés attestant de la constance de la diplomatie française en la matière. Quand les talibans ont pris le pouvoir en 1996, la France n'a exprimé aucune reconnaissance formelle, en vertu de cette même doctrine non écrite. Mais elle a maintenu son ambassade à Kaboul.

Autre cas de figure, la France, contrairement à ce que pense souvent l'opinion publique, n'a pas rompu ses relations diplomatiques avec la Syrie de Bachar el-Assad. Elle a rappelé son ambassadeur qui ne fut plus dès lors ambassadeur en Syrie mais ambassadeur pour la Syrie (NB : en pratique, ambassadeur pour l'opposition syrienne) et elle a fermé son ambassade dont elle a toujours la propriété. La Résidence de France, ancienne demeure de villégiature du Gouverneur ottoman de Damas, est une demeure historique qui accueillit l'éphémère roi d'Irak, peut-être Lawrence d'Arabie et le général de Gaulle durant le Second conflit mondial. La défense de ses intérêts sur place (par exemple, la protection des doubles nationaux) est assurée par un autre État européen, membre de l'UE.

Au-delà des réactions épidermiques que peut susciter la présence au Kremlin de l'ambassadeur de France en Russie, pour la cérémonie d'investiture du président russe, il convient de prendre en compte les règles de la diplomatie, de mettre en perspective historique des événements -qui peuvent surprendre ou même heurter a priori – et de réaliser, comme vient de le déclarer le gouvernement français, qu'il est nécessaire de « préserver des canaux de communication », a fortiori dans un monde de plus en plus dangereux.

Droit et sociétés : la mémoire de Simone Veil et de Ruth Ginsburg

Attachons-nous aussi à l'ordre interne pour examiner les rapports qui peuvent être établis entre le droit et la politique. La récente décision de la Cour Suprême des États-Unis, immédiatement présentée comme l'abrogation du droit constitutionnel à l'avortement et une victoire du conservatisme religieux américain, a provoqué une onde de choc. La secousse, qui a incontestablement affecté l'image des États-Unis après d'autres développements suscitant des inquiétudes quant à la vie démocratique de ce pays, a rapidement gagné l'Europe.

En France, l'idée de l'inscription du droit à l'avortement dans la Constitution a été reprise en vue de l'élaboration d'un projet de loi en ce sens et le processus a été mené à son terme. Le débat a pris un tour idéologique par transposition du climat américain alors que la question pourrait être aussi abordée de manière plus pragmatique sous l'angle de l'égalité des droits et de la justice. Le legs de Simone Veil et l'œuvre de Ruth Ginsberg, Juge à la Cour suprême des États-Unis aujourd'hui disparue, pourraient nous aider dans cette approche.

Droit fédéral et compétences des États

Il faut replacer la décision de la Cour dans le contexte politique des États-Unis et de la structure fédérale de l'État. Le processus a été mené à son terme. Il est incontestable que la composition actuelle de la Cour Suprême, où le président Trump avait nommé trois juges au cours de son mandat, a contribué à orienter l'arrêt de la Cour. Les juges réputés conservateurs se rattachent en effet à une doctrine « originaliste », c'est-à-dire à une lecture originelle de la Constitution en interprétant cette dernière en fonction du contexte ayant présidé à sa rédaction.

Mais il faut aussi admettre que la société américaine a toujours été très divisée sur la question de l'avortement et les mouvements « pro-vie » y sont également très puissants en particulier dans la mouvance républicaine. Si la jurisprudence *Roe v. Wade* de 1973 reconnaissait aux femmes un droit constitutionnel à disposer de leur corps, cela avait été dû à une Cour Suprême réputée très progressiste il y a cinquante ans. Un effet boomerang vient donc de se produire dans une société où une légitimité s'oppose à une autre même s'il semble exister globalement une majorité de l'opinion (NB : 60 %) pour maintenir *Roe v. Wade*. Ce chiffre global est lui-même trompeur et cache une grande diversité des opinions. L'avortement est plus largement admis qu'on ne le croit par les électeurs républicains et le débat porte plus sur les modalités de la régulation, en particulier de la durée pendant laquelle l'avortement est autorisé.

En confirmant une loi du Mississippi interdisant l'avortement après 15 semaines, alors que l'interruption volontaire de grossesse (IVG) se pratique jusqu'à 24, voire 28 semaines, dans certains États des États-Unis – une telle législation pouvant être jugée extrêmement permissive depuis l'Europe – la Cour a considéré que la Constitution ne conférait pas un droit à l'avortement.

Contrairement à ce qui a parfois été affirmé à l'annonce de la décision, l'avortement n'est pas interdit aux États-Unis, mais la Cour en a renvoyé la responsabilité de réglementer et, le cas échéant, d'interdire aux États fédérés (« *The Constitution does not prohibit the citizens of each State from regulating or prohibition abortion* »). Selon les estimations, dans une vingtaine d'États, l'IVG est devenue illégale ou soumise à de rigoureuses limitations dans une vingtaine d'États. Or, l'on ne peut préjuger entièrement des dispositifs qui seront arrêtés État par État et ce que l'on appelle des « restrictions » s'avère généralement plus souple même que la loi française en ce qui concerne les délais (cf. 15 semaines dans la loi du Mississippi que vient de confirmer la Cour ; 10 semaines, puis 12 semaines, dans la loi française de 1975 amendée en 2001). Si, selon l'adage « *ce qui peut vivre par la Cour, peut mourir par la Cour* », comment peut-on reprocher à cette dernière, lorsque l'on est enclin à dénoncer le pouvoir des juges, de permettre de rétablir un débat démocratique ?

Une approche dénuée d'idéologie

Dans une société qui reste divisée sur la question, comme cela est le cas aux États-Unis, malgré une opinion majoritairement en faveur de l'avortement, la question ne peut être tranchée de façon absolue au niveau fédéral et l'on peut aussi considérer – au risque de paraître être à contre-courant – qu'il y a une forme de sagesse dans la récente décision de la Cour Suprême.

Faire appel à la mémoire et à l'action de Simone Weil et de la juge Ginsburg, qui se rejoignirent sur le pragmatisme, peut s'avérer précieux dans ce contexte. Ruth Ginsburg fut parfois accusée, comme lors d'auditions au Sénat pour l'examen de sa nomination en qualité de Juge à la Cour Suprême, d'être une idéologue radicale (cf. « *a radical, doctrinaire feminist* »). Ce jugement provenait alors de représentants de groupes « pro-life ».

Mais l'opinion qu'elle exprima sur le cas Struck v. Secretary of Defense, qui fut traité par la Cour Suprême en 1972 – alors que Ruth Ginsberg n'y siégeait pas encore – fournit l'illustration de son attachement avant tout à l'égalité des droits. Une Capitaine des Forces aériennes américaines au Vietnam, qui aurait eu la possibilité d'avorter au sein de l'armée mais s'y refusa, avait en effet été mise à pied par l'institution. La juge Ginsberg apporta son soutien à la cause d'une mère en estimant que les pères ne s'exposaient pas alors à de telles difficultés. Dans le cas d'espèce, et cela quelques mois avant le célèbre jugement Roe v. Wade, il ne s'était pas agi de défendre le droit à l'avortement en soi indépendamment de toute autre considération, mais d'œuvrer en faveur de l'égalité des droits.
De manière plus audacieuse encore, Ruth Ginsburg estima par la suite que Roe v. Wade avait empêché, par ses attendus, un nécessaire débat parmi les législateurs alors que dans le même temps une tendance à la libéralisation de l'avortement dans tout le pays était en cours. Cette tendance aux transformations législatives était par exemple en train de se produire sur la question du divorce gagnant l'ensemble de la nation au milieu des années 80. Cette approche de la Juge Ginsburg reste d'actualité.

Faire face à la détresse

Disons-le de manière abrupte, la décision du principal parti de la majorité présidentielle en France de se saisir de la question de l'avortement, en faisant ainsi écho aux soubresauts d'outre-Atlantique, a semblé traduire une certaine méconnaissance sinon des réalités du moins des évolutions sociétales américaines sur une longue période.

Il s'agit même d'un tropisme dévoyé car la question de l'avortement, réglée par le débat des années 70 et la loi Veil de 1975, n'était pas un sujet d'actualité en France. À défaut d'une incompréhension, il s'est agi à l'évidence d'une grossière manœuvre de diversion politique face à l'impasse révélée par les récentes élections législatives. Faute de régler des problèmes de pouvoir d'achat, de fiscalité ou encore de retraite, l'on a préféré invoquer et convoquer ainsi des débats dits « sociétaux ». Le « mariage pour tous » d'un précédent quinquennat n'a-t-il pas eu aussi, tout au moins pour partie, une telle finalité ? Le risque, au lieu de rassembler sur une cause commune, est de diviser un peu plus le pays et, dans le cas d'espèce, de nuire in fine aux droits des femmes en remettant en cause ce qui était acquis.

La référence à Simone Veil s'impose aussi dans ce contexte. La ministre de la Santé de l'époque réussit à mener à bien une considérable réforme alors que Jean Lecanuet, le Garde des Sceaux qui aurait dû la porter au Parlement, avait fait défaut en invoquant des motifs d'éthique personnelle. La loi du 17 janvier 1975 sur l'interruption volontaire de grossesse dépénalisant l'avortement fut finalement adoptée malgré l'opposition d'une partie significative de la majorité gouvernementale. La loi fut reconduite sans limites de temps en 1979.

Les fortes paroles prononcées à l'Assemblée nationale par Simone Veil nous sont restées. La conviction de la ministre, maintes fois affirmée, fut que l'avortement devait rester « l'exception ». Dans cet esprit, une loi séparée fut promulguée pour rendre gratuits et anonymes les contraceptifs aux mineures sur prescription médicale. Au « drame » dont parla Simone Veil fit écho la « détresse » retenue par la loi et transposée dans le Code de la santé publique (cf. « *La femme enceinte que son état place dans une position de détresse…* »). L'article premier de la loi en constitue la clé de voûte et il est essentiel de le relire : « *La loi garantit le respect de tout être humain dès le commencement de la vie. Il ne saurait être porté atteinte à ce principe qu'en cas de nécessité et selon les conditions définies par la présente loi ».*

Roe v. Wade et le spectre de la division

Jane Roe, qui porta plainte en 1970 contre la loi du Texas (NB : dont le procureur était Henry Wade) interdisant l'avortement, fut la figure emblématique des activistes pro-avortement avant de rallier le camp du mouvement pro-vie. Jamais elle-même n'avorta. Disparue en 2007, sa vie illustra la misère sociale et psychologique pouvant conduire à l'interruption volontaire de grossesse ; elle refléta aussi la division de l'Amérique non seulement en deux camps mais aussi dans les consciences individuelles. Ce phénomène est aussi européen et s'il faut veiller en France où un consensus a été trouvé, à partir de la loi Veil, à ne pas raviver le spectre de la division dans une société déjà assez fracturée, la parole en la matière doit toujours rester aux femmes.

17

De la démocratie en France

Dans le parfait respect de ses procédures constitutionnelles, la France a élu en 2022 son président de la République, un gouvernement a été nommé et le pays a renouvelé les mandats de ses députés à l'Assemblée nationale. La ligne qui a réuni très largement le plus grand nombre de voix lors du choix du chef de l'État était assez clairement libérale, sociale, réformatrice et européenne. Pour autant, des insatisfactions se sont exprimées de manière anticipée par rapport à la politique qui devait être mise en œuvre. Celles-ci ont trouvé un exutoire en 2024 lors des élections pour le Parlement européen ainsi que, quelques semaines plus tard, lors des élections législatives qui leur ont succédé après la dissolution de l'Assemblée nationale.

La légitimité des gouvernants est ainsi parfois soumise à une contestation permanente ; des formations politiques parlent de « troisième tour » à propos des élections législatives, voire d'une quatrième manche dans la rue, si elles n'obtenaient pas satisfaction. Des médias se font complaisamment l'écho de ce qui est censé être une *vox populi* et ils contribuent même à l'amplifier.

La démocratie représentative est pourtant un privilège face à la montée de régimes autoritaires qui prétendent parfois s'ériger en modèle et elle devrait montrer autre chose qu'une telle fébrilité. Mais qu'est-elle au fond ? Comment se définit-elle ? S'identifie-t-elle à un type de régime ? Est-elle rigoureusement conditionnée par les seules institutions ? Ne dépend-elle pas aussi d'un legs historique et ne relève-t-elle pas d'un état d'esprit et d'une culture ? Ne s'appuie-t-elle pas aussi sur des pratiques extérieures à la stricte sphère politique, par exemple dans le domaine social ou aujourd'hui celui si considérable de l'information et de la communication ?

Une réflexion dans l'esprit d'Alexis de Tocqueville

« J'avoue que dans l'Amérique j'ai vu plus que l'Amérique ; j'y ai cherché une image de la démocratie elle-même, de ses penchants, de son caractère, de ses préjugés, de ses passions » (Alexis de Tocqueville)

Alexis de Tocqueville et Gustave de Beaumont furent en envoyés en mission en 1831 par le gouvernement français pour enquêter sur le système carcéral américain. C'est au terme de cette étude spécifique d'une dizaine de mois à travers tout le territoire des États-Unis que Tocqueville conçut *De la démocratie en Amérique* dont le premier Livre fut publié en 1835. L'ouvrage s'attacha à une analyse descriptive de cette démocratie représentative républicaine et exprima des réflexions sur des formes particulières de celle-ci. Il en résulta des visions souvent prémonitoires sur l'abolition de l'esclavage, le sort des Indiens, l'émergence en tant que puissance des États-Unis et de la Russie, sur le rôle croissant de l'administration privilégiant l'égalité par rapport à la liberté, sur la violence politique ou encore sur le jugement des sages par les ignorants…

Une réflexion contemporaine sur la démocratie, aussi modeste et embryonnaire soit-elle, ne peut en effet se limiter au seul régime politique et aux institutions et l'ensemble des aspects de la vie en société doivent être pris en considération. L'éducation doit y tenir une place prioritaire mais aussi le système médiatique ou encore le monde de l'Internet peu régulé devenu de facto un espace de démocratie directe. Il faut, à cet égard, se souvenir du «Drame du Capitole» de Washington, le 6 janvier 2021, dont plusieurs enseignements peuvent être tirés.

Si la question principale fut alors naturellement : comment est-il possible que dans une démocratie des élections libres, observées, scrutées, jugées et certifiées, soient sujettes à caution ? Une autre interrogation, aussi importante après l'interdiction par certains réseaux sociaux des messages du président des États-Unis, était la suivante : comment des entités privées peuvent-elles être amenées à réguler sans possibilité d'appel ou de recours d'aucune sorte le fonctionnement de nouveaux canaux de la liberté d'expression ? La chancelière allemande et le ministre français de l'Économie avaient alors dénoncé le risque d'une « oligarchie digitale » et ce dernier avait rappelé que « *la régulation est affaire du peuple souverain, des gouvernements et de la justice* ».

Le champ de la démocratie est donc immense ; il s'est même élargi et cela est heureux. Il serait bon que dans un retournement historique l'on puisse dire : De la démocratie en France à celle d'Amérique.

Démocratie et régime politique

La démocratie est un mode de relation entre gouvernants et gouvernés ne se réduisant pas à un seul type de régime politique. Personne ne contestera, à titre d'exemple, le caractère démocratique de la monarchie britannique et son parlementarisme au centre duquel se trouve la Chambre des Communes. Ce parlementarisme est d'ailleurs généralement considéré comme un modèle.

À la fin du mois d'août 2013, la Chambre a refusé au gouvernement conservateur conduit par David Cameron l'autorisation d'entreprendre une opération militaire en Syrie en riposte à l'usage allégué d'armes chimiques par le pouvoir de Damas contre sa propre population. Ce vote avait été précédé d'une véritable fronde, qui ne fut pas publique, des Parlementaires conservateurs contre le Foreign Secretary William Hague. La raison profonde était que le peuple britannique souffrait encore du « syndrome » de la guerre en Irak de 2003 dans laquelle Tony Blair, le Premier ministre travailliste de l'époque, avait entraîné son pays au nom de supposées armes de destruction massive irakiennes. Les centaines de milliers de personnes, qui avaient alors protesté dans la rue contre la guerre aux côtés des États-Unis de George Bush Jr, n'avaient pas été entendues. Elles le furent en revanche en 2013 par la voix de leurs représentants à l'écoute de leurs circonscriptions.

Cet acte démocratique fort impressionna le président Obama et ce fut l'une des raisons de son renoncement à un engagement militaire en Syrie, étant entendu que l'Exécutif américain n'était pas assuré d'obtenir une majorité au Congrès. Par ricochet, la France abandonna l'idée de frappes militaires qui avaient déjà fait l'objet d'une préparation. Mais le Parlement français n'avait pas eu à se prononcer.

A contrario, il existe des pays peu démocratiques dont la République est l'appellation officielle. On a aussi connu dans l'histoire des Républiques patriciennes, à l'instar de celle de Venise, que l'on peut assimiler avec le recul à des oligarchies. Mais il n'y a jamais eu officiellement de régime oligarchique. Comme pour les libertés « formelles » et « réelles » qu'aimaient distinguer les marxistes-léninistes, l'on pourrait ainsi parler de Républiques formelles et de celles où le partage du bien commun est une réalité. Le critère de l'authenticité est finalement le degré de ce partage. Si ce dernier n'est pas assuré, on ne peut parler de République. Sans celle-ci où une relative harmonie sociale est assurée, il n'y a pas de démocratie véritable.

Démocratie et institutions politiques

Le débat en France sur les améliorations du fonctionnement démocratique porte de manière récurrente sur l'aménagement des institutions. C'est une particularité française de « numéroter » les Républiques, comme s'il y en avait plusieurs possibles. Les trois dernières sont nées de profonds bouleversements historiques : les effets différés de la guerre franco-prussienne de 1870 pour la IIIe (cf. Proclamation de la République en 1870 et Lois constitutionnelles de 1875), l'après-seconde guerre mondiale pour la IVe et la guerre d'Algérie pour la Ve. Certains évoquent une VIe République mais parlent-ils véritablement de République ou ce terme n'est-il que le paravent d'autres ambitions visant à de profondes ruptures ?
Quoi qu'il en soit, au regard de la pratique des institutions des vingt dernières années et des processus électoraux au cours de la même période, le débat a fini par se concentrer sur quelques points tels que la durée du mandat présidentiel, le rôle du Parlement et la loi électorale.

La réduction du mandat présidentiel de sept à cinq ans, par le référendum constitutionnel de septembre 2000 (NB : complété par la révision de juillet 2008 sur le nombre de mandats limités à deux) a répondu plus à des motivations de convenance personnelle du président en exercice d'alors qu'à des raisons de fond. La « modernité » d'une telle réforme est en effet contestable et l'on peut estimer que la durée de sept ans sied à une fonction d'arbitre, censé être au-dessus des batailles partisanes, dans l'esprit des fondateurs de la Ve République. En des temps agités, il est bon que le chef de l'État ait une vision s'inscrivant dans la durée. Il est à noter que lors de la dernière élection présidentielle des candidats se sont exprimés en faveur du mandat de sept ans.

La réduction du mandat a de plus altéré non seulement l'esprit mais aussi la pratique des institutions de la Ve République. La coïncidence actuelle ders mandats présidentiel et parlementaire prive le pays d'une « respiration » démocratique en cours de mandat du chef de l'État. Jusqu'à présent, les cohabitations ne sont intervenues que dans le cadre de septennats (1986-1988, 1993-1995 et 1997-2002). La cohabitation a des effets pervers mais a le mérite de refléter l'état politique du pays, de contraindre au compromis une société n'y étant pas naturellement encline.

Si un consensus n'est pas hors d'atteinte sur la question de la durée du mandat présidentiel, l'on en est encore assez éloigné en ce qui qui concerne l'élection des députés selon la règle de la proportionnelle. Il n'est pas infondé de souhaiter que l'Assemblée nationale reflète au mieux l'état des forces politiques, mais le risque de l'instabilité qu'apporterait une telle loi électorale doit être sérieusement pris en considération dans un pays déjà fragmenté. Le Royaume-Uni est doté d'un système majoritaire à un seul tour tandis que la proportionnelle est circonscrite en Allemagne dans le cadre d'une « seconde voix » pour les élections au Bundestag. Le président Mitterrand avait voulu « instiller » de la proportionnelle et l'on pourrait, le cas échéant, reprendre ce terme selon un dosage à déterminer. Il n'en demeure pas moins que le scrutin majoritaire à deux tours a été conçu pour éliminer les extrêmes et garantir des majorités.

L'une des façons d'encadrer la proportionnelle serait l'instauration d'une stricte séparation des pouvoirs exécutif et législatif. Ce passage à un régime présidentiel aurait aussi d'autres vertus. À partir du moment où le chef de l'État recouvrerait un mandat de plus longue durée, le pouvoir du Parlement devrait être rehaussé. Il est temps que le Parlement, doté de puissantes commissions, joue pleinement son rôle dans le cadre d'un régime garantissant la stabilité de l'Exécutif. La démocratie représentative restera toujours préférable à la démocratie directe et les référendums dits « d'initiative populaire » ne sauraient en être le substitut et une solution efficace.

Il est clair que tout « chantier » institutionnel est toujours une affaire de grande ampleur qu'il faut envisager avec prudence et après mûre réflexion. Toucher à des éléments d'un équilibre institutionnel est en effet susceptible d'affecter l'ensemble tout entier. Durée du mandat présidentiel, séparation des pouvoirs, loi électorale, la liste n'est pas limitative et il faudrait aussi évoquer le « troisième pilier » de l'ordre constitutionnel, à savoir le pouvoir judiciaire. L'évolution des prérogatives du Conseil constitutionnel – marquée notamment par l'introduction de la question préjudicielle de constitutionnalité (QPC) entrée en vigueur en 2010 – dans le sens de la mise en place d'une véritable « Cour suprême », devrait en effet être poursuivie.

La France, censée être le pays de la raison cartésienne, est aussi saisie de manière récurrente d'accès de fièvre soudains, irraisonnés, nihilistes et destructeurs. Le mythe de la révolution et des « lendemains qui chantent », l'admiration pour les grands orateurs, dussent-ils s'avérer finalement démagogues, enflamment de manière récurrente une collectivité réputée aussi étonnamment encline aux penchants dépressifs. Les éruptions révolutionnaires dormantes sont en réalité des moments de rupture dans un ensemble sous-tendu également par des traditions et aspirations monarchiques.

Ne parle-t-on pas du monarque républicain de la Vᵉ République ? Ne constate-t-on pas, dans l'ensemble de la société, des phénomènes de microcosme qui n'ont rien à voir avec les Capétiens mais rappellent plutôt la Cour de Versailles ? On veut un roi, mais aucune tête ne doit dépasser et cela conduit à de tragiques 21 janvier. Le mal serait systématiquement en haut et le bien en bas, la connaissance et la science de hautaines provocations, l'ambition et l'aspiration au progrès des passions malsaines, le travail et la compétence des valeurs surannées. Le mérite républicain aurait vécu.

De la méritocratie

Des *Entretiens de Royaumont*, ont été consacrés précisément au thème de la méritocratie. Le concept est large, complexe et doit être appréhendé de multiples façons. Au-delà d'une acception générale du terme, il faut ainsi savoir par exemple distinguer la notion de celle de l'égalité ou même de la liberté. La méritocratie n'est-elle pas en effet un système par essence inégalitaire en permettant l'épanouissement des talents individuels ? Si elle est le contraire du nivellement, elle pose immédiatement la question de la liberté qui peut être ainsi formulée : la société permet-elle l'épanouissement et l'affirmation de libertés personnelles ? Aux grandes interrogations ainsi soulevées, ne faut-il pas en rajouter une autre spécifique au système français d'éducation : l'élitisme est-il légitime, non pas au sens de l'inégalité, mais en vertu du constat selon lequel une infime proportion d'une tranche d'âge – en tout état de cause bien inférieure à 1 % – est admise dans ce que l'on appelle les « Grandes Écoles » ?

Le système de la méritocratie au service de tous : La réponse à l'ensemble de ces questions devrait prendre en considération à la fois le respect des talents innés, de la volonté et du travail pour le plus grand bénéfice des individus et les besoins de la société éprise de dynamisme, d'excellence et de progrès. Cela implique de manière très concrète pour la collectivité l'adaptation permanente de l'école publique et de l'université, la juste sélection, les bourses, le tutorat, la mobilité au service d'une deuxième et troisième chance, la formation permanente. Le système de la méritocratie doit en effet être au service de tous, à tous les stades de la vie personnelle et professionnelle.

La méritocratie est donc un système qu'il ne faut pas confondre avec la notion du mérite qui est plus personnel même si celui-ci fait parfois l'objet d'une reconnaissance extérieure (cf. l'Ordre du Mérite). La subjectivité du mérite est essentielle pour que chacun puisse avancer mais elle doit aussi trouver ses limites. Un éminent participant des *Entretiens de Royaumont* a ainsi estimé « *qu'il y a ceux qui ne se remettent pas de leurs échecs comme il y a ceux qui ne se remettent pas de leur réussite* ».

Cette dernière doit d'ailleurs toujours être maîtrisée, surtout dans une société où la jalousie est une pathologie nationale. Le mérite enfin doit être situé dans un espace de temps aussi limité que possible afin d'éviter qu'il ne se transforme en une rente, le cas échéant même, transmissible. À l'heure de la fragmentation des sociétés et de la féroce compétition internationale, le mérite doit rester une notion centrale, commune, partagée et indissociable de la justice.

Vers la fin du monarque républicain ?

La dissolution de l'Assemblée nationale, décidée le 9 juin 2024 au soir des élections au Parlement européen par le président de la République, a provoqué une forme de sidération. Et telle a peut-être été l'une de ses finalités : qu'un trouble chasse l'autre. Faire le constat sans fard des réalités politiques et institutionnelles françaises actuelles et s'appuyer sur la science et la sagesse de grands juristes de droit public, peut nous aider dans notre réflexion face à un scénario inédit sous la Cinquième République.

L'Appel au peuple

Dans l'esprit des institutions de la Ve République, « l'Appel au peuple » apparaît tout à fait conforme quand un s'agit de sortir d'une situation de blocage politique ou institutionnel ; à cet égard, le président de la République aurait cependant pu choisir un autre moment, par exemple par la voie d'un référendum – au titre des articles 11 et 89 de la Constitution – lors du débat sur les retraites ou ultérieurement à propos de la législation sur l'immigration ; au soir du 9 juin, alors que le camp présidentiel venait d'essuyer un échec cinglant, le président aurait même pu procéder à une « semi-dissolution » en constatant l'échec de ses troupes mais en annonçant que la dissolution n'interviendrait que dans quelques mois si le gouvernement ne parvenait pas à tel ou tel résultat ; cela lui aurait laissé le temps d'organiser ses partisans et aussi l'espoir de tirer profit électoralement de Jeux olympiques et paralympiques réussis et d'une éventuelle meilleure conjoncture.

L'incertitude politique

Un choix différent a été opéré qui n'est pas sans dangers ni incertitudes avec le risque d'une instabilité accrue. Compte tenu des rapports de force actuels entre les formations politiques, deux scénarios principaux étaient alors envisageables :

Le Rassemblement national (RN) et ses alliés obtiennent une majorité absolue de sièges à l'Assemblée nationale. Dans cette hypothèse, le président du RN accepterait de former le gouvernement et une nouvelle cohabitation serait alors engagée. On peut estimer que l'intérêt du nouveau parti dominant serait qu'elle se déroule de la façon la plus harmonieuse possible afin de démontrer un réel esprit républicain, parfois mis en doute, et un sens des responsabilités et des intérêts supérieurs du pays, sur toile de fond notamment des élections présidentielles de 2027.

L'autre hypothèse était que le scrutin législatif des 30 juin et 7 juillet 2024 ne permette pas de dégager une majorité absolue à l'Assemblée nationale. Une telle issue s'avèrerait plus compliquée que la situation ex ante où le gouvernement avait dû recourir à de nombreuses reprises à l'article 49.3 jugé de nature – a fortiori en cas d'usage à répétition – à empêcher toute « respiration démocratique » du pays par élus interposés. De plus, la nouvelle configuration de l'Assemblée, selon les prévisions, se caractériserait par un recul des formations soutenant la ligne du président de la République et ferait la part belle aux partis dont les orientations sont plus radicales.

Dans les deux cas de figure, une question ne pouvait être éludée : le président de la République – quelles que soient les « assurances » de ce dernier – pourrait-il se maintenir et aller au terme de son mandat ? Tout dépendrait en effet du score réalisé au soir du 7 juillet par l'ancienne « majorité » présidentielle. Si le mouvement Ensemble et ses soutiens en venaient à être réduits à la portion congrue, voire à quasiment disparaître, la position du président de la République se serait avérée d'une insigne faiblesse. Tel n'a pas été le cas, mais la crise politique n'est cependant pas surmontée. De plus, en cas de scénario 2 (cf. absence de majorité absolue à l'Assemblée), la question d'une démission du président pourrait n'être que la seule solution institutionnelle – au-delà du problème politique – une dissolution n'étant plus possible avant une année, en vertu de la Constitution.

Le basculement dans le Parlementarisme

Dans son ouvrage sur l'histoire constitutionnelle de la France (cf. Entre despotisme et démocratie), le Pr Zorgbibe explique de manière limpide que la Constitution de 1958 permet plusieurs interprétations et applications.

Sa version « présidentialiste » (NB : un président élu au suffrage universel et un parlement réduit au strict travail parlementaire) a été affaiblie par la réduction du mandat présidentiel à 5 ans (cf. Révision constitutionnelle réalisée par le président Chirac en 2000). Le président de la République a depuis lors cessé d'être un arbitre, et son mandat coïncidant avec celui de l'Assemblée nationale il est de plus en plus devenu avec le temps un « super Premier ministre » gérant le quotidien. Cette tendance s'est accentuée avec l'actuel titulaire de l'Élysée. Cette situation, jusqu'à la dissolution du 9 juin, n'avait pas été corrigée auparavant, soit par un contrat de majorité en bonne et due forme avec des formations s'agrégeant au parti présidentiel ce qui aurait donné du sens à un remaniement gouvernemental, soit par un référendum, y compris celui dit « d'initiative populaire ». Dans ces conditions, le lien direct de l'Exécutif avec le peuple s'est nettement distendu.

La Constitution « parlementariste » s'est révélée lors des cohabitations de 1986 (Mitterrand-Chirac), de 1993 (Mitterrand-Balladur) et 1997 (Chirac-Jospin), cette dernière s'étant achevée avec un « tremblement de terre » dû à la présence du candidat du Front national au second tour de l'élection présidentielle de 2002. Une quatrième cohabitation, à partir de juillet 2024, pourrait être d'un type nouveau et empêcher le président d'être le « chef de l'opposition » face à la majorité absolue ou relative sortie des urnes. Ce cas de figure inédit serait la résultante d'une impopularité présidentielle sans précédent sous la Vème République, des dissensions dans le camp présidentiel – dont les figures principales jugent très sévèrement, dès avant le scrutin législatif, la décision précipitée de dissolution – et d'une éventuelle extrême faiblesse du contingent des élus favorables au président à l'Assemblée nationale (cf. scénarios supra).

Des vertus du référendum

Compte tenu des considérations précédentes sur l'évolution institutionnelle et la nouvelle configuration politique, la Vème République n'est-elle pas de facto remise en cause ? Le président de la République a finalement respecté l'esprit et la lettre des institutions permettant que l'arbitrage suprême soit réservé au peuple, grâce au référendum ou à la dissolution.

Mais une ultime question se pose désormais. L'Assemblée sera-t-elle souveraine ou se conformera-t-elle à la souveraineté populaire, ce qui n'est pas exactement la même chose ? L'élu est l'expression de la volonté nationale et ne se voit pas imposer de mandat impératif ; il est en effet élu dans une circonscription, mais s'exprime et légifère au nom de la Nation. On retrouve ici un débat ancien, datant de l'époque révolutionnaire, entre parlementarisme et principe « représentatif », dont la question de la démocratie est centrale. L'article 3 de la Constitution de 1958 définit une démocratie semi-directe (« *la souveraineté nationale appartient au peuple qui l'exerce par ses représentants et par voie de référendum* »). Le référendum peut s'avérer finalement un ultime recours destiné à « démocratiser » le parlementarisme français. Il deviendrait alors une sorte de garde-fou que l'Assemblée nationale dispose ou non d'une claire majorité ; il s'agirait d'encadrer en fin de compte le « monarque républicain » dont il pourrait ainsi entériner une forme de *diminutio capitis*, sinon de déchéance.

Un retour aux sources ou une Sixième République sans le nom ? Grâce au Pr Zorgbibe, revenons sur le projet constitutionnel de Michel Debré, au sein du Conseil National de la Résistance (CNR) en 1944, qui était d'essence parlementaire. Il était envisagé que le « monarque républicain » ne gouvernerait pas lui-même ; il se situerait au-dessus des péripéties politiques quotidiennes en orientant, dans ses grandes lignes l'action du gouvernement ; il pourrait, le cas échéant, soutenir ce dernier par la dissolution ; il n'interviendrait directement qu'en cas de crise.

À la nostalgie d'un parlementarisme « classique », selon les réflexions d'alors de Michel Debré, s'oppose un « antiparlementarisme démocratique » ; il s'agit là de réduire les effets d'un transfert abusif de la souveraineté du peuple aux « représentants » siégeant au Parlement. Telle fut la conception de René Capitant, gaulliste de la première heure et disciple de Carré de Malberg.

La Loi constitutionnelle du 10 juillet 1940, en conférant les pleins pouvoirs au Maréchal Pétain fut un aboutissement du régime de 1875 et elle alimenta sans doute les craintes à l'origine de cette dernière approche. Ainsi l'ordonnance du 17 août 1945 institua-t-elle une consultation du peuple français par voie de référendum. Mais les promesses de 1945 ne furent pas tenues avec la Constitution du 27 octobre 1946 instituant la Quatrième République. Le régime représentatif fit dès lors son retour mais il est à noter tout de même que c'est le Parlement de la IVe République qui délégua en 1958 le pouvoir constituant au Général de Gaulle.

La Constitution de 1958 fut à l'origine d'inspiration plus libérale que démocratique. La réforme constitutionnelle de 1962 – relative à l'élection du président de la République au suffrage universel- corrigea fondamentalement cette orientation initiale. Quoi qu'il en soit, la solution est dans la division ou la répartition de la souveraineté, entre le « monarque », l'Assemblée et le peuple. Le retour en force de l'Assemblée au centre du jeu institutionnel et politique, dans la présente conjoncture, même en cas de majorité relative, alors que l'Exécutif est affaibli, ne laisse d'autre solution que la consultation la plus régulière possible du peuple afin d'arrêter les principaux arbitrages. Une adaptation constitutionnelle qui n'en porterait pas le nom aurait alors été introduite. L'âge du monarque républicain, selon une Constitution taillée pour le Général de Gaulle et au niveau de laquelle Georges Pompidou se hissa, aura alors vécu. Le fameux mot du duc de La Rochefoucauld adressé au Roi, au soir du 14 juillet 1789 (« *Mais c'est une révolte ? Non, Sire, une révolution !* ») ne peut pas ne pas nous venir à l'esprit. Mais si une révolution et une révolte accomplie, elle est aussi l'accomplissement d'un tour complet et donc un retour au point de départ.

Cinquante nuances de cohabitation

Alors que se profile une possible cohabitation politique – qui serait la quatrième sous la Cinquième République – et que le « domaine réservé » du président de la République est parfois évoqué dans le débat public, il importe d'examiner ces concepts, non seulement de manière théorique mais aussi à la lumière de la pratique institutionnelle française.

Cohabitation et domaine réservé

La cohabitation du chef de l'État avec une majorité du Parlement qui lui soit hostile est un problème majeur que pose la Constitution de la Cinquième République. On peut préciser qu'une telle situation peut aussi se présenter même lorsque le président et son Premier ministre sont issus du même courant politique.

Ainsi le Premier ministre Jacques Chaban-Delmas prononça-t-il devant l'Assemblée nationale un discours sur la « Nouvelle Société » qui fit date, provoqua dit-on l'ire du président Pompidou et amena ce dernier à se séparer en 1972 de son chef de gouvernement pour le remplacer par le fidèle Pierre Messmer. Les incompatibilités entre le président Mitterrand et Michel Rocard furent également bien réelles et durèrent trois longues années, à partir de la fin de la première cohabitation. Mais, dans de telles situations, faites de divergences, voire de conflits ouverts, demeure la solution d'un remplacement du Premier ministre par le président, conformément au droit constitutionnel de ce dernier.

En cas de cohabitation – au sens strict du terme – résultant de l'émergence d'une majorité différente de celle des formations soutenant le président de la République – la lecture « parlementariste » de la Constitution prévaut.

Le transfert du pouvoir majoritaire du président au Premier ministre fait-il de ce dernier le véritable chef de l'Exécutif ? La réponse à cette question doit être nuancée, si l'on examine à la fois les aspects institutionnels et le rapport des forces politiques. Les politologues et constitutionnalises ont ainsi pu distinguer la « cohabitation-compromis », la « cohabitation-soumission » – à laquelle se refusa en particulier le président Mitterrand – et la « cohabitation-conflit » qui suppose que deux légitimités, clairement établies, puissent s'affronter.

Le mythe du domaine réservé

Disons-le d'emblée, le concept de domaine « réservé » ne figure pas dans la Constitution de la Cinquième République, originelle ou amendée. La formule a été exprimée par Jacques Chaban-Delmas en 1959 à La tribune d'une réunion politique.

Il faut néanmoins examiner avec attention l'étendue des compétences propres et communes des deux têtes de l'Exécutif et la question de leurs pouvoirs de veto réciproques.

Le domaine que le président possède en propre est constitué des actes qu'il peut commettre sans contreseing ministériel. Leur énumération est limitative mais recouvre des pouvoirs théoriquement importants : le président peut ainsi recourir au référendum (art. 11), procéder à la dissolution (art. 12), prendre des mesures exceptionnelles (art. 16), s'adresser aux assemblées par message (art. 18), saisir le Conseil constitutionnel à propos d'un engagement international (54) ou de lois (art. 61). Reste que le président – formule rituelle héritée de la IIIe République ? – est « *le chef des armées. Il préside les conseils et les comités supérieurs de défense nationale* » (cf. art. 15). De plus, il ne faut pas oublier la question d'une décision éventuelle non partagée de l'emploi de l'arme nucléaire.

Le Premier ministre de son côté n'est pas démuni. En vertu de l'art. 20 : « *Le gouvernement détermine et conduit la politique de la nation. Il dispose de l'administration et de la force armée ».* Dans ce dernier domaine, l'art. 21 précise que le Premier ministre *« est responsable de La Défense nationale ».* Le fait que *« Le Gouvernement informe le Parlement de sa décision de faire intervenir les forces armées à l'étranger, au plus tard trois jours après le début de l'intervention… »* (art. 35) conforte les pouvoirs du chef du gouvernement en cas d'engagement des forces armées.

Kriegspiel et réalités

La cohabitation doit s'analyser sous l'angle juridique, mais son déroulement résulte aussi et même avant tout de la réalité des rapports de force politiques ; l'on ne peut s'en tenir à des schémas purement théoriques. La popularité des acteurs principaux, l'importance numérique des parlementaires qui les soutiennent, les moyens à leur disposition (ex. système médiatique), s'avèrent ainsi prépondérantes. Une dissolution venant d'intervenir, « l'arme de poing » définie à l'art. 12 à la disposition du président ne peut être utilisée pendant une année ; l'application de l'art. 16, sauf drame national, ne peut être envisagée et elle est strictement encadrée ; il n'a pas été recouru au référendum dans l'affaire des retraites ou de la loi sur l'immigration, pourquoi en serait-il autrement aujourd'hui ?

En 1981, le président Mitterrand avait écarté l'idée d'une cohabitation et il avait dissous l'Assemblée nationale dès sa nomination. Aujourd'hui, en déclarant en amont que son mandat n'était pas menacé et qu'il irait au terme de son mandat prévu en 2027, le président de la République a préservé la perspective de la cohabitation. Mais, en cas de blocage politique majeur, la seule issue – démocratique par essence – serait alors sans doute une élection présidentielle anticipée. Jacques Chirac fut considéré un temps, au cours de la première cohabitation, comme le Premier ministre le plus puissant de l'histoire de la République ; cela ne l'a d'ailleurs pas préservé d'un échec à l'élection présidentielle de 1988. Mais cet ascendant gouvernemental ne serait-il pas plus marqué encore, compte tenu de la configuration actuelle, en cas de majorité absolue à l'Assemblée nationale, hostile au président de la République ? Ne faudrait-il pas rajouter une catégorie, celle de la « cohabitation déséquilibrée » à la typologie des cohabitations ébauchée supra ?

« *Paix impossible, guerre improbable* », déclara Raymond Aron à propos de la situation internationale. Pourrait-on désormais affirmer – en sollicitant sa formule – « cohabitation impossible », c'est-à-dire iné-luctable mais inévitablement conflictuelle, et « domaine réservé improbable », c'est-à-dire limité dans la pratique et conditionné par les circonstances ? Dans ce contexte général, est-il déplacé de parler de la fonction « *honorifique* » de chef des armées, en cas de cohabita-tion, et du pouvoir de blocage du chef de gouvernement – dont la seule raison d'ailleurs n'est pas qu'il « *tient les cordons de la bourse* » – pour le déploiement de troupes dans un pays étranger ? S'il ne s'agit pas d'encourager des positions extrêmes de part et d'autre, l'heure n'est-elle pas à la restauration de la politique – s'exprimant par une volonté et une direction claires – alors qu'une cohabitation « apai-sée », c'est-à-dire rêvée par certains, équivaudrait à nouveau à une absence de gouvernement déterminé de la France ?

La République souveraine

Retour sur 2022

Le deuxième tour des élections législatives françaises en 2022, après les dernières élections présidentielles, avait déjà été qualifié de tsu-nami, ce qui était alors sans doute exagéré et devait être relativisé. La situation parut certes bloquée en l'absence de majorité absolue à l'Assemblée nationale et de perspective sérieuse de constitution d'une grande coalition « à l'allemande ». Néanmoins, le centre de gravité du débat politique s'était déplacé à la Chambre et cela pou-vait être jugé de manière plutôt positive, au regard de la lecture parlementarisme de la Constitution de 1958.

Mieux valait en effet a priori la démocratie par la voix des représen-tants du peuple que la démocratie directe de la rue ou même des réseaux sociaux. Mieux valait une effective démocratie parlemen-taire qu'une chambre d'enregistrement dominée par un ou des partis « godillots », c'est-à-dire aussi soumis que léthargiques. La question essentielle était dès lors celle de l'efficacité pour le pays : comment pouvait-on s'en sortir ? Que convenait-il de faire ?

Deux pouvoirs légitimes se faisaient alors face : un Exécutif qui n'était plus en mesure de mettre en œuvre son programme par la voie législative ou tout au moins avec les plus grandes difficultés en recourant au fameux « 49,3 » ; une Assemblée où aucune formation politique ou groupement de partis ne disposait d'une majorité absolue ; des extrêmes opposés sollicitant parfois des électorats socialement proches, mais inconciliables ; des formations charnières ouvertes au dialogue, mais courant le risque d'une perte totale d'identité et même à terme de disparition.

La consultation des partis avait alors peu de chances de donner des résultats significatifs et d'apporter de véritables clarifications. René Coty et la IVe République étaient en effet d'un autre temps et la séparation des pouvoirs devait aussi nous garder de tels empiètements – qui peuvent être à la limite réservés à un chef de gouvernement responsable devant le Parlement – alors que le pays s'était déjà prononcé. « *La France ne parle pas deux fois* », avait coutume de dire Couve de Murville, ministre du général de Gaulle.

Vagues déferlantes et cohabitation avant l'heure

La République courait le risque d'être ballotée, en proie à la confusion, menacée sinon proche d'être submergée par des vagues déferlantes. Il fallait la faire « *entrer au port* », comme l'écrivit le grand historien François Furet à propos de l'avènement de la IIIe République. Cette période de notre histoire que René Rémond, autre grand historien, qualifia de « République souveraine », issue de la défaite impériale de Sedan et qui connut trois guerres jusqu'à l'effondrement fatal de 1940, fut caractérisée dans ses premières années par l'opposition de la droite monarchiste et des républicains en une sorte de « cohabitation » avant l'heure.

Malgré ces difficultés considérables, et alors que depuis 1789 aucune expérience constitutionnelle n'avait duré plus de vingt ans, c'est l'ascendant pris par la République qui a assuré une longévité n'ayant fini par été dépassée que par la Ve République. L'année 1879 marqua la fin des espoirs de restauration monarchique avec le décès au combat du prince impérial, la disparition sans héritier du comte de Chambord, le contrôle inattendu par les républicains de la Haute Assemblée et finalement la démission du maréchal Mac Mahon. Mais la « respiration » démocratique, alors que l'on assistait à une alternance effrénée des cabinets ministériels, joua aussi un rôle essentiel grâce aux élections et au suffrage universel. Oui, la République souveraine fut une garante suprême.

La France contemporaine a conservé longtemps des nostalgies monarchiques et n'a-t-on pas parlé de « monarque républicain » ? Cet atavisme qui a traversé les âges constitutionnels s'est développé paradoxalement souvent dans un climat pré-révolutionnaire permanent susceptible de provoquer un basculement en faveur des extrêmes. C'est peut-être cette analyse, au sortir de la traumatisante guerre d'Algérie et de ses excroissances sur le territoire métropolitain même, qui a pu conduire les pères de la Ve République à concevoir une constitution mi-présidentielle et mi-parlementaire. Le système – taillé avant tout à la mesure du général de Gaulle et dont le président Mitterrand réussit même à tirer parti au cours de deux périodes de cohabitation – requérait effectivement une sorte de monarque dans la mesure où il n'était pas protégé par une stricte séparation des pouvoirs.

Résoudre une crise constitutionnelle latente ?

Le contexte actuel, qui pourrait le cas échéant revêtir les aspects d'une crise institutionnelle, ne permet pas d'imaginer une réforme profonde en vue d'une stricte séparation des pouvoirs, c'est-à-dire d'un rehaussement des pouvoirs du Parlement, assorti le cas échéant d'une modification de la loi électorale qui intégrerait une dose de proportionnelle. Mais le moment n'est pas approprié, ou pas encore, car les transformations apparaîtraient de convenance et de nature à protéger une citadelle assiégée, quand bien même dans l'esprit il s'agirait de limiter un « exercice solitaire » du pouvoir tant de fois critiqué sous la Cinquième République.

Une solution, tout au moins provisoire, afin d'éviter au pays un immobilisme désastreux, consisterait à chercher une inspiration dans le message de la République souveraine : toute la République, rien que la République. Le recours au peuple, par la dissolution, alors que le pays s'était déjà exprimé à quatre reprises en quelques semaines en 2022, présentait potentiellement le risque d'aggraver la crise et de renforcer des mouvements plus radicaux, voire extrêmes ; mais celle-ci, faute de référendums qui auraient pu intervenir plus tôt, par exemple au moment du débat sur les retraites ou de la loi sur l'immigration, a été rendue nécessaire par le message des élections européennes et la nécessité d'une clarification démocratique. Une démission du président de la République ? L'inconvénient précédemment décrit – à moins d'une confusion parlementaire qui en ferait la seule issue institutionnelle possible – aurait pu être démultiplié alors que le président de la République, même affaibli, est censé demeurer un garant majeur des institutions.

La photographie de l'Assemblée nationale

Beaucoup dépend finalement de la photographie de l'Assemblée nationale, après une vidéo assez floue de la dernière élection présidentielle. En 2022, le parti présidentiel, malgré son recul par rapport à la législature précédente, avait conservé une certaine dynamique qui lui laissait des marges de manœuvre, telle une éventuelle coalition de gouvernement. Cela n'est plus le cas en 2024. Le choix comme Premier ministre du chef du plus important groupe parlementaire devait s'imposer a priori comme une nécessité, le chef de l'État tirant une seconde fois d'affilée les conséquences de l'état politique du pays. Mais l'absence de majorité de quelque formation que ce soit a compliqué le processus. Il est néanmoins impératif que le nouveau gouvernement, même s'il ne n'était pas nécessairement unicolore, puisse s'atteler de manière urgente aux questions les plus essentielles, internes et extérieures.

Un risque important serait que la quatrième cohabitation soit abordée avec machiavélisme, comme ce fut déjà le cas précédemment. Il sera de l'intérêt du nouveau parti dominant – aspirant manifestement à confirmer sa respectabilité – de se prêter à une cohabitation qui ne soit pas perçue comme uniquement conflictuelle, ne serait-ce que pour espérer des bénéfices électoraux ultérieurs. Le choix de la dissolution a pu être critiqué, surtout en raison du moment choisi, mais cette dernière pourrait ultérieurement faire l'objet d'une réévaluation plus positive si elle avait contribué à écarter une explosion politique et sociale.

Un laboratoire des régimes politiques

L'histoire constitutionnelle de la France fait apparaître que le pays n'en pas connu moins de onze constitutions écrites et qu'il fut le plus grand laboratoire des régimes politiques. Fallait-il un monarque ou un président ? Une assemblée ou deux ? Un suffrage censitaire ou universel ? Un vote unique ou à plusieurs tours ? Une dose de proportionnelle dans le mécanisme électoral ? Des consultations référendaires et des juges suprêmes ? Et aujourd'hui se pose sans doute à nouveau la question du parlementarisme dans un régime semi-présidentiel ; la Cinquième République fut dotée d'instruments – dont la dissolution – pour surmonter cette contradiction. Mais l'heure n'est sans doute pas à de nouvelles expérimentations, même si celles-ci peuvent être dictées par les circonstances. Outre que la priorité absolue est de remettre le pays au travail dans la durée, la boussole doit avant tout rester la référence à la République souveraine.

Le pari de l'instabilité ?

Au soir et au lendemain du premier tour des élections législatives, le Nouveau Front populaire (NFP) ne peut envisager de majorité absolue et a fortiori le mouvement « Ensemble », figure de proue d'une ex-« majorité », qu'il soit seul ou avec d'autres. En l'absence de claire majorité, ce dernier mouvement se retrouverait dès lors à l'Assemblée nationale dans une nouvelle configuration de majorité relative, mais dans une position nettement diminuée et soumise à la gauche, y compris la plus extrême.

Dès lors, déclarer que l'objectif principal est d'empêcher à tout prix le Rassemblement national d'obtenir une majorité absolue de sièges (NB : est-ce aussi la position d'Horizons ou du Parti Les Républicains ?) consiste à faire, dans la pratique, le pari de l'instabilité du pays.

L'objectif du barrage à tout prix du Rassemblement national – à défaut d'une cohabitation subie avec ce dernier, fût-elle conflictuelle – pourrait finir par acculer le président de la République à la démission et à une élection présidentielle anticipée. C'est ce que Marine Le Pen avait indiqué, ces derniers jours, tout en précisant qu'elle ne la demandait pas formellement, mais que cela pourrait s'avérer la seule issue politique. Dans l'immédiat, sa formation pourrait trouver avantage, dans la perspective du second tour des élections législatives, voire au-delà, à développer auprès des électeurs l'argumentation du risque de l'instabilité.

En écartant a priori une éventuelle démission, le seul objectif réaliste ultime d'un président de la République nettement diminué, ne serait-il que négatif (sauf à imaginer que la gauche puisse encore être bienfaisante pour le pays et à croire véritablement au concept du « Front républicain ») ? La volatilité et l'instabilité seraient-elles préférables à la cohabitation ? La destruction serait-elle créatrice comme dans la pensée de certains économistes ? Ou plutôt s'agit-il plutôt finalement, hors de tout projet collectif, de nuire avant tout en croyant sauver la face ?

Vers la VIe République ou le retour à la IVe ?

La dissolution a redonné la parole au peuple et elle ne peut dès lors être contestée a priori. « L'appel au peuple » est d'ailleurs un principe fondamental des institutions de la Ve République.

Ce faisant, le président de la République a demandé au peuple une clarification de ses aspirations, voire de trancher, et il se devait de rester au-dessus de la mêlée politique en se campant dans une position de juge-arbitre. Ce n'est apparemment pas ce qui est, semble-t-il, en train de se dérouler. Nombreux sont ceux qui ont reproché au chef de l'Exécutif sa décision du 9 juin, y compris et peut-être même surtout dans son propre camp.

Mais essayer de plus désormais apparemment de « brouiller les pistes » et de parvenir grâce à des arrangements contre nature à brider, voire à pervertir l'expression du peuple souverain, ne pourrait qu'aggraver la crise politique et faire entrer le pays dans des zones de turbulences incontrôlées.

Si tant est qu'il y ait déjà eu faute, cela serait alors pire que ce qui a déjà été accompli. Un rapprochement de circonstance avec LFI – mouvement sans doute plus anti-républicain que d'autres supposés extrémistes cloués au pilori – serait de plus une faute morale à l'égard d'une opinion manipulée et trompée.

Les chantres de la VIe République n'agissent pas que par impulsion et il ne fait aucun doute qu'ils ont une stratégie. Il faut leur reconnaître ce talent. Ceux qui pensent s'en accommoder, voire en tirer parti, alors qu'ils sont en position de grande faiblesse, s'illusionnent. Il est étonnant de constater que l'un des piliers du régime semi-présidentiel de la Ve République œuvre – par aveuglement, dépit ou orgueil déplacé ? – à son propre affaissement, selon une orientation qui pourrait faire penser à la IVe République. En réalité, le résultat de ces stratégies développées dans le dos des Français pourrait nous acheminer vers un très grand désordre de la rue, objectif ultime de tactiques de type trotskyste.

Michel Barnier, la dialectique de la nécessité

Au terme de jongleries institutionnelles et politiciennes, dont il n'était lui-même aucunement responsable, Michel Barnier est devenu Premier ministre de la France. En raison de la situation parlementaire, des défis à affronter, le chemin qui l'attend – et l'expression peut paraître appropriée pour un montagnard – sera dans le meilleur des cas un étroit chemin de crêtes, sinon un parcours le long de précipices vertigineux et abyssaux.

Mais outre la responsabilité immense dans ce contexte, la fonction de chef de gouvernement telle que définie par la Ve République peut être considérable. Rappelons-le, il n'existe aucun « domaine réservé » délimité par les textes depuis 1958. Michel Barnier va donc gouverner la France ; s'il n'y parvenait pas pendant le temps qu'il va passer à Matignon, personne ne pourrait le faire à sa place et le pays serait paralysé.

Un parcours politique n'est jamais un long fleuve tranquille. C'est d'abord sa richesse qui en fait sa force. La diversité des expériences ne découle pas nécessairement d'une dialectique subie. Les spécialités dominantes et les lieux d'accomplissement correspondent à une formation, à des connaissances, à des attirances profondes et, plus important que tout, à un projet global. C'est cela qui fait la solidité.

Une variable non quantifiable, aléatoire, est cependant toujours présente dans les évolutions et mutations professionnelles, comme naturellement dans la vie en général. Mais l'émergence tardive en France, au plus haut niveau politique, du Premier ministre n'est pas une incongruité. Pas plus que l'expression d'une sensibilité gaulliste qui irradie en réalité toute la classe politique, des fidèles, aux dévoyés et aux opportunistes sans pensée réellement structurée.

Finalement, les gaullistes sont des pachydermes. Solidement implantés dans la glaise, ils demeurent toujours obsédés par le mouvement – et ils ont d'ailleurs modernisé la France – mais ils ont aussi une immense mémoire et un poids physique incomparable qui peut en piétiner plus d'un si nécessaire. Telle est la dialectique, non pas du hasard, mais de la nécessité, pour le nouveau Premier ministre.

18

La spiritualité sans les Églises ?

On a parfois pronostiqué un siècle qui serait religieux. Il est encore prématuré pour le dire et les violences et affrontements, sous couvert de bannières religieuses, n'en sont pas nécessairement la confirmation. La prévision se réfère plutôt à un possible renouveau spirituel et la question se pose tout d'abord pour les deux plus grandes religions par le nombre des croyants, le catholicisme et l'islam (NB : 2,2 milliards pour les chrétiens et 1,8 pour les musulmans dont principalement en Indonésie et en Inde).

L'esprit et l'heure de la Réforme

L'Église catholique se trouve sans doute aujourd'hui à un moment qui s'apparente à celui de la Réforme protestante. Quelques similitudes de situation peuvent même être identifiées avec l'Allemagne du XVIe siècle, même si comparaison comme toujours n'est pas raison. Il s'agissait alors de faire face aux dysfonctionnements de l'Église romaine (cf. les « curetons » débauchés ; les Papes se comportaient en souverains, tel Léon X, fastueux mécène, fils de Laurent le Magnifique) dans un climat de profond désordre économique et social (cf. la Guerre des Paysans de 1525). Il faudrait ici parler de Thomas Münzer – l'un des chefs religieux de la Guerre des Paysans et l'un des grands protagonistes de la Réforme – tout autant que de Martin Luther qui prit finalement le parti des puissants (« *Chers seigneurs, poignardez, pourfendez, égorgez à qui mieux mieux* ») et mit fin au protestantisme révolutionnaire. L'inspiration essentielle du mouvement de la Réforme fut qu'il fallait revenir aux origines du Christianisme, c'est-à-dire dans la pratique aux écritures. (cf. « *le véritable trésor de l'Église, c'est le saint Évangile* », thèses de Wittemberg). Pour Luther, auteur de ces thèses affichées à la veille de la Toussaint

1517, « *un chrétien est le maître de toute chose et n'est le sujet de personne* », ce qui est l'affirmation de la libre interprétation (sola fide), sinon du libre arbitre.

Mozart et François

La messe de funérailles de Benoît XVI fut un événement quelque peu tronqué. Il n'est plus la peine de revenir sur l'absence de la France au niveau approprié. Il faut lire ou relire le testament de Benoît XVI, écrit en 2006 et qui a été révélé, pour mesurer la lumière – le terme revient plusieurs fois – qui émanait de la personnalité de Joseph Ratzinger et l'espérance qui l'animait, jusqu'à son dernier jour. La sobriété et la simplicité des obsèques, selon le vœu du Pape émérite, ne devaient pas exclure grandeur et émotion. L'ordonnancement de la cérémonie ne l'a pas véritablement permis.

Joseph Ratzinger s'exprimait, en particulier dans sa langue natale, d'une manière tellement claire et cristalline que l'on avait l'impression d'entendre Mozart qu'il aimait tant et qu'il interprétait d'ailleurs au piano quotidiennement. Or, en lieu et place de ternes récitants et d'une homélie étrangement axée sur la souffrance, on n'a pas entendu la musique dont regorge l'Italie avec des talents incomparables. Il a manqué par exemple l'Andante du Concerto n°23 parcouru par les zéphyrs des champs élyséens ou le touchant *Soave sia il vento* de Cosi fan Tutte particulièrement adapté aux circonstances. Ou encore la glorieuse *Missa Salisburgensis* baroque de Biber créée et jouée à proximité de ses chères Alpes bavaroises.

L'on aurait alors été au cœur de la civilisation européenne, où Benoît XVI a toujours placé sa raison et sa foi et à partir de laquelle il a développé son Pontificat en direction du monde entier. Mais la grandeur fut celle du gisant car Wolfgang « Amadeus » restera toujours en lui. « *Que la brise lui soit légère…* » (Soave sia il vento).

La France, fille réprouvée de l'Église et de l'Europe

Ces obsèques de Benoît XVI se sont déroulées à Rome sous le regard du monde entier et en présence de nombreux chefs d'État et de gouvernement. La France a été représentée par son ministre de l'Intérieur et des Cultes. Malgré le respect dû à ce dernier, a été ainsi soulignée la distance prise par la France avec le Vatican.

La France, qui fut longtemps considérée comme la Fille aînée de l'Église n'eut pas le courage de faire enregistrer dans les textes européens la référence aux « racines chrétiennes » de l'Europe. Aujourd'hui, intellectuellement et moralement à la dérive, elle préfère songer à faire inscrire – de manière inutile en raison de la Loi Veil – le droit à l'avortement dans la Constitution et à vouloir faire progresser une liberté, qui serait alors dévoyée, dans le choix du moment de la fin de vie. Ces errements expliquent peut-être la distance prise par rapport à Rome.

Le cardinal Ratzinger était un amoureux de la culture, de la pensée et de la langue françaises dans laquelle il s'exprimait comme Mozart – qu'il adorait et qu'il jouait tous les jours au piano – le faisait avec sa musique. Il fut d'ailleurs décoré de la Légion d'Honneur à la Villa Bonaparte, résidence de l'ambassadeur de France auprès du Saint-Siège. Il prononça ce jour-là dans notre langue un discours mémorable.

Depuis le XVIIe siècle, après les rois de France, les présidents de la République sont Chanoines honoraires de l'Église romaine de Saint-Jean de Latran. Cette archibasilique est d'ailleurs l'Église épiscopale du Pape à Rome. En oubliant ses racines, une France recroquevillée sur elle-même et qui donne souvent le sentiment de ne plus être gouvernée, est en passe de devenir la « Fille réprouvée de l'Église et de l'Europe ».

L'ombre de deux Papes

Le Vatican, le Pape et la Politique internationale sont liés de manière indissociable. Le Vatican étant aussi un État et étant doté d'un service diplomatique réputé avec notamment son réseau de nonces apostoliques, il n'est donc pas surprenant que le Pape s'exprime sur la guerre en Ukraine. C'est ce qu'il a fait à la télévision suisse, mais avec des propos qui ont parfois pu surprendre.

Le Pape en se référant à 14-18 et 39-45 a tout d'abord considéré que nous étions entrés dans une Troisième guerre mondiale. Ce point de vue est contestable car les pays qui soutiennent les parties à un conflit, certes désormais mondialisé, ne sont pas pour autant des co-belligérants au sens légal du terme. Ce qui a le plus surpris et choqué – après des déclarations antérieures très controversées sur « *l'OTAN qui aboie aux portes de la Russie* » – est qu'il mette sur un même plan l'agresseur et la victime, qu'il passe sous silence les crimes de guerre et même de génocide et qu'il fasse allusion un autre impérialisme dans la guerre en Ukraine.

Le Pape, à la différence de ses prédécesseurs, n'a pas eu la compréhension d'un Européen, pour qui la paix à tout prix peut équivaloir à la soumission. Jean-Paul II avait bien compris ce que signifiait « l'ordre règne à Varsovie » sous la botte soviétique. Il ne suffit pas de dire de manière incantatoire « négociations, négociations ! » pour que cessent destructions et injustice.

Puisqu'il aime la preuve par l'exemple, l'on aurait aimé voir le Pape à Kiev et plus encore à Boutcha. Mais cette volontaire position en retrait n'est-elle pas aussi le rappel que l'homme est libre, y compris de se fourvoyer dans les pires errements ? Et dans un pareil conflit entre deux nations chrétiennes, le Vatican peut-il s'en tenir à une autre attitude que celle de la neutralité et de condamnation de toute guerre ? Ses propos plus récents selon lesquels « *demain pourrait être pire* » ou prônant « *le courage du drapeau blanc* » ont choqué à Kiev car impliquant une forme de reddition.

Décidément, le dogme de l'infaillibilité pontificale – contesté dès l'origine en 1870, par crainte notamment d'une extension du pouvoir temporel de l'Église – est bien loin. Et l'on ne peut pas ne pas penser à Pie XII dont le message de Noël 1942 désespéra tant de croyants, car simplement allusif sur la Shoa. Parlera-t-on un jour dans les mêmes termes polémiques de François ?

Jean-Paul II, Pape de l'ère nucléaire

Nous vivons toujours dans l'ombre de Jean-Paul II qui contribua puissamment à l'ébranlement des totalitarismes et continue à être une figure tutélaire du catholicisme romain. Karol Wojtyla fut, à partir de 1978 et jusqu'en 2005, le premier pape non italien depuis le XVIe siècle. Il guida l'Église catholique dans la dernière partie du siècle. De grandes dates marquèrent cette période : le voyage dans sa Pologne natale en 1979 qui souleva des passions nationales et confirma de manière éclatante une volonté d'émancipation du pays par rapport au camp socialiste ; l'attentat du 13 mai 1983 sur la place Saint-Pierre à Rome ; la première visite d'un pape à la synagogue de Rome en 1986 et l'établissement de relations diplomatiques avec Israël ; la rencontre au Vatican avec Mikhaïl Gorbatchev, le 1er décembre 1989, qui se traduisit l'année suivante par une loi sur la liberté de conscience et religieuse en Russie ; le refus de la guerre du Golfe en 1991, l'ouverture à l'Islam et le refus en même temps des intégrismes ; la « purification » de la mémoire historique de l'Église, dans la ligne de Paul VI.

Mais plus qu'au Pape, il faudrait ici se référer au penseur, au philosophe et au politique qu'il fut peut-être avant tout. Sa pensée sur l'Europe, la nation et l'homme, exprimée par exemple dans son discours à l'UNESCO à Paris en 1980, résonne aujourd'hui encore avec une étonnante actualité :

« L'Europe tout entière – de l'Atlantique à l'Oural – témoigne dans l'histoire de chaque nation, comme dans celle de la communauté tout entière, du lien entre la culture et le christianisme ».

« Mon vœu est que l'Europe, se donnant souverainement des institutions libres, puisse un jour se déployer aux dimensions que lui ont données la géographie et plus encore l'histoire… la culture inspirée par la foi chrétienne a profondément marqué l'histoire de tous les peuples de notre unique Europe, grecs et latins, germaniques et slaves, malgré toutes les vicissitudes et par-delà les systèmes sociaux et les idéologies » (cf. Discours à l'ONU, 1995).

« La nation est la grande communauté des hommes. Elle existe par et pour la culture. Elle est toujours un élément stable de l'expérience humaine et des perspectives humanistes du développement de l'homme ».

« *Veillez par tous les moyens à votre disposition sur cette souveraineté fonda-mentale que possède chaque nation, en vertu de sa propre culture ; protégez ce qui est la prunelle de vos yeux, ne permettez pas que cette souveraineté fonda-mentale devienne la proie de quelque intérêt politique ou économique, victime des totalitarismes, impérialismes ou hégémonies pour lesquels l'homme ne compte que comme objet de domination et non comme sujet de son existence humaine* ».

Il faudrait, à l'époque de menaces nucléaires multiples, rajouter cette réflexion en conclusion d'un grand discours :

« *On dit que les armes nucléaires ont constitué une force de dissuasion qui a empêché l'éclatement d'une guerre majeure et c'est probablement vrai… mais on peut en même temps se demander s'il en sera toujours ainsi* ».

« *Il faut se convaincre de la priorité de l'éthique sur la technique, du primat de la personne sur les choses, de la supériorité de l'esprit sur la matière* ».

Jean-Paul II a beaucoup aimé la France. C'est lors de son homélie à Notre-Dame de Paris, le 30 mai 1980, qu'il posa sa célèbre, lanci-nante et incontournable question : « *Aimes-tu ? M'aimes-tu ?* ».

Femme, Vie, Liberté, au cœur du chiisme

La révolution chiite iranienne a ébranlé le monde, à partir de la ré-volution accomplie par l'ayatollah Khomeini, il y a désormais quarante-cinq ans. Paradoxalement, c'est le cœur du chiisme qui se trouve aujourd'hui secoué sinon fissuré, tant en raison d'une forte contestation intérieure que des tensions extrêmes à l'échelon régio-nal du Proche et Moyen-Orient.

Masha Amini, notre sœur, notre fille

Chaque 16 septembre, le monde civilisé – qui inclut en tout premier lieu la jeunesse en révolte de l'Iran – se souviendra de Masha Amini, jeune femme iranienne de 22 ans d'origine kurde, victime en 2022 de la féroce répression du régime des mollahs. Victime expiatoire, elle aura aussi ébranlé sans l'avoir recherché l'un des régimes les plus criminels de la terre (NB : près de deux tiers des exécutions capitales dans le monde s'y produisent) et peut-être contribué par son martyre à modifier à jamais l'avenir de son pays.

Le meurtre commis par la police a déclenché un mouvement d'une ampleur considérable contre le Hijab, pour la première fois depuis la révolution chiite de 1979. Et cette révolte au cœur des villes, et en particulier de l'université, s'est répandue dans l'ensemble du pays sur toile de fond de marasme économique, alors que 30 à 40 % des Iraniens vivent en dessous du seuil de pauvreté et que l'inflation est incontrôlée (NB : évaluée entre 40 et 80 %).

Les protestataires, dans un pays où la population a moins de 40 ans en moyenne, avaient dans leur majorité moins de 25 ans. Cette jeunesse, qui n'a connu que le régime islamique et Internet, s'est réunie à l'Université Sharif à Téhéran ou à l'Université Ferdowsi à Mashad dans le Nord du pays ; elle a entraîné de nombreuses couches de la population, y compris les petits commerçants du bazar et une partie du monde rural, qu'il s'agisse du pays kurde ou du Baloutchistan iranien au Sud ; elle fut composée de manière égalitaire de femmes et d'hommes ; elle était spontanée en ce sens qu'elle n'avait pas de figures de proue.

Si le slogan initial était *Femme, Vie, Liberté*, les manifestants ont aussi revendiqué un « *système démocratique, laïque et exempt de discriminations* ». Le pouvoir théocratique fut clairement mis en cause. Mais une révolte, aussi profonde et longue soit-elle (NB : celle-ci dura de longs mois) ne conduit pas nécessairement à une révolution, a fortiori face à un régime dont le conservatisme s'était renforcé depuis l'élection en 2021 du président Raissi. L'Iran a connu la protestation de 2009 contre les résultats de l'élection présidentielle ou encore les révoltes « économiques » de 2017 et 2019. Mais la secousse tellurique cette fois-ci, dans un pays où il y a 4,5 millions d'étudiants, moteurs du changement, ne sera pas sans conséquences durables, fussent-elles différées.

Masha Amini, prude et innocente jeune femme du Kurdistan, est devenue peut-être malgré elle l'étendard d'un mouvement qui ne disparaîtra pas. Nous repenserons encore à elle lors de la « Nuit de Yalda », lors du solstice d'hiver, très ancienne tradition de la culture perse remontant à Cyrus le Grand. Yalda signifie aussi « renaissance », celle du soleil, et donc le triomphe de la lumière sur l'obscurité. On pourrait même dire sur l'obscurantisme et la barbarie.

Nowruz en Iran

La tristesse des forces vives iraniennes est la nôtre. Elle est due à la férocité de la répression, au culte de la force, à la négation de tant d'intelligences, aux discriminations relevant d'un quasi-apartheid, à la destruction de la beauté, de la finesse et de la sensibilité, c'est-à-dire aussi de l'art. Mais la fierté iranienne reste immense et légitime et rien ne l'empêchera finalement de s'épanouir. Ce sera alors notre Iran, celui qui existe déjà et que l'on nie.

En mars de chaque année, est célébré le Nowruz, premier jour de l'An 1401, dans l'ensemble de l'aire de culture et de tradition persanes, de l'Iran naturellement à l'Afghanistan et l'Inde ainsi qu'en Asie centrale. Ce jour correspond à l'équinoxe du printemps lorsque partout dans le monde, alors que les rayons du soleil frappent la Terre à angle droit et qu'il n'y a pas d'inclinaison sur leur trajectoire, les jours et les nuits sont d'égale durée.

Nowruz est précédé de quelques mois de la plus longue nuit de l'année pour le solstice d'hiver, appelée « Nuit de Yalda » (*Shab-e Yalda*), aurait dû être célébrée à Téhéran, conformément à une très ancienne tradition de la culture perse remontant à Cyrus le Grand. Elle ne l'a pas été pour une immense partie de la population iranienne pour d'évidentes raisons.

Mais Yalda signifie aussi « renaissance », celle du soleil, et donc le triomphe de la lumière sur l'obscurité. On pourrait même dire sur l'obscurantisme. Nowruz succède donc à la nuit et souhaitons qu'il en soit ainsi en particulier pour l'ensemble de la jeunesse et pour les femmes iraniennes.

Comment pourrait-on de même célébrer Noël en toute quiétude dans des pays en paix, si celui-ci n'est pas possible à Kiev ou à Alep ? La retenue dans nos célébrations exprimera une prise de conscience de ce qui est en jeu et est aussi essentiel pour nous : la paix, la liberté, le progrès.

Noël sera aussi à la mémoire d'une femme iranienne, d'origine kurde, qui aura au prix de sa vie sans doute changé le destin de son pays. Elle aura exprimé la jeunesse de celui-ci, la beauté et représenté non seulement toutes les femmes iraniennes mais toutes celles du monde.

Polémique et beauté du voile

La question du voile, qui charrie avec elle dans le plus grand désordre intellectuel de nombreuses autres questions telles que l'Islam, l'immigration, l'islamisme voire le terrorisme, fait irruption de manière périodique et quasi compulsive dans le débat politique en France, notamment lors des consultations électorales.

Une polémique s'est par exemple développée concernant l'affichage sur un panneau, par une Association de la ville de Nantes à l'occasion du Mois de la Femme – et peut-être avec le soutien de la Mairie – d'une photo de femme portant un hijab. Il est indiqué que la photographie provient d'une exposition « Visages de Nantaises » sur les parcours d'habitantes de la Ville de Nantes en 2021. Si la polémique a semblé tout autant porter sur le soutien apporté par la ville de Nantes que par la photographie elle-même, elle a illustré l'hystérie d'une partie de la classe politique française relayée sans prise de distance par les médias.

La femme incriminée s'était-elle livrée au trafic de drogue ? Avait-elle utilisé une Kalashnikov dans les quartiers Nord de Marseille ? Non, elle vit à Nantes. Son seul crime fut-il de porter un voile et non pas une tenue traditionnelle de la Bretagne voisine ? Sa région française ? C'est le monde. Ces accès de fièvre donnent généralement lieu à une surenchère au nom d'une laïcité souvent mal comprise, étroite et elle-même parfois intégriste. Si le sujet n'est pas propre à la France, on peut penser que son évocation polémique y est sans doute aussi le révélateur et la catharsis d'un traumatisme plus ancien, refoulé, associé tant à la souffrance subie qu'à celle exercée sur d'autres lors de la décolonisation.

Le débat sur le voile peut consister en échanges improductifs, confus et frustrants, mais il peut aussi nous entraîner plus loin dans la réflexion sur des questions sensibles, importantes et incontournables. Il ne s'agit pas ici d'affirmer une expertise mais d'inciter à faire preuve de nuance et de modération.

Lettres persanes

Les polémiques relatives au voile ont suscité quelques réactions dans le monde musulman dont il est honnête de rendre compte. La perception de l'intérieur d'une société islamique chiite, au vu des seuls commentaires enregistrés qui ne constituent pas un sondage de valeur scientifique, s'oriente dans deux directions principales.

Le premier sentiment est celui d'une inquiétude face à ce qui peut apparaître comme une trop grande tolérance pour le voile. Il est ainsi écrit : « *à mon avis et celui de nombreuses femmes iraniennes qui sont dans l'obligation de le porter, le Hijab n'est pas du tout une belle chose et ne fait que limiter et entraver notre progrès. Nous sommes aussi des êtres humains et nous aimons nous habiller comme nous le voulons et apparaître librement dans la société* ».

Afin de lever un malentendu, il doit être clair qu'il ne s'agit aucunement d'encourager au port du voile mais précisément de plaider pour la liberté et la défense de celle-ci. Notre interlocutrice en a d'ailleurs convenu qui a fait écho à cette préoccupation en estimant « *qu'il n'y a aucun problème à choisir le Hijab consciemment et volontairement* ».

Le second sentiment, suscité par des campagnes et polémiques sur la question, est celui de l'opprobre dont nous frapperions une société musulmane qui n'est pas aussi unidimensionnelle que nous pourrions le penser et où les aspirations à la liberté sont extrêmement fortes en profondeur.

L'opinion sur le voile, en l'occurrence le Hijab, qu'elle soit d'ailleurs positive ou négative, serait une seconde punition ou tout au moins une blessure à l'amour-propre de chacun pour sa propre identité toujours complexe. Il est affirmé que le voile ne saurait toujours être assimilé à une application de la loi religieuse mais relève bien souvent de traditions culturelles.

Le Hijab n'est d'ailleurs pas assimilé entièrement à l'Islam par nos interlocutrices mais à une version rigoriste de celui-ci (cf. « *Islam invites people to thinking wisely…Hijab or Veil became a frightening strong law for women…* »).

Il faut laisser la conclusion à ces *Lettres persanes* : « *Dress is dress, the real Hijab comes from insight and thoughts… insight needs to be improved in the whole world..* » Le message est clair, le Hijab peut aussi protéger la libre pensée, les plus grands rêves. La liberté est en fusion, comme le volcan sous la glace.

« *Vérité en deçà des Pyrénées, erreur au-delà* », écrivait un grand philosophe. Ce qui est un instrument d'oppression peut aussi l'être de la liberté. La ligne de faîte se situe aussi à l'intérieur d'une même âme.

Spiritualités croisées

La Nuit du Destin, la lumière du jour

Les prêches du Patriarche « de toutes les Russies » Kirill réduisent la religion à une autre forme de pouvoir ; la somptuosité incomparable des rites orthodoxes, dans les cathédrales du Kremlin, au monastère de Novodievitchi où office à Moscou le Métropolite ou encore à Serguiev Possad, haut lieu de l'orthodoxie, ne sont pas un substitut à la religiosité de larges couches de la population.

L'islamisme occulte les beautés de la civilisation islamique depuis les Omeyyades, de Damas à Cordoue. Il faut donc savoir aussi oublier la religion en tant qu'institution ou pouvoir pour privilégier parfois la spiritualité qui subsistera toujours. Elle est l'antidote de tous les dérèglements, le refuge de la plus grande des libertés, le privilège de l'être individuel, le guide de sa pensée et de son existence.

Le Ramadan, mois sacré qui est l'un des cinq piliers de l'islam, s'achève par la rupture du jeûne lors de l'Aïd-el-Fitr. La « Nuit du Destin » précède l'Aid. La Nuit du destin (*Laylat Al-Qadr* – لَيْلَةُ الْقَدْرِ) est la nuit la plus sainte du calendrier musulman, car c'est au cours de celle-ci que l'archange Gabriel aurait révélé le Coran au Prophète ; elle rappelle donc la grandeur de l'événement mais aussi le moment où le destin de chaque personne est déterminé ; elle incite à la paix et à la sérénité, avant le retour à la lumière.

Le monde islamique est devenu vaste et divers et il ne se limite plus à la géographie de ses origines. Ainsi l'Organisation de la Conférence islamique (OCI), créée en 1969 comme organisation politique des pays à forte population musulmane, regroupe-t-elle des dizaines de nations d'Afrique, d'Asie centrale, du subcontinent indien ou encore d'Asie du Sud-Est. Le plus grand pays musulman, par le nombre des fidèles, est toujours de très loin l'Indonésie. La Chine et la Russie, deux grands empires laïcs, ont de fortes communautés musulmanes.

Même pour un non croyant, la Nuit du Destin du Ramadan peut évoquer des expériences marquantes, certes vécues de manière plus extérieure. Elle a l'ampleur des paysages métaphysiques de la péninsule arabique dans la région du Nejd ; elle fait écho aux appels des muezzins enflammant au soleil couchant les rives de la mer Rouge à Djeddah et se répercutant sur la barrière montagneuse proche du Hedjaz ; elle est illuminée à l'aube par d'innombrables falots verts des mosquées de Damas et nous entraîne dans le tourbillon vertigineux de danses soufies dans la cour du Palais Azem ; elle enveloppe la solitude des déserts d'Asie centrale jusqu'à la muraille de l'Hindou-Kouch ; elle a l'éclat somptueux du Nowruz iranien dans l'univers chiite.

Le sens du collectif ne saurait étouffer la dimension individuelle, transcendantale, de la fameuse Nuit du Destin dont la dénomination donne à elle seule le vertige. S'il s'agit bien de la révélation de la parole, chacun, fût-il non croyant, peut s'approprier ce grand moment qui peut d'ailleurs survenir en toutes circonstances pour lui donner le sens d'une expérience unique, celle de la perception d'une plus grande lumière – comme à travers le claustra merveilleux d'une mosquée indienne –, celle de la vie. Alors, la Nuit du Destin apporte-t-elle les premières lueurs d'un grand Jour.

Le Vœu de Louis XIII

La fête de l'Assomption de la Vierge Marie, c'est-à-dire de son élévation vers le ciel, qui est distincte de la commémoration de l'Ascension du Christ est, comme le rappelle cette brève évocation, une fête chrétienne. Elle est célébrée en France par les catholiques, le 15 août.

La France, « fille aînée de l'Église », eut le catholicisme pour religion d'État. L'origine du culte de l'Assomption fut l'imploration à la Vierge du roi Louis XIII et d'Anne d'Autriche qui ne pouvaient avoir d'enfant jusqu'à la naissance de Louis XIV. Les processions du 15 août se multiplièrent depuis lors en France – à la suite du Vœu de Louis XIII en 1638 (cf. « *prenant la très sainte et glorieuse Vierge pour protectrice spéciale de notre* Royaume ») – et leur lieu privilégié devint plus tard la grotte de Lourdes, à partir de la seconde moitié du XIXe siècle. La date du 15 août fut même retenue pour y marquer la fête nationale jusqu'à la proclamation de la république en 1880 et son remplacement par le 14 juillet. Le culte fut ultérieurement officialisé par le pape Pie XII en 1950.

L'Assomption n'est pas une célébration réservée à la France et elle demeure aujourd'hui une tradition parfois même plus vivace en dehors même d'elle, comme dans l'Europe centrale. Le culte de Marie est d'ailleurs sans doute plus fort que celui du Christ dans l'imagerie populaire du monde chrétien, du Proche-Orient, comme dans la Syrie chrétienne. Également au monde orthodoxe, comme l'attestent les icônes, dont la sublime Notre-Dame de Kazan que l'on trouve dans chaque foyer.

C'est en effet Marie qui s'offre la première à la vue des croyants, dans les lieux de culte, alors que le Christ est réservé à la coupole des églises byzantines. Elle est aussi respectée dans le monde musulman. Cet accès de plain-pied en quelque sorte à Marie fournit peut-être une symbolique à tous, même pour les non croyants. Marie est devant nous la mère, la sœur, la femme, l'incarnation de la féminité. Et l'Assomption l'élève au-dessus de tous et de tout comme une réalité et un rêve permanents à la fois.

Le cri du cœur du Pape François

Le refus du Pape, sous forme de brutal cri du cœur, de répondre favorablement à l'invitation officielle qui lui avait été adressée, de venir consacrer pour sa réouverture Notre-Dame de Paris, le 8 décembre 2024, n'a pas manqué de surprendre sinon de choquer la communauté des croyants.

Le Pape a-t-il un problème particulier avec la France ? N'avait-il pas pris le soin de souligner lorsqu'il était venu à Strasbourg, puis plus récemment à Marseille qu'il ne s'était pas rendu en France mais pour des événements extérieurs à celle-ci ?

Mais François est Pape et n'a pas a priori à faire état de sensibilités personnelles. Le Vatican dès lors a-t-il des contentieux avec la France ? La fille aînée de l'Église est-elle désormais considérée comme dévoyée avec sa déchristianisation accélérée, avec l'évolution de sa législation sur les questions dites « sociétales », qu'il s'agisse de l'inscription de l'avortement dans les principes constitutionnels de la Ve République, du mariage pour tous ou encore de la possible évolution de sa législation sur la fin de vie ? Sans parler des scandales de l'Église de France au cours des dernières années ?

Quoi qu'il en soit, la réouverture de Notre-Dame de Paris sera un événement à l'échelle mondiale. Notre-Dame est un symbole éclatant de la chrétienté et de la nation tout entière, une expression du « génie » du christianisme pour reprendre un terme cher à Chateaubriand, et l'incarnation d'une immense institution.

Le Pape François n'aurait-il pas dû naturellement l'honorer et être associé à cet événement considérable ? Si le Pape se désespère de l'évolution du monde dit développé, est-il assuré que la pensée chrétienne n'irrigue plus en profondeur la France ? Cette spiritualité latente ne pourrait-elle pas s'exprimer à nouveau par une brusque résurgence et faire de la France un pôle inattendu de sa renaissance ? Les grandes institutions se caractérisent en effet par leur permanence et leur finalité. Si la spiritualité peut se développer en dehors des Églises, ces dernières peuvent aussi en être des tuteurs, à l'exemple de Notre-Dame de Paris et de Saint-Pierre de Rome.

19

La perspective historique

De l'Antiquité à nous

L'histoire ne se renouvelle pas nécessairement et les références au passé ne sont pas nécessairement pertinentes. Mais il faut s'efforcer de situer les événements dans le temps long de perspectives historiques. La réflexion ne doit en effet pas être uniquement explicative, mais doit nous conduire à privilégier des orientations valides dans la durée. Quelques moments forts de l'histoire sont ici retenus à titre d'illustration.

Néron et Agrippine : le paroxysme de l'ubris

L'apparente stabilité d'un pouvoir n'est pas nécessairement incompatible avec l'existence de personnalités hautement controversées. Ainsi l'Empire romain du Ier siècle de notre ère ne fut-il pas, outre mesure, affecté par le dérèglement de figures synonymes de la démesure dans les passions que furent Néron et sa mère Agrippine. Mais il est vrai que la disparition de l'empereur, en 68 apr. J.-C., déboucha sur une guerre civile de deux ans, aussi brève relativement qu'elle fut intense.

Néron et Agrippine incarnèrent la débauche, le pouvoir hybristique d'ambitions sans limites, la corruption à la Cour – où l'antique vertu romaine s'était effacée – et le meurtre. Le stoïcien Sénèque, précepteur du jeune Néron, échoua dans l'éducation qu'il lui dispensa. Agrippine prit le relais, espérant contrôler le jeune empereur en l'encourageant paradoxalement dans la dictature de ses passions qui coexistèrent avec une grande indifférence dans la gestion de l'État.

Au lieu de tenter en vain de canaliser, la stratégie fut ainsi d'accompagner dans les errements. Néron eut en effet pour mentors des hommes et des femmes plus âgés qui agirent en ce sens. Les excès et la folie furent les véritables leviers d'influence sur l'empereur.

Agrippine, sœur de Caligula et impératrice en tant qu'épouse de son successeur Claude, qui était aussi son oncle, fit assassiner ce dernier. Elle-même finit par périr en 59 du meurtre commandité par son propre fils Néron ; ce dernier l'avait pourtant officiellement dénommée « *la meilleure des mères* ». Il réserva le même sort à son épouse, la vertueuse Octavie, et à son demi-frère Britannicus, pour ne s'en tenir qu'à la sphère familiale la plus proche.

La disparition d'Agrippine ouvrit la voie à une période chaotique au sein du pouvoir, même si rien n'avait tant choqué les Romains que la tyrannie de l'empereur Caligula qui avait fait revivre l'absolutisme oriental hérité de son arrière-grand-père Antoine. Quant à Néron, il choisit sa fin de vie en se faisant donner la mort par un affranchi. Quelques années auparavant, en juillet 64 de notre ère, il avait atteint le moment paroxystique de son pouvoir, de sa propre mégalomanie et vanité, en contemplant avec jouissance l'incendie de Rome. La ville était alors à son apogée et comptait entre 800.000 et un million d'habitants. Accident, acte criminel ou auto-destruction ?

Carthago delenda est : l'Europe face à son destin

Le destin de l'Europe ne se joue pas uniquement dans le règlement de la guerre en Ukraine, à propos de laquelle s'est ouverte en Suisse une première conférence diplomatique. Il est avant tout question d'un indispensable choix identitaire et de la recherche d'une autonomie stratégique, qui ne se limite d'ailleurs pas au domaine militaire mais englobe aussi les hautes technologies. Cela suppose à terme le recouvrement par les États d'une certaine souveraineté perdue, diluée dans une dérive « fédéraliste ». L'Europe devra être refondée d'une manière ou d'une autre si elle veut véritablement exister face aux défis mondiaux, entre la Chine et les États-Unis.

Carthago delenda est (il faut détruire Carthage), tel était le mot d'ordre clamé dans chaque discours devant le Sénat romain par Caton dit *l'Ancien* ou *le Censeur* au IIe siècle av. J.-C. Cette obsession recouvrait la recherche d'une victoire totale sur une cité désarmée, mais dont le malheur était alors l'insolente prospérité. Effectivement, la troisième guerre punique se termina par la destruction de la ville.

Après cet « Hiroshima du monde antique » – annihilation d'une nation et d'une culture – il ne s'agit plus seulement aujourd'hui de savoir si l'Ukraine devra rendre les armes sur les lignes de confrontation actuelles ou si le régime russe, finalement victime d'avoir été ostracisé, miné de l'intérieur et ayant perdu sa légitimité, sera profondément transformé. Le défi européen existe également face à d'autres enjeux.

Le Carthaginois contemporain, face aux nouveaux pôles de puissance, n'est plus un seulement conquérant, mais il devrait avoir pour nom la liberté et l'indépendance. Le Carthaginois, désormais c'est nous. La Rome antique est, dans cette perspective, l'incarnation de la domination des superpuissances.

Caton l'Ancien, en réalité hystérique, fermé aux cultures du monde comme la civilisation hellénistique, d'une austérité maladive dans son enfermement, réunit en fait les figures de tous les assaillants. Il représente globalement le parti de la guerre et incarne en même temps l'Hannibal qui détruisit l'armée romaine à Cannes dans la plus sanglante bataille de l'histoire.

 Hannibal ne réussit jamais à prendre Rome, qui était à sa portée après la bataille du lac Trasimène en 217 av. J.-C., faute notamment de « machines de siège » et aussi par ce que son projet était faussement conçu (NB : « *je ne suis pas venu pour affronter des populations, mais combattre en leur nom contre Rome* ») et hors d'atteinte (NB : détruire Rome non pas uniquement en tant que ville, mais en tant qu'entité politique). On parle aujourd'hui de la défense des « valeurs » et de la démocratie.

Dans la défense désespérée de la République romaine, s'imposa – dès la bataille perdue de Trasimène – la figure de Fabius *Cunctator* (« le temporisateur »), selon lequel il fallait éviter les batailles frontales. Le choix était-il possible entre Fabius et Flaminius, ce dernier étant partisan de l'attaque classique ? Tel fut longtemps le dilemme jusqu'à ce que la stratégie du contournement ne prévale et que l'enlisement de l'assaillant jusqu'aux « délices de Capoue » ne finisse par porter ses fruits.

Ce parallélisme historique peut donner le vertige et il n'est pas jusqu'à la guerre des mercenaires à Carthage, imaginée par Gustave Flaubert dans Salammbô, qui ne fasse penser aux milices contemporaines et aux affrontements sur le continent européen. Quoi qu'il en soit, nous ne pouvons pas laisser faire Caton/Hannibal – dont les combats étaient largement symétriques et relevaient de politiques de puissance et qui se souciaient en réalité peu des peuples. L'Europe, en proie à la guerre qui n'aura été finalement qu'un révélateur parmi d'autres, est désormais seule face à son destin. Il lui importe de savoir si elle veut véritablement en avoir un.

Mémoire de la Syrie : proche et éternelle

La Syrie nous est devenue lointaine et peu compréhensible ; elle ne fait plus effraction dans notre actualité, depuis de trop longues années, que dans le drame et même dans une sorte de surenchère de la tragédie. Mais elle est toujours restée chère à notre cœur, car elle est elle-même un creuset incomparable des civilisations méditerranéennes et du monde arabe, au-delà de critères contemporains de richesse et de puissance apparentes s'appliquant à la région considérée.

L'histoire de la Syrie peut donner le vertige : des origines aux royaumes hellénistiques, de l'ère romaine au christianisme, de l'islam et de la domination ottomane jusqu'à l'époque contemporaine. Il s'agit d'une civilisation dont l'espace-temps couvre « dix mille ans », dit-on souvent, voire un million d'années depuis le paléolithique. La richesse et à la complexité de cette histoire constituent un univers à la fois fabuleux et vertigineux, si important pour notre compréhension du monde, y compris d'aujourd'hui.

Se succèdent ainsi jusqu'aux épigones d'Alexandre : l'apparition des premiers villages agricoles au début du huitième millénaire avant J.-C., c'est-à-dire au néolithique ; l'accélération soudaine au troisième millénaire avant J.-C. à Mari sur l'Euphrate, où l'on écrit en caractères cunéiformes sumériens et où l'on découvre le « trésor d'Ur », constitué de statuettes en ivoire ; l'indépendance préservée d'Ugarit sur la côte méditerranéenne vis-à-vis des Hittites un millénaire plus tard, et l'ougaritique, considéré comme le premier alphabet de l'histoire ; la Syrie sous l'empire néo-babylonien au VIIe siècle av. J.-C., puis à la Perse achéménide ; la grande rencontre de l'Orient et de l'Occident sous les Séleucides, héritiers d'Alexandre le Grand, comme en témoignent les villes d'Antioche, de Lattaquié et d'Apamée, en mémoire respectivement du père, de la mère (Laodicée) et de l'épouse orientale (Afamia) de Séleucos Ier, ainsi que Doura Europos sur l'Euphrate.

La Syrie fut romaine. Au IIIe siècle de notre ère, l'empereur de Rome est Philippe l'Arabe (NB : il rétablit la paix sur le Danube et est parfois considéré comme le premier empereur chrétien) et, dans le même temps, le royaume de Palmyre se développe face aux Sassanides, qui ont succédé aux Parthes ; l'apogée de Palmyre est le règne de Zénobie – à la fois résistante, courageuse et aussi excessivement ambitieuse pour s'être proclamée impératrice – qui finit par capituler devant Aurélien en 272, mais l'influence culturelle et économique de la ville ne se démentit plus.

Le christianisme a précédé l'islam et la domination ottomane. Les églises chrétiennes du Ve siècle sont nombreuses sur ce que l'on appelle le « plateau calcaire » ou encore « les villes mortes » au sud d'Alep. À la fin du IVe siècle, le christianisme s'est en effet imposé et la Syrie fut rattachée à Byzance. Dès le début, l'islam y fut florissant et la mosquée des Omeyyades, achevée en 715, devint un modèle jusque dans l'Espagne musulmane (cf. « L'Andalousie de Damas à Cordoue ») ; avec les Abbassides, Bagdad devint un nouveau centre ; à partir du XVIe siècle, la Syrie passa sous domination ottomane, laissant notamment à Damas la mosquée Sinan-Pacha et le Palais Azem, qui abrita un temps l'Institut français.

Il faut s'arrêter sur Apamée, au bord d'un plateau qui domine la vallée de l'Oronte et est un lieu magique. Pendant plusieurs siècles, vers le début du premier millénaire, ce fut une ville militaire qui, à son apogée au IIe siècle de notre ère, abritait des haras royaux, les chevaux de la cavalerie et 500 éléphants, sorte de force de dissuasion avant l'heure. Conquise par Pompée en 64 avant J.-C., qui en fit une province romaine, elle accueillit un temps Antoine et Cléopâtre. La reine s'y trouva enceinte. Cette rencontre n'est pas sans rappeler le mariage d'Alexandre et de ses généraux avec des princesses perses à Suse, scellant la rencontre de l'Orient et de l'Occident. Mais s'il y a du romantisme dans l'histoire, qui n'est d'ailleurs parfois qu'un mythe, l'histoire dans son ensemble en est dépourvue. Elle est souvent tragique.

En énumérant ces périodes, qui se superposent comme des strates géologiques, nous parvenons à la période contemporaine et sommes tout aussi abasourdis aujourd'hui par le choc de la guerre qui se poursuit en Syrie. Cette nation semble être sortie de l'histoire, aspirée dans une spirale de destruction, loin des échos du monde.

Mais pour mieux comprendre la nature de la République arabe syrienne, il faut aussi regarder la place qu'y occupent les religions, les minorités et la culture. Sur cette terre chrétienne depuis les premiers siècles de notre ère, mais devenue majoritairement musulmane, onze religions chrétiennes furent officiellement reconnues par le régime de Damas.

Parmi les autres minorités, on trouvait les Arméniens, qui vivent en Syrie depuis que la Cilicie fit partie du royaume de Tigrane, aux IIe et Ier siècles avant J.-C. Certaines familles vivent à Alep depuis le XVe siècle, où réside une grande partie de la communauté. Le flux s'est accru avec le génocide de 1915, dont une grande partie s'est déroulée dans la région de l'Euphrate, autour de la ville de Deir Ezzor. Les alaouites, comme les Druzes, appartiennent à l'islam chiite, mais il est difficile de percevoir clairement la dimension religieuse de cette communauté. De plus, le président Assad, bien qu'alaouite, épousa une sunnite, une Britannique d'origine syrienne née à Londres. Dans les premières années de son mandat, les relations du pays avec le wahhabisme saoudien semblaient s'être apaisées, tandis que le prince héritier Abdallah, futur roi, avait une épouse syrienne issue de la tribu nomade des Chammar, dispersée du Nejd à Palmyre et dans d'autres États de la région.

Au cœur de la vieille ville de Damas, se trouvait le quartier juif. Réduit à une synagogue et à quelques maisons, la communauté s'est dispersée, surtout après la guerre des Six Jours et la guerre du Kippour. Mais aucune des maisons n'a été profanée et les Syriens disaient qu'elles seraient toujours préservées en prévision des retours. Au Musée national de Damas, les plus belles pièces étaient des fresques figuratives des IIe et IIIe siècles, encore uniques à ce jour, provenant de l'une des plus anciennes synagogues antiques connues. Cet immense édifice, enfoui dans les profondeurs du sous-sol – qui l'avait protégé pendant tant de siècles – le long des remparts de Dura Europos sur l'Euphrate, la « Pompéi de l'Orient », a été mis au jour en 1930 et restauré sous le mandat français.

De leur côté, les Kurdes s'agitèrent à plusieurs reprises dans ce que l'on appelle le « bec de canard », à l'extrême nord-est du pays. Mais la situation resta sous contrôle avant le conflit actuel, car ils jouissaient d'une relative autonomie. Les Palestiniens formaient une communauté importante. Ils disposaient d'un statut et pouvaient se procurer un travail. Nous en employions à l'ambassade de France. Enfin, les chiites n'étaient pas clairement identifiables en tant que tels, à l'exception de groupes importants d'Iraniens, que l'on voyait surtout à l'aéroport et qui venaient en pèlerinage au mausolée de Saida Zeinab, dans la banlieue de Damas, dédié à une petite-fille du Prophète.

Les sentiments, la nostalgie et la compassion aujourd'hui, ne peuvent jamais être dissociés des intérêts dans les relations d'État à État. À Damas en 1984 où – premier chef d'État français depuis l'indépendance du pays en 1943 – il fut reçu par Hafez el-Assad, le président Mitterrand avait résumé notre position fondamentale en déclarant que « *rien ne (pouvait) s'accomplir au Proche-Orient sans le concours de la Syrie* ». Le président Chirac fut le seul chef d'État occidental à se rendre en juin 2000 aux obsèques de Hafez el-Assad. Cela lui fut reproché en dehors de la Syrie, mais avait conforté des liens historiques très forts avec ce pays. Les Syriens regardaient la France sans préférence partisane ; elle était pour eux un pays qui incarnait la recherche d'équilibres au service de la paix et épris de justice, ce qui était en particulier très fortement ressenti par la communauté alaouite, longtemps déconsidérée et qui accéda au pouvoir grâce à elle.

Pour des raisons qui n'appartiennent pas qu'au passé et à l'apogée de notre relation bilatérale il y a un peu plus d'une vingtaine d'années – alors que la France avait en quelque sorte porté sur les fonts baptismaux un jeune président de moins de 40 ans – mais relèvent des impératifs géostratégiques d'aujourd'hui, il faut à nouveau se pencher sur cette terre de haute civilisation, malgré l'incongruité du terme au regard de la violence qui continue à la ravager.

Il y eut un « printemps de Damas » précédant de plus de dix ans un « printemps arabe » qui vira au cauchemar ; il suscita espoir et même euphorie et se traduisit par un bouillonnement de débats au sein de l'intelligentsia et par la promotion de réformes. Cette évolution par trop embryonnaire fut contrecarrée par une inertie interne et aussi des bouleversements régionaux. Mais il faut continuer à croire, comme le disait le général de Gaulle à propos de la jeunesse, que : « *tout recommencera* » et qu'une longue descente aux enfers s'arrêtera au cœur de Damas, au bout de la *Via Recta* romaine, là où se convertit Paul de Tarse. Paul, c'est comme chacun d'entre nous, le jésuite Paolo Dall'Oglio, disparu pendant le conflit, sans doute à Raqqa, qui en appelait à notre « devoir, humaniste et universel » (*sua humaniste ed universelle devozione*).

D'une guerre à l'autre

8 et 9 mai : victoire ou défaite collective ?

Le traditionnel défilé sur la Place rouge commémorant la « victoire » (День Победы) de 1945 s'est déroulé a minima en 2023 ; les autorités s'étaient alors efforcées de lui donner une apparence « normale », mais il n'en avait pas été véritablement ainsi : peu d'armements, sans doute mobilisés par la guerre en Ukraine, avaient été exhibés et le peuple fut tenu à distance. Comment par ailleurs était-il possible de célébrer la victoire alors que l'armée russe sur le front ukrainien rencontrait alors de grandes difficultés ?

Les choses ont été très sensiblement différentes en 2024, alors que le président Poutine a été réélu au mois de mars de cette année et que les positions russes sur le front sont désormais plus assurées.

Le 9 mai est la plus grande fête nationale en Russie et généralement un jour de grande fierté, grave et joyeux en même temps. Il coïncide souvent avec les beaux et longs jours et ne se résume pas au défilé de la matinée sur l'immense Place rouge. C'était une journée à la fois nostalgique et joyeuse pour tous. Mais jamais les vicissitudes politiques, le chaos des privatisations sauvages de la période de transition ou encore le choc des crises économiques mondiales comme celle de 2008, n'avaient altéré l'émotion collective. Dans les jardins publics, l'après-midi, les familles se rassemblaient pour écouter religieusement quelques anciens combattants raconter leur guerre au son de leur guitare. Ces derniers ont quasiment disparu, 79 ans après l'armistice de 1945. L'on était heureux ce jour-là d'arborer le ruban orange aux liserés noirs de Saint-Georges, le saint patron de l'armée, comme les *poppies* rouges – rappelant les premières fleurs réapparues sur les champs de bataille de Verdun ou de la Somme – et les bleuets français au revers des vestons et sur les robes. Le ruban de Saint-Georges était attaché fièrement aux antennes des véhicules dont ils constituaient des oriflammes.

La guerre en Ukraine altère inévitablement la perception des sacrifices commis par les peuples de l'Union soviétique. Elle doit aussi nous faire prendre conscience d'une défaite collective que l'on peut résumer à un suicide de l'Europe : l'Ukraine, à qui l'on souhaite de survivre, est déjà humainement et matériellement détruite et la reconstruction sera longue ; le pouvoir politique à Kiev a-t-il la profondeur historique nécessaire pour réaliser que demain pourrait être pire encore ? ; l'Europe, qui travaille un peu pour le roi de Prusse dans cette affaire, en paye aussi un prix économique considérable ; la Russie, en tournant le dos à sa vocation européenne qui fait aussi partie de son histoire, s'engage sur un chemin périlleux en direction de l'Asie. La victoire que l'on souhaiterait tous célébrer n'est-elle pas finalement aujourd'hui une défaite collective ?

Le 6 juin : une commémoration tronquée

Une reconnaissance éternelle est naturellement due à ceux qui sont tombés sur les plages de Normandie pour la libération de la France. Mais il y a eu en 2024 des raisons de ne pas regarder les cérémonies du 80e anniversaire du débarquement et de ne pas écouter des discours immanquablement stéréotypés, voire parcellaires.

Ce 80e anniversaire a en effet été tronqué. La présence du président Zelensky fut une reconnaissance implicite de l'importance des combats contre les armées hitlériennes dans l'Est de l'Europe et des sacrifices incommensurables qui y furent consentis, sans lesquels le débarquement en France n'aurait sans doute pas été possible. Mais l'absence de la Russie, invitée puis désinvitée, faute du respect de l'histoire et en raison de la confusion avec les temps présents, aura été pire qu'une amnésie ; il se sera agi tout simplement d'une manipulation historique.

À l'Est, la guerre contre les nazis a été le fait des Soviétiques et d'une Armée rouge qui réunissait divers peuples de l'URSS, mais la Russie aura payé le plus lourd tribut. De plus, si l'on parle de la lutte contre les nazis, il ne faudrait pas occulter la collaboration ukrainienne.

À Babi Yar, près de Kiev, plus de 33 000 personnes de la communauté juive ont été exécutées en septembre 1941. Ce fut le premier grand massacre de la Shoah. Entre 1941 et 1944, un million de Juifs d'Ukraine ont péri sur ce qui a parfois été appelé « une terre de sang ». Il n'y a pas eu dans ce pays de responsable pour, à l'instar du président Chirac, reconnaître sans fard les responsabilités de l'État français dans la collaboration. Un pays qui maquille, voire dissimule son histoire, n'est aucunement une démocratie ; celle-ci est indissolublement liée à la mémoire ; les dictatures effacent le passé ou procèdent à sa distorsion.

Le 80ᵉ anniversaire du débarquement de 1944 aura donc été un évé-nement qui n'a pas manqué d'approfondir des plaies au lieu de tenter de les cautériser ; il fut le reflet d'une histoire sélective, voire tron-quée, alors qu'aucune voix ne s'est élevée au nom de la mémoire intégrale et d'une justice posthume totale. « Normandie-Niémen », ces régions sont inséparables. Le général de Gaulle avait décoré en 1944 à Moscou, à la Résidence de France, l'escadrille Normandie-Niémen. Dominique de Villepin, Premier ministre, fit de même en 2006 dans le même lieu, avec le bataillon héritier de l'escadrille.

Independence Day : révolte des colonies, liberté, égalité

Le 4 juillet, jour de l'indépendance américaine (*Independence Day*), est une grande date pour les États-Unis qui devrait constituer aussi un message pour le monde. Le peuple américain commémore en ce jour la Déclaration d'Indépendance du 4 juillet 1776, élaborée prin-cipalement par Thomas Jefferson et adoptée par le Congrès continental du pays ; le 4 juillet fut décrété jour de la Fête nationale. Il s'agit bien en effet de se souvenir de la naissance d'une nation et l'historien contemporain américain Jon Meacham estima (cf. *The Soul of America*) que la conscience de l'histoire est l'un des tout pre-miers devoirs devant être imposés à chaque citoyen.

John Adams, deuxième président des États-Unis après George Was-hington – et le premier à occuper le bâtiment de la Maison-Blanche achevée en 1800 – considéré comme l'un des « Pères fondateurs », auquel succéda Thomas Jefferson son vice-président (NB : il fut am-bassadeur à Londres et ce dernier en France, à la veille de la Révolution française), eut très tôt la vision de « *l'émancipation de la partie esclave de l'humanité sur toute la surface de la Terre* ». Les États-Unis qui devraient constituer aussi un message pour le monde.

Pour sa part, le Pape François s'exprimant devant le Congrès des États-Unis en septembre 2015, évoqua la démocratie profondément ancrée dans l'esprit du peuple américain ; il estima que toute activité politique devait servir et promouvoir le bien de la personne humaine et être basée sur le respect et la dignité ; il cita, à l'appui de sa dé-monstration en faveur de la liberté et de l'égalité, la Déclaration d'Indépendance (« *We hold these truths to be self-evident, that all men are created equal, that they are endowed by their Creator with certain unalienable rights, that among these are life, liberty and the pursuit of happiness* »).

Révolutions américaine et française, liberté, égalité et démocratie, esprit messianique américain, se rejoignent ainsi dans un tout difficilement dissociable, selon ce rapide mais vertigineux survol historique et philosophique. Qu'en est-il aujourd'hui dans un monde dont les profondes mutations se traduisent aussi par des déchirements, dans toutes les parties du monde ?

Populismes : la quête identitaire

On parle souvent de mimétisme ou d'influence subie en analysant les populismes. Ainsi le souverainiste Nigel Farage ou Boris Johnson au Royaume-Uni auraient eu partie liée avec Donald Trump ; le Brexit serait une sorte de matrice d'un éventuel Frexit ; les populismes auraient été exportés dans les Amériques, jusqu'au Brésil et en Argentine ; la victoire de Giorgia Meloni et de Fratelli d'Italia au-delà des Alpes aurait préfiguré celle de Marine Le Pen et du Rassemblement national en France — alors que les deux formations maintiennent entre elles jusqu'à présent des distances ; Victor Orban serait proche de la Russie en raison de son traitement national privilégié des problèmes.
Il faut en réalité à la fois respecter les spécificités nationales, dont se targuent d'ailleurs les populistes (cf. Le « *Make America Great Again* » ou MAGA du courant républicain favorable à Trump), et rechercher des causes profondes qui peuvent être communes à différents grands ensembles ou se rejoindre.

Le Nouvel ordre international, célébré par le président George Bush Sr au début des années 90, a été en réalité un monde unipolaire – en train de s'achever – dominé par les États-Unis ; il a donné une expression politique à la mondialisation déjà engagée, sous le sceau d'un libéralisme conçu comme l'horizon indépassable de l'humanité (cf. Fukuyama, *La Fin de l'Histoire*). L'idée que le marché allait réguler le monde et se substituer aux relations inter-étatiques a en réalité conduit à une dérégulation du système international et à un processus de nivellement des sociétés, sous l'emprise notamment des

GAFA. Le phénomène des migrations massives et incontrôlées a fortement contribué à désorienter ces dernières et a accentué le trouble.

Les populismes sous leurs diverses formes, non interventionnisme, protectionnisme souverainisme, voire nationalisme, ne seraient-ils pas dès lors la résultante chaotique de ces phénomènes majeurs, d'une région du monde à l'autre ? Du Middle West américain à l'Inde hindouiste du Premier ministre Modi ? D'une Russie revenue à un projet impérial et s'appuyant sur l'Orthodoxie à des composantes de l'Europe contestant une dérive fédéraliste de celle-ci, hors du contrôle des nations et des peuples ? Le dénominateur commun de ces secousses semble bien être finalement la quête ou la préservation identitaire.

L'amnésie d'Hiroshima

« *Tu n'as rien vu à Hiroshima* », répète comme un leitmotiv l'amant japonais, dans le film d'Alain Resnais d'après le scénario Marguerite Duras. Tout le monde connaît pourtant le champignon radioactif, auquel succéda celui de Nagasaki dont l'image s'est-elle estompée, souvent oubliée, voire même méconnue.

Les commémorations se succèdent pourtant les unes après les autres, et ce sera en 2025 celle d'un 80e anniversaire, celui d'une défaite collective au-delà du Japon ; des hymnes à la paix rituels s'élèvent près du « dôme de Genbaku », bâtiment survivant de l'épicentre, devenu une cathédrale à ciel ouvert faite de quelques tiges d'acier. Mais une reconstitution de la tragédie, destinée à la conjurer, est-elle même possible ? Les témoignages au sol étant insoutenables, il s'agit le plus souvent d'une vue aérienne prise depuis l'avion chargé de la sinistre besogne ou d'un aéronef accompagnateur. L'explosion inconnue jusqu'alors ne fit pas de bruit à l'image, nous n'en ressentîmes pas le souffle dévastateur et encore moins le feu répandu au sol comme une faucille monstrueuse. L'avion s'appelait *Enola Gay*, du nom de la mère du pilote, et la bombe à l'uranium 235 *Little boy*. Une mère et un fils : comment est-il imaginable qu'ils aient pu être les symboles de la mort dans des proportions jusqu'alors inimaginables ?

Il serait même vain d'avancer des explications rationnelles liées au phénomène de la guerre et à la stratégie ayant conduit à ce sinistre aboutissement. Alors que le 9 août 1945, jour de Nagasaki, les forces soviétiques pénétrèrent en Mandchourie, était-ce le prix à payer pour arrêter l'avancée déjà engagée de Staline en Extrême-Orient ? Eût-il été trop coûteux en hommes et interminable de poursuivre, avec de simples moyens conventionnels et îlot par îlot ? Un pays frappé et humilié était-il fondé à vouloir effacer le traumatisme de Pearl Harbor ? Briser une puissance impérialiste jusqu'alors inflexible en visant des populations civiles dans des dizaines de conurbations entières pouvait-il se poursuivre impunément ? La guerre totale changeait-elle d'échelle de moyens ou plutôt de nature ? Tokyo n'avait-elle pas été largement réduite en flammes en mars de la même année à la suite du bombardement le plus meurtrier de la Seconde Guerre mondiale ? N'y avait-il pas eu déjà les terribles punitions sur les villes allemandes à Hambourg dès juillet 1943 lors de l'opération « Gomorrhe » et surtout à Dresde en février 45 où une deuxième vague aérienne succédant rapidement à la première avait même ciblé les secours apportés aux victimes ? Un président, provincial, d'apparence terne, impopulaire, dont l'administration fut marquée par de nombreux scandales, entra cependant dans l'histoire où il devint une figure majeure de la guerre froide.

Hiroshima, mon amour peut être compris comme une expression chaotique de la mémoire, se traduisant par d'étranges monologues parallèles et un effort maladroit, car désespéré, d'envisager la réconciliation des peuples. Mais que reste-t-il d'Hiroshima dans l'imprégnation des esprits, sur le plan humain, voire philosophique ? L'explosion n'est même plus identifiée, dans la conscience japonaise, à la puissance responsable, mais elle est jugée comme l'acte prométhéen suprême du feu dérobé aux Dieux, interdit jusqu'alors, commis par une humanité déterminée à anéantir la propre création qui la porte. Hiroshima, martyrisée, défigurée, c'est nous tous : « *tu me tues, tu me fais du bien* », doit-elle rester l'ultime et célèbre réplique ?

20

D'un système international à l'autre

Le terme « crise » est assez galvaudé : il y eut la crise économique de 29 ; celle de Suez en 1956 qui redéfinit une hiérarchie des puissances mondiales en mettant en évidence la relative *diminutio capitis* de la France et de l'Angleterre ; la crise des Sudètes en 1938 qui annonça le Second conflit mondial malgré l'Accord de Munich ; aujourd'hui celle de Taïwan avec en toile de fond les tensions entre les États-Unis et la Chine continentale ; et la crise ukrainienne qui est en fait une guerre de longue durée et non pas un moment paroxystique de tension internationale. La crise, au sens strict du terme, est un épisode bref ; elle peut s'avérer ce que l'on appelle parfois aujourd'hui un *game changer*, c'est-à-dire un événement à l'origine d'importantes transformations économiques, militaires ou encore au sein des sociétés.

Crises et système international

Un système international, fût-il en crise, est sensiblement autre chose ; il fait en effet référence à un ensemble d'institutions, telle l'ONU de nos jours, et de rapports établis entre les puissances. Relier les crises et les systèmes peut s'avérer une approche intéressante nous éclairant sur des changements fondamentaux intervenants ou révolus dans le monde. Toutes les crises n'affectent pas en effet en profondeur l'ordre international. Si l'on tourne son regard sur les dernières années, l'on peut identifier différents moments qui correspondent à des mouvements tectoniques, c'est-à-dire en profondeur et durables.

Le brutal retrait des Américains d'Afghanistan en août 2021, après une vingtaine d'années de guerre précédée à partir de 1979 par 10 ans de guerre soviétique, peut s'inscrire dans cette dernière catégorie. Cet épisode aussi spectaculaire que dramatique a eu pour effet de livrer toute une partie de la population afghane – qui avait entrevu dans les villes la modernisation à l'occidentale – à la férule implacable des talibans. Il n'a pas mis fin à tout type d'intervention, mais sans doute à un cycle d'interventions de type classique, à partir de considérations ou prétextes humanitaires. Ce que l'on a appelé le « droit d'intervention humanitaire » s'est en effet développé et a été conceptualisé aux Nations Unies à partir de la fin des années 90 ; cette évolution marquante a battu en brèche le respect du sacro-saint principe de non-intervention « *dans les affaires qui relèvent essentiellement de la compétence nationale d'un État* » inscrit au célèbre paragraphe 2, alinéa 7 de la Charte de l'ONU.

Il convient de se rappeler qu'en Irak, lors de la première guerre du Golfe – à laquelle mit fin la résolution 687 du Conseil de sécurité qui décréta des « inspections » sur les armes de destruction massive (WMD) – la résolution 678 du même Conseil avait autorisé la communauté internationale à « *utiliser tous les moyens* » pour mettre un terme à l'invasion du Koweït, sans que le mot de « guerre » ne fût employé. Ce processus d'autorisation implicite se renouvela dans le cas de la crise libyenne quelques années plus tard.

Plus proche de nous, il faudrait évoquer la crise de l'AUKUS – alliance entre l'Australie, le Royaume-Uni et les États-Unis – déjà un peu oubliée, visant à constituer un front anti-Pékin dans la zone Indo-Pacifique. En réalité, la crise se déroula tout d'abord entre puissances occidentales, puisque la formation de l'AUKUS fut concomitante de la perte par la France d'un « contrat du siècle » pour la fourniture à l'Australie de sous-marins à propulsion nucléaire. Dans le cas d'espèce, il ne s'agit plus d'intervention sous le couvert de l'humanitaire, mais de l'ébauche d'un bloc contre la Chine, alors que l'on croyait que cette forme d'alliances était réservée à une période révolue de la guerre froide.

Et l'on ne peut manquer d'évoquer la crise ou plutôt la guerre en Ukraine même s'il est difficile, alors qu'elle se déroule encore sous nos yeux et évolue dans le sens d'une escalade, d'en tirer à chaud des conclusions définitives. Néanmoins, il est permis de considérer que derrière le discours sur la déchéance de l'Occident et la défense d'autres valeurs, succédant au narratif sur les « *néonazis de Kiev* », c'est un projet post-impérial russe qui était en cause et dont on se rendra peut-être finalement compte qu'il n'était plus adapté à l'époque.

Un discours de la méthode

Il ne s'agit pas tout d'abord de raconter sa guerre de 14 et la référence au passé n'a d'intérêt que si elle éclaire l'analyse d'événements contemporains. Par ailleurs, bâtir une théorie des systèmes peut paraître excessivement ambitieux, mais il faut tout au moins s'efforcer de réaliser des synthèses, seules à même de favoriser dans une approche pédagogique la compréhension des phénomènes. Enfin, dernière considération principale, si les relations internationales reposent avant tout sur des intérêts, ce que l'on appelle les « valeurs » ne peut non plus être entièrement écarté. Dans le cas de la France, qui se considère souvent comme la « patrie » des droits de l'homme, il est clair que sa politique étrangère ne peut relever dans l'idéal que d'une combinaison – et même d'un dosage subtil et très instable – des intérêts incontournables et des ambitions humanistes et universalistes.

Le cas de la « libération » du Koweït en 1991 est assez éclairant à cet égard. La France fut réticente à s'engager dans la coalition, répugnant à faire la guerre et aussi en raison d'intérêts importants dans la région considérée, en particulier en Irak même (cf. fournitures d'armements, relations économiques, dette irakienne ; sans oublier le rôle de « chien de garde » assigné à l'Irak face à l'Iran qui avait du côté français déterminé la mise à disposition d'avions *Super-Étendard* ayant permis à Bagdad de frapper les terminaux pétroliers de l'Iran dans le Golfe persique). C'est sans doute la raison pour laquelle le président Mitterrand, à la Tribune de l'Assemblée générale de l'ONU à l'automne 1990, tendit une ultime « perche » à l'Irak en déclarant – provoquant par là même la fureur des Américains qui avaient déjà arrêté leurs décisions – que « *si Saddam Hussein manifestait – l'intention – de se retirer du Koweït, tout serait alors possible* ». Même s'il est difficile d'établir des comparaisons, ne peut-on pas considérer à travers le même prisme des intérêts et des principes les réticences de l'Allemagne à s'engager dans le soutien à l'Ukraine face à la Russie, sans oublier de plus le poids de l'histoire ?

Le basculement du système international

À partir du moment où un membre permanent du Conseil de sécurité s'est affranchi des principes de la Charte en envahissant l'Ukraine, le système politique de l'ONU s'en est trouvé paralysé et même au-delà totalement remis en cause. Les Cinq permanents peuvent-ils encore trouver quelques convergences, sinon s'entendre encore, pour aborder des questions telles que le programme nucléaire iranien ou encore la prolifération en Corée du Nord ? De récents débats au Conseil sur ce dernier dossier ont fourni une réponse négative. Cela est particulièrement préoccupant et ne peut durer sans risques pour l'état du monde.

Une première question peut être posée : vivons-nous une nouvelle guerre froide ? La réponse est non. La guerre froide reposait sur l'opposition des blocs et l'affrontement, sinon de façon frontale mais plutôt sur des théâtres périphériques, des deux superpuissances, les États-Unis et l'Union soviétique. Les tensions auraient pu dégénérer à plusieurs reprises, en particulier lors des crises de Cuba en 1962 et de Berlin entre 1958 et 1961, mais le pire fut évité ; ce qui a pu « structurer » le système – lui conférant paradoxalement une certaine stabilité – fut en réalité l'arme nucléaire ; la « destruction mutuelle assurée » (MAD) et la limitation, en vertu de l'accord SALT 1, des systèmes anti-missiles stratégiques à un seul site de part et d'autre protégeant les capitales Washington et Moscou, garantit finalement « l'équilibre de la terreur ».

Ce système prit fin en 1990/1991. L'une des raisons principales fut la décomposition de l'Union soviétique à la fin des années 80. La priorité de Mikhail Gorbatchev fut de mettre un terme à la dangereuse et surtout ruineuse course aux armements. Dans son célèbre discours du 7 décembre 1988, à la tribune de l'Assemblée générale de l'ONU, il annonça la fin de la « doctrine Brejnev » de souveraineté limitée ainsi que celle du rôle dirigeant du Parti communiste (PCUS) et de la doctrine marxiste-léniniste.

La guerre du Golfe de janvier-février 1991 fut aussi un facteur déterminant de cette évolution. Son issue, favorable à la coalition anti-Saddam, conduisit le président George Bush Sr à proclamer un « Nouvel ordre international » qui fut en pratique un monde unipolaire dominé par les États-Unis (NB : celui-là même que V. Poutine devait critiquer dans son discours de Munich de 2007). Avec son concept de « Fin de l'Histoire », l'économiste et politologue néoconservateur américain, Francis Fukuyama, fixa alors l'idéal de la démocratie libérale comme horizon indépassable de l'humanité (cf. *The End of History and the Last Man*).

Monde multipolaire et système multilatéral

Il est à noter que la période de domination américaine – dont on ne peut dire avec certitude qu'elle soit totalement achevée – a toutefois coexisté avec le maintien d'une certaine coopération multilatérale au sein des instances internationales.

Les atteintes au système international commencèrent déjà sous la présidence R. Reagan (1981-1989). L'Assemblée générale de l'ONU condamna en 1987 le bombardement de Tripoli visant Kadhafi. Alors que le président américain semblait engagé dans une croisade contre « *l'Empire du Mal* », les États-Unis remirent en cause leur participation à certaines organisations internationales en se retirant par exemple de l'UNESCO, suivis en 1985 par le Royaume-Uni. Ce fut donc l'ubris avant l'heure, celle de la décennie 90 et au-delà.

En effet, si le Conseil de sécurité demeurait encore paralysé en 1988 et connaissait, au-delà d'une crise financière, une véritable crise de confiance, l'ONU connut une forme de soudaine renaissance dont profita son Secrétaire général Javier Pérez de Cuéllar. En juillet 19888, un avion civil Airbus iranien fut abattu par erreur au-dessus du détroit d'Ormuz par la marine américaine ; les Iraniens profitèrent de cette tragédie pour revenir à la table du Conseil (NB : dans une image inversée du départ des Italiens de la SDN au moment de l'affaire d'Éthiopie). Il s'ensuivit un règlement d'ensemble entre l'Iran et l'Irak, l'indépendance de la Namibie, la fin de l'apartheid en Afrique du Sud et une solution diplomatique pour le problème du Cambodge. Ces soudaines évolutions furent facilitées par le contexte d'une guerre froide finissante. Parmi les Cinq permanents, la Russie apparut déliquescente alors que la Chine n'en finissait pas de s'éveiller ; face à Washington et Londres, la France, traditionnel « empêcheur de tourner en rond », et sensible à un certain non-alignement des pays du tiers-monde, allait-elle être dans ce nouveau contexte en mesure de profiter d'une marge de manœuvre élargie et d'exister seule ? La réponse fut en réalité négative ainsi que le confirma finalement la participation française à la coalition conduite par les États-Unis en Irak. Celle-ci prouva, pour reprendre un dicton asiatique, « *qu'il n'est pas possible de mettre sa barque en travers du fleuve* ».

Typologie des conceptions du système multilatéral

L'existence d'un système multilatéral, c'est-à-dire la coopération des États dans des enceintes multilatérales, et l'existence d'un monde multipolaire ne sont pas des phénomènes nécessairement associés et se superposant à la perfection, hormis une vision idéale. Alors que l'on assiste aujourd'hui à l'émergence d'un monde multipolaire, dont les pays du BRICS sont une illustration, l'ONU en tant qu'organisation politique paraît paralysée ; inversement, la coopération multilatérale fut possible dans le cadre du Nouvel ordre mondial, sous domination américaine ; l'accord des Cinq + un (Allemagne), le 14 juillet 2015, à propos du programme nucléaire iranien fut par exemple possible, mais cela n'est pas concevable aujourd'hui.

L'on peut finalement distinguer – même si cette classification est évidemment artificielle – qu'il existe quatre conceptions du système multilatéral : le « multilatéralisme d'expression » permet à des États réduits par la taille et limités dans leur puissance de trouver, le cas échéant, de larges échos dans le cadre des enceintes internationales ; le « multilatéralisme de coopération » permet à des États, faibles sur le plan économique ou affectés de manière conjoncturelle de bénéficier de la solidarité de la communauté internationale ; le « multilatéralisme démultiplicateur de puissance » concerne des puissances moyennes, tels la France ou le Royaume-Uni qui ont pu développer des réseaux et les animer et ainsi bénéficier de coalitions thématiques ou circonstancielles plus larges que leurs propres alliances ; le « multilatéralisme de domination » est réservé aux plus grandes puissances, tels les États-Unis, qui renâclent à accepter la coopération internationale mais qui finissent par y consentir car ils sont maîtres du jeu. La Chine refuse d'être cataloguée dans ce dernier ensemble car elle veut continuer, malgré sa puissance nouvelle, à donner le sentiment « qu'elle joue collectif ». S'agit-il d'une réalité ou d'une suprême habileté pour dominer finalement le système ?

Existe-t-il encore aujourd'hui un système ?

On peut répondre par l'affirmative à cette interrogation, malgré l'effacement de certains mécanismes de régulation, car toute réalité durable constitue finalement un système. Le monde est par exemple devenu moins multipolaire que celui que dénonçait V. Poutine à la *Wehrkunde* de Munich en 2007 ; pour l'Europe, le concept « d'autonomie stratégique » peine à progresser, mais une orientation se dessine ; la société internationale, malgré un narratif visant à mettre en exergue un antagonisme marqué entre « l'Occident collectif » et le « Sud global », ne se réduit pas à un affrontement Orient-Occident ; l'Orient et le Sud comme l'Ouest demeurent divers et parfois même fracturés ; malgré une certaine résurgence, le monde nouveau ne se réduit pas à l'affrontement de blocs : il est volatile et est plutôt fait de coopérations « à la carte » ce qu'illustre parfaitement la politique de l'Inde, par exemple dans la sphère Indo-Pacifique (NB : New Delhi n'est pas dans l'AUKUS mais coopère avec les États-Unis, l'Australie et le Japon dans une configuration à Quatre ; l'Inde est un partenaire stratégique de la France depuis 1998). L'OTAN, qualifié il y a encore peu d'ensemble « *en état de mort cérébrale* », a connu un regain de vigueur, effet immédiat de la guerre en Ukraine et elle s'est d'ailleurs élargie à la Suède et à la Finlande ; la question de l'adhésion de l'Ukraine continue de se poser ; cela ne signifie pas nécessairement que l'Alliance atlantique sera demain au cœur de l'architecture de sécurité européenne.

Il est finalement plus facile de dire ce que le monde d'aujourd'hui n'est pas que ce qu'il est, par rapport à un système qui avait révélé une certaine stabilité pendant quelques dizaines d'années ; le nucléaire militaire ne semble ainsi plus garantir l'équilibre de l'ensemble et l'on vit plutôt dans un contexte « d'infranucléaire » où il est possible de s'appuyer sur la possession de l'arme absolue pour faire la guerre à un État doté de seuls moyens conventionnels. Le monde est en effet « déstructuré ». Pourra-t-on un jour parler de « destruction créatrice », comme le font certains théoriciens de l'économie ?

Le système des relations internationales est incontestablement devenu plus volatil, du fait du blocage de ses règles de fonctionnement passé, d'une certaine anarchie des rapports entre États et surtout de la modification de la répartition de la puissance. Des « craquements » se font entendre de tous côtés.

Comme à l'époque de Hobbes, par rapport à l'état de nature, il faudra bien retrouver une forme de « contrat social » à l'échelle de l'humanité tout entière. Le modèle impérial n'est-il pas une illusion anachronique ? Celui de Deng Xiao-ping d'une déconnexion – et d'une coexistence en même temps – de l'économie du monopole politique du Parti communiste (PCC), qui avait permis une croissance à deux chiffres de la Chine, est-il encore viable ? La démocratie américaine n'est-elle pas menacée, pour s'en tenir aux mises en garde de leaders démocrates, dont le président Biden lui-même ? l'Europe n'a-t-elle pas été freinée, voire brisée, dans ses velléités d'affranchissement en raison de la guerre en Ukraine ? La mondialisation sera-t-elle remise totalement en question, démentant les assertions aventureuses de Fukuyama ou la globalisation ne conservera-t-elle pas quelques mérites ? Cette dernière – par le marché – ne s'est pas substituée en effet à l'ordre politique, mais l'on voit néanmoins qu'elle peut faire effet de garde-fou aux tensions les plus extrêmes (NB : la politique de l'Arabie saoudite privilégiant aujourd'hui son développement pour l'après-pétrole, par rapport à certaines solidarités régionales, n'en fournit-elle pas un exemple ?) La Chine et les États-

Unis ne disposent-ils pas chacun d'avantages comparatifs (ex. Les semi-conducteurs pour les USA, 65 % des réserves mondiales de lithium pour la Chine) ? L'Allemagne, particulièrement pénalisée par la guerre en Europe impliquant son très important partenaire économique russe, sans parler de la Chine, saisira-t-elle le moment pour « briser certaines chaînes » dans un mouvement historique de *Zeitwende* ? La Russie pourra-t-elle être ostracisée dans la durée par l'Europe, liée de façon réciproque par tant de liens avec elle ? Quant au système de l'ONU, certains de ses mécanismes devront être inévitablement modifiés et un élargissement du Conseil de sécurité s'imposera à l'évidence. L'habileté des juristes ne suffira pas à refonder un système, mais c'est aussi dans les moments les plus graves que des sauts qualitatifs sont possibles. La SDN n'est-elle pas née de la Première Guerre mondiale et l'ONU de la Seconde à San Francisco en 1945 ?

Ukraine : droit et justice

Les Ukrainiens parlent souvent du droit et de la justice et on peut entendre cette plainte due à leurs profondes meurtrissures. Le droit international a été violé ce qu'a reconnu publiquement le Secrétaire général de l'ONU ; des crimes de guerre ont été commis qui ne devront pas rester impunis. Mais l'organisation de la société internationale est plus qu'imparfaite, elle demeure embryonnaire et désordonnée à l'image d'un monde qui relève par trop encore de l'état de nature. Aucune autorité supranationale n'est en mesure de faire respecter en toutes circonstances et tous lieux des règles conformes à la civilisation à laquelle nous aspirons ; le Conseil de sécurité des Nations dites Unies n'est que l'embryon d'une structure idéale et il est au demeurant actuellement paralysé car il requiert l'unanimité de ses membres sur les questions qui ne sont pas de procédure.

Le droit de poursuite, dont fait actuellement usage Kiev en territoire russe, relève de la légitime défense définie à l'article 51 de la Charte de l'ONU. La question qui se pose est d'autant plus celle de l'efficacité de la riposte que les finalités de l'opération ne sont pas claires. Si l'on s'en tient à ce même article 51, l'Ukraine aurait dû « *porter à la connaissance du Conseil* » les mesures qu'elle prenait hors de ses frontières. S'agissait-il de faire diversion pour alléger la pression pesant sur les combattants ukrainiens dans le Donbass ? S'agissait-il de soutenir le moral de ces derniers ainsi que celui de la population alors que Kiev a accumulé les motifs d'insatisfaction, pour ne pas dire les échecs, depuis la contre-offensive annoncée et avortée de l'automne dernier ? L'ambition consistant à vaincre la Russie chez elle ou tout au moins à ébranler son pouvoir jusqu'à le déstabiliser exerce-t-elle encore une forte emprise sur les esprits des décideurs de Kiev ?

Sur ce dernier point, produit d'un nationalisme ancien et expression de frustrations plus récentes, il faut aussi comprendre les interrogations voire les réticences des soutiens militaires et financiers de l'Ukraine à livrer tous types d'armements et à autoriser leur utilisation en profondeur chez l'ennemi. Il ne faut jamais oublier en effet le déséquilibre des forces et en particulier le fait que – bien que certains veuillent faire fi des lignes rouges – nous sommes bel et bien en présence d'une guerre entre un État nucléaire et un État non doté. Moscou, pour défendre ses intérêts jugés vitaux, pourrait finalement « monter en gammes » tant en ce qui concerne la mobilisation de troupes additionnelles – ce que lui permet une population trois à quatre fois plus importante que la population ukrainienne – que l'escalade quant à la nature des moyens militaires.

Telle est la dure réalité d'un monde violent et de plus en plus dérégulé. L'heure devrait être une fois de plus à la diplomatie qui semble éteinte et oubliée, malgré quelques balbutiements récents de conférences organisées sans l'un des protagonistes. Elle a laissé la place aux tacticiens sans vision d'ensemble et aux commentateurs de la chose militaire qui n'engagent qu'eux-mêmes. À l'instar des tranchées du Donbass, c'est un peu comme si l'on comptait les boutons de guêtre dans celles de Verdun, il y a plus d'un siècle, lorsque fut inventée la guerre totale.

La guerre a déjà détruit l'Ukraine, malgré sa résistance légitime et courageuse qui ne lui permet plus que des gains territoriaux marginaux tout en étant horriblement coûteuse en hommes. La superpuissance nucléaire russe est aussi comme un Gulliver empêtré qui découvre et recense ses fragilités et elle ne peut qu'être inquiète sur son avenir, notamment économique et social ; elle s'est en effet coupée d'un marché européen qui lui était pourtant pourvoyeur de technologie et qui lui demeure potentiellement vital dans l'écoulement de l'une de ses richesses principales, le gaz. Quant à l'Europe, qui subit aussi cette situation sans précédent sur le continent, elle en paye à l'instar de l'Allemagne le prix fort symbolisé par le sabotage de Nord Stream et la rupture de ses approvisionnements énergétiques traditionnels. Elle a consenti pourtant d'importants efforts, pour ne pas dire sacrifices s'agissant de ses États les moins puissants, pour aider l'Ukraine dans la quête de sa survie en tant que nation indépendante. Mais l'Europe ne se demande-t-elle pas quand même si elle ne travaille pas pour le roi de Prusse ? Les conseilleurs ne sont d'ordinaire pas les payeurs, comme l'on sait. L'exemple de la reconstruction du Koweït et plus encore de l'Irak est là pour en témoigner.

Face à une guerre où il ne peut y avoir que des perdants, où les risques d'escalade ne peuvent jamais être totalement écartés, qui fait apparaître aussi un nombrilisme de l'hémisphère Nord face aux problèmes et frustrations du Sud, qui écarte l'Europe du grand mouvement créatif du monde dont le centre de gravité s'est déplacé vers l'Asie, il est plus que temps de se ressaisir et d'oublier la culture et les jeux de la guerre, de retrouver son identité et son autonomie sans laquelle il ne peut pas y avoir de promotion du droit et de la justice.

Écrivant quelques dizaines d'années après la bataille de la Moskova en 1812 *Guerre et Paix* dans son domaine de Iasnaïa Poliana, Léon Tolstoï sut s'élever au-dessus des nationalismes et des passions guerrières en se consacrant à l'aspect humain d'un affrontement qui se solda par des dizaines de milliers de victimes sans clair vainqueur. Le droit international humanitaire et le droit de la guerre avaient ainsi peut-être alors germé dans l'esprit de ce penseur universel ; Napoléon devait devenir un héros russe alors que le vrai vainqueur de Borodino avait été désigné : l'humanité tout entière.

Le spectre des BRICS

On pourrait dire, en paraphrasant les premiers mots qu'écrivait Karl Marx à propos du communisme dans son célèbre *Manifeste* publié en

1848, « qu'un spectre hante l'Europe, le spectre des BRICS, celui d'un monde nouveau plus multipolaire ». Telle est la nouvelle peur dont on accable les opinions publiques à l'Ouest, en les paralysant au lieu de leur faire accepter le caractère inéluctable des grandes mutations du monde et la nécessité de s'y adapter par un surcroît de dynamisme.

Le Sommet des BRICS qui se tient annuellement depuis la première édition (NB : alors du BRIC regroupant Brésil, Russie, Inde et Chine) d'Iekaterinbourg en 2009, et à nouveau en Russie cette année à Kazan, à 800 km à l'est de Moscou, était attendu. Mais son impact, tout au moins psychologique, s'avère plus considérable encore qu'anticipé dans le contexte de la lassitude procurée par la guerre en Ukraine, d'une sorte de réhabilitation de la Russie sur une grande scène internationale face à un Ouest, souvent dans le doute, quelque peu fissuré des deux côtés de l'Atlantique, et en proie à la langueur procurée par une administration démocrate finissante qui aura finalement échoué sur tous les grands sujets internationaux depuis l'abandon de l'Afghanistan en 2021.

Le BRIC, puis BRICS avec l'Afrique du Sud, est désormais BRICS+ avec l'accession de quatre nouveaux membres (NB : Égypte, EAU, Éthiopie et Iran), sans parler de nombreux autres États qui font encore antichambre comme la Turquie, mais qui sont présents. Grand ordonnateur de cette grand-messe diplomatique, V. Poutine aura pu exprimer au moins trois messages essentiels : ils n'est pas frappé d'ostracisme et il rencontrera d'ailleurs le secrétaire général de l'ONU ; du Tatarstan – sujet de la Fédération de Russie, à majorité musulmane et industrialisé – où les représentants d'un peu moins de la moitié de la population mondiale et d'environ 35 % du PNB de la planète se réunissent, la Russie peut mettre en exergue une identité multi-ethnique et pluri-religieuse apaisée ; la Russie, sous l'empire des nécessités et ostracisée notamment par l'Europe dans une démarche suicidaire, poursuit l'accomplissement de sa tentation eurasiatique.

Mais les BRICS ne sont pas un bloc au sens de la guerre froide ; totaliser par exemple les moyens nucléaires de la Chine et de l'Inde, qui se sont affrontées militairement à plusieurs reprises, est une absurdité. Il s'agit plutôt d'un contre G7 et de la confirmation de l'émergence d'un nouveau monde, celui-là même plus multipolaire – qui n'est plus ni le condominium américano-soviétique ni l'hyper-puissance américaine – que la France avait longtemps appelé de ses vœux. Plutôt que la peur, des perspectives grandioses devraient s'ouvrir à nous : l'Inde, pour ne parler que d'elle, n'est-elle pas déjà depuis 1998 l'un des principaux partenaires stratégiques de la France ?

L'Eurasie au cœur des BRICS

Il existe une tentation eurasiatique. Celle-ci traduit notamment sinon principalement une interrogation sur l'identité, qui n'est d'ailleurs pas propre à la Russie mais est due globalement à la modernisation accélérée, aux effets de la mondialisation et aux migrations devenues incontrôlées de par le monde sous l'effet du dérèglement climatique, des guerres et des inégalités à l'échelle mondiale. La Russie est un empire bi-continental, multi-ethnique, multi-religieux et multi-culturel et son eurasisme apparaît tout autant comme une protestation contre l'Ouest qu'un attachement à l'Asie. Les invasions mongoles de 1214 à 1552 – les plus dangereuses dans l'histoire de la nation russe – sont venues de l'Est et l'histoire de la Russie, une fois son expansion territoriale achevée, avait toujours été tournée vers l'Ouest.

L'intérêt d'Evgeny Primakov pour l'Eurasie fut plus de circonstance, sous l'empire des nécessités, qu'une croyance. Primakov comprit sans doute mieux que Poutine que la Russie post-soviétique – parfois qualifiée de « puissance pauvre » – n'avait plus les moyens d'un projet s'inscrivant dans une tradition impériale ; il prôna ainsi des coopérations, qui pouvaient être parfois conflictuelles mais excluaient résolument le recours à la force ; il s'agissait pour lui d'éviter absolument une coupure avec l'Ouest, contraire à l'ADN de la Russie ainsi qu'à son histoire tournée à la fois vers le continent européen et l'Asie.

Primakov conçut ainsi tout d'abord un triangle Moscou-New Delhi-Beijing qui s'intégra naturellement dans sa réflexion stratégique. Ce projet, qui fut conceptualisé dans ce que l'on appela en 1998 la

« Doctrine Primakov » préfigura les BRICS. Mais ce triangle pourrait aussi être décrit comme un « trio d'asymétries ». Le projet chinois de Nouvelles Routes de la Soie (*Belt and Road Initiative*) est par exemple susceptible d'affaiblir l'influence russe dans la région.

Poutine reprit à son actif le « logiciel » de politique étrangère de son prédécesseur à la tête du gouvernement qu'il vénèra pour avoir été un maître incontesté du renseignement. En plus de la nécessité d'un État fort, la dialectique du monde unipolaire/multipolaire et la question du non-élargissement de l'OTAN, ont rapproché l'actuel président russe de son mentor.

21

Le rêve d'Alexandre

Le centre de gravité du monde

Le centre de gravité du monde a d'ores et déjà commencé à se déplacer vers la zone Asie-Pacifique et la guerre en Ukraine n'en apparaît dès lors que plus anachronique compte tenu de cette évolution.

Le Monde nouveau se développe donc sous l'ombre portée d'un grand ensemble asiatique, aujourd'hui le plus dynamique. Le Grand Jeu du XIXe siècle était caractérisé en Asie centrale par l'opposition des empires russe et britannique. Le Nouveau Grand Jeu, sur toile de fond de l'affirmation de la Chine, se déploie de nouveau dans cette zone – et le projet chinois des Nouvelles Routes de la Soie en est une illustration – et aussi au-delà. Les grands ensembles du monde, en particulier les États-Unis et l'Europe, y seront impliqués ou en tout cas ne pourront pas s'en désintéresser. On ne saurait oublier la Turquie, dont quatre des cinq républiques d'Asie centrale sont turcophones, déjà très présente sur le plan économique, mais aussi la Corée qui y a des minorités actives ou encore l'Inde, voire l'Iran mitoyen. La Russie, dont l'Asie centrale faisait partie de l'Union soviétique, n'a pas renoncé à exercer de l'influence sur ses anciennes possessions où elle dispose encore d'un important *soft power*, grâce aux doubles nationaux et au rayonnement culturel.

L'Asie centrale fut le cœur du pouvoir d'Alexandre le Grand, qui est demeuré l'archétype des empires. Se référer à cette période de l'Antiquité peut fournir des clés de compréhension du monde contemporain dans la zone considérée. Céder à l'uchronie est dès lors une tentation. Quel est le rôle de la guerre dans l'affirmation de la puissance ? Celle-ci, au cœur du pouvoir régalien, ne s'impose-t-

291

elle pas toujours aux présidents de la plus grande puissance en vertu d'un «manuel de Washington» dont parla un jour le président Obama ? La résistance des Grecs contre la puissance perse de Xerxès n'a-t-elle pas précédé ce que l'on appelle désormais les «guerres asymétriques»? Les victoires militaires assurent-elles une domination durable ou ne faut-il pas considérer que celle-ci résulte d'une emprise qui la dépasse et relève de l'affirmation d'une civilisation ? Au-delà des autocraties et des empires, qu'est-ce que l'Orient ? «Les vents d'Est ne l'emportent-ils pas sur ceux de l'Ouest ?», comme le disait Mao Tsé-Toung ? Tout empire enfin n'est-il pas éphémère et destiné à disparaître ?

Face à tous ces questionnements, Alexandre, l'empereur des empereurs, nous fournit des éléments de réponse.

Le bilan d'une jeune et étincelante vie

Dans les premières semaines de l'année 323 avant J.-C., soit dix ans après le début de ses campagnes en Asie mineure, qui l'on conduit jusqu'à l'Indus et même en vue du Gange, Alexandre nous a reçus à l'extérieur de la ville de Suse qui fut la capitale des Achéménides et recéla de fabuleux trésors. C'est là qu'il fit déjà étape en 330, après Babylone et avant Persépolis, lors de ses chevauchées conquérantes et glorieuses en Perse.

L'atmosphère est encore à la fête et à l'éblouissement. Les somptueuses Noces de Suse viennent d'être célébrées en 324 avec des princesses perses marquant ainsi de manière éclatante une union avec l'Orient. Bien qu'Alexandre ait lui-même épousé en cette occasion Statera, la fille aînée de Darius, ainsi qu'une autre princesse perse, Roxane est toujours à ses côtés. Alexandre est au faîte de sa gloire en ce début 323 qui coïncidera en mars, lors de l'équinoxe de printemps, avec la célébration annuelle depuis des siècles du Nowruz zoroastrien.

Une sorte de périple circumterrestre a en effet déjà été accompli et c'est un Alexandre rayonnant, car le monde connu est à ses pieds, mais dont les traits attestent de la dureté des batailles et de l'ampleur de la tâche d'exercice du pouvoir, qui nous a reçus pour un entretien exclusif. Celui-ci s'est déroulé en langue grecque attique, idiome d'un nouvel empire devenu le plus grand du monde, qu'il utilise généralement avec ses compagnons et avec les étrangers.

Alexandre, que l'on appelle désormais « Grand Roi » depuis ses triomphes sur Darius, mais auquel ses compagnons macédoniens continuent à s'adresser souvent avec familiarité, a évoqué sans détours, en réponse à nos questions, un large éventail de thèmes : la guerre et la paix, le rapport du faible au fort, la nature divine du pouvoir, le choc des empires, la démocratie contre l'oligarchie, la séduction civilisatrice, le legs d'Alexandre et les finalités de l'Histoire.

Guerre et puissance

Question – Grand Roi, l'heure est à un premier bilan alors que vous êtes revenu à Suse au terme de vastes conquêtes. Vos contemporains n'ont pas écrit votre geste et c'est sans doute à vous qu'il revient d'en faire le récit. Ma première question portera sur la guerre et la volonté de puissance. Ont-elles été au cœur du projet d'Alexandre ?

Alexandre – On n'échappe pas à son destin et l'on a tendance à reproduire ce que l'on a vécu. Philippe II de Macédoine, mon père, a disparu tragiquement, assassiné à l'été 336 ainsi que certains de ses descendants et proches. Je suis issu de ce creuset où la violence fut toujours présente.

Ce sont les instances fédérales, en particulier la Ligue de Corinthe capable de réaliser l'unité des Grecs, qui m'ont confirmé dans mon rôle de chef de l'armée. Ce sont elles encore qui ont décidé une expédition punitive en Asie contre le roi de Perse. J'ai ainsi repris le projet conçu par mon père. Mais je ne me suis pas limité à utiliser l'arme traditionnelle de la guerre contre une puissance étrangère pour asseoir mon hégémonie sur la Grèce. N'étais-je pas de plus l'héritier d'une maison censée remonter à Héraclès, fils de Zeus ? Je n'ai pu dès lors que m'inscrire dans une lignée divine laquelle m'oblige.

Mais je le dis souvent, je dois de vivre à mon père, mais c'est à Aristote, mon maître, que je dois de vivre noblement. La guerre me fut donc un état naturel où je m'illustrai jeune entouré des compagnons de mon père, Antipater et Parménion, réduisant d'abord les barbares sur les pourtours du monde grec jusqu'au Danube et les velléités de révolte de cités en Attique avant d'engager la lutte contre l'Empire achéménide. Mais la pensée des philosophes tempéra finalement ce penchant belliqueux.

Il est vrai que j'ai livré aux flammes en 330 le Palais des Achéménides à Pârsa que nous appelons Persépolis, mais pas seulement pour venger les ravages infligés par Xerxès lors de la Seconde Guerre médique. Athènes fut alors occupée, il y a un siècle et demi, et il fallut l'héroïsme de Léonidas aux Thermopyles en 480, puis la bataille navale de Salamines pour nous sauver du joug de l'étranger. Si j'ai donc réduit en cendres le sanctuaire national des Achéménides et leurs richesses, ce ne fut pas uniquement en raison d'une fureur dionysiaque pour réparer l'outrage, mais afin de marquer clairement la fin d'une domination. Il s'agissait de signifier au monde l'effondrement d'un siège à la fois militaire, économique et dynastique, car la force, la richesse et la gloire avaient changé de camp.

Le manuel de Washington

Q – Grand Roi, cet héritage guerrier et le souvenir des conflits dans ce Ve siècle grec – qui fut aussi un âge d'or – n'ont-ils pas fini par constituer une sorte de code ou de manuel faisant une nécessité pour le Roi de conduire la guerre ?

A – Hormis en effet la filiation divine et humaine, la guerre est en soi tout autant créatrice d'histoire qu'elle ne la subit. Après une première offensive perse, qui soumit d'ailleurs la Macédoine, la Première Guerre médique conduite par Darius en 490, en réponse au soulèvement des colonies grecques d'Asie Mineure, nécessita pour nous un sursaut vital.

La deuxième guerre médique de Xerxès 1er en 480 mit plus encore en jeu l'existence de la Grèce. Les forces étaient déséquilibrées tandis que le roi des Perses pouvait mobiliser 300 000 hommes et 1 200 navires de guerre, soit le double de nos propres embarcations, sans compter 60 000 mercenaires grecs au service du Grand Roi. Xerxès força le passage des Thermopyles, malgré l'héroïque résistance de Léonidas, roi de Sparte et il occupa Athènes et l'Attique. Les étroites passes de Salamines permirent de réduire la force navale ennemie.

Le code de la guerre est finalement aussi celui du destin. Comme le dit alors Eschyle : « *c'est la terre et la mer qui combattirent pour les Grecs* » et le poids de la décision des dieux dans la conduite des affaires humaines fit le reste.

La dissuasion du faible au fort

Q – Comment put s'opérer le renversement, compte tenu du rapport de force initial, en faveur du plus faible par rapport au plus puissant ?

A – Un sentiment national finit par réunir les cités, en particulier Athènes et Sparte, ce qui se traduisit finalement sur mer comme sur terre. De grandes figures émergèrent qui firent la différence par rapport à la menace de l'autocratie.

Thémistocle fut l'homme de la puissance maritime athénienne. Il fit parvenir à Xerxès la fausse nouvelle d'une fuite des Grecs dans la région du détroit de Corinthe ; cela conduisit la flotte perse à s'engager dans les passes étroites de Salamine où elle fut décimée, le 29 septembre 480. Cette opération, d'une audace inégalée, fut complétée par la victoire terrestre du Spartiate Pausanias.

L'expédition des Dix Mille à travers l'Empire achéménide, décrite par Xénophon dans l'Anabase, avait déjà été source d'inspiration. Elle démontra en effet qu'un corps expéditionnaire de soldats grecs avait pu traverser tout un empire, invaincu et avec des pertes limitées. L'on se souvient de la joie des combattants lorsqu'ils atteignirent enfin la mer à leur retour. Que des mercenaires au service de la Perse aient pu démontrer de telles capacités pouvait conduire à imaginer des forces qui seraient décuplées par un sentiment réellement national.

Après mes premières batailles en Asie Mineure et surtout la victoire d'Issos sur Darius III en 333 et la campagne d'Égypte en 332-331, se sont ouvertes sept années de conquêtes avec une poignée d'hommes, au-delà de la fertile Mésopotamie et de la Caspienne, en Asie centrale et au travers de la formidable barrière montagneuse de l'Hindou-Kouch jusqu'au haut Indus près du Cachemire et du Penjab. Le départ de Syrie en 331 ne s'était effectué qu'avec 40 000 fantassins et 7 000 cavaliers.

Mais à la faiblesse du nombre, face aux multitudes inépuisables d'un empire continental, nous avons substitué l'endurance, la valeur combative et la mobilité. Les phalanges macédoniennes ont abandonné leurs lourdes cuirasses et leurs pesants boucliers pour de longues lances ; la cavalerie fut d'une audace inégalée, rompue à de foudroyantes ripostes ; Alexandre a voulu donner l'exemple, il n'a pas confié la guerre à des satrapes ; il l'a faite lui-même et il aurait même pu mourir à la bataille du Granique. Il est finalement possible que le pèlerinage sur le site de Troie, en souvenir d'Achille, m'ait protégé.

Paix et guerre entre les nations

Q – Les victoires militaires sont-elles la garantie d'une paix durable ?

A – Mon ordre a reposé sur l'emploi de la force qu'il a légitimée. Dès que fut pour la première fois plantée ma lance sur la rive asiatique des détroits par un homme privilégié, favori des dieux, a été engagé le projet d'un empire de type nouveau.

Mais si le triomphe des armes est souvent la condition permissive du retour à des temps plus pacifiques, il n'en est pas nécessairement la condition suffisante. Thémistocle, le grand homme de la Deuxième Guerre médique, subit par exemple les vicissitudes de la vie politique des cités ; il fut finalement ostracisé et mourut en exil en Asie Mineure. Il fallut attendre trente années avec la paix de Callias en 449 pour que soient assurées l'autonomie des cités et la démilitarisation des côtes occidentales de l'Asie Mineure.

Les victoires militaires ne sont donc pas suffisantes et l'armée de conquête a su aussi se transformer en administration. Des officiers macédoniens ont ainsi été établis comme nouveaux satrapes avec des garnisons réduites sans que soit véritablement modifié le système antérieur d'administration locale qui avait fait ses preuves. Des oligarchies ont parfois été remplacées par des régimes démocratiques ce qui a valu des soutiens populaires. La restitution de tributs a répondu aux aspirations de gouvernance régionale. Enfin, le culte d'Alexandre a commencé à se répandre de son vivant dans un nouvel univers polythéiste et cela a solidifié l'ensemble.

Trancher le nœud gordien

Q – Peut-on considérer que des menées bellicistes d'envergure, tout autant qu'une légitime réaction à l'agression extérieure, expriment l'essence d'un grand chef ? Trancher le nœud gordien en a-t-il constitué une illustration ?

A – La triple valeur de Gordion, au cœur de l'Anatolie, comme nœud de routes, poste militaire et lieu de ravitaillement explique les décisions audacieuses que j'ai prises. Elles sont au demeurant conformes à ma conception de la politique et du pouvoir. Il s'agit là d'une matière noble consistant en la définition claire d'une ligne d'orientation et l'expression d'une volonté pour l'action ; l'une ne va pas sans l'autre : il ne sert à rien de se fixer des objectifs que l'on n'a pas l'énergie de réaliser ; vouloir est vain si l'on ne sait pas dans quelle direction l'on veut se diriger. Cette combinaison vertueuse est la noblesse de la fonction et elle doit être partagée par tous ceux qui ont foi en moi.

L'aigle qui, devant Gordios, est venu se poser en annonciateur d'Empire est sans doute la réplique des aigles delphiques chargés par Zeus de fixer la place de l'omphalos. Une ancienne tradition promettait l'Asie à celui qui parviendrait à dénouer le nœud complexe fixant le joug au timon du char du fondateur de la dynastie. J'ai donc tranché le nœud d'un coup d'épée et réalisé la prédiction divine. Désormais, en lieu et place de la pierre qui symbolise le centre du monde, ma position en signalera le centre de gravité. Celui-ci sera là où je serai.

Histoire, philosophie, spiritualité

(À ce point de notre interview, Alexandre se lève brusquement. Il est alors immédiatement entouré de sa garde rapprochée qui l'entraîne et il nous laisse seuls sous sa tente somptueuse alors que – selon la croyance de ses nouveaux sujets – il se rend lui-même dans un temple pour accomplir des rites orientaux d'ablution et de divination tel qu'il sied au Grand-Roi ayant supplanté Darius. Alexandre revient environ une heure plus tard donnant l'impression d'un homme – si l'on peut encore employer ce terme – changé, plus concentré encore, moins accessible et enclin plutôt au monologue. C'est un Alexandre désormais plus grave qui reprend la discussion au point où elle avait été interrompue).

La forteresse perse

Q – Comment avez-vous appréhendé l'approche de la Perse, connue pour être un bastion inexpugnable ? S'est-il agi d'une conquête parmi d'autres ou bien les enjeux étaient-ils supérieurs ? Quelle en est finalement la signification principale ? Une incertitude majeure persiste en effet encore en ce qui concerne le sens de vos conquêtes : s'agissait-il d'imposer le monde hellénique à l'Empire perse ou bien l'Orient a-t-il finalement conquis Alexandre ?

A – L'avenir du monde s'est joué dans cette entreprise qui a été particulièrement difficile. Je l'avais déclaré en 331 : « *de même que deux soleils ne peuvent se lever en même temps, deux rois ne peuvent tenir ensemble le sceptre de la terre* ». Les approches ont mis mes troupes en condition. Nous avons traversé les déserts les plus terribles faits d'un sable noir volcanique. Nous sommes même passés par un endroit appelé « les bouches de l'enfer », sorte de cratère d'effondrement d'où se dégagent nuit et jour des flammes depuis des temps, dit-on, immémoriaux. Au soufre et à la fournaise, ont succédé les vents de terres glaciales.

Mais la récompense est venue ensuite à Babylone, Suse et Persépolis. Dans ces hauts lieux, le protocole simple et sans luxe de la monarchie macédonienne a rencontré un cérémonial fastueux et les règles de la Cour achéménide. Le sac de Pârsa, livrée aux flammes, fut une catharsis en souvenir des infamies subies sur notre propre sol jusqu'à Athènes au cœur de l'Attique et de la profanation contenue par miracle à Delphes, et non pas l'explosion d'une rage face à la munificence d'un Orient qui serait apparu supérieur au monde grec.

Humeur belliqueuse et avidité pour les richesses ont été supplantées par la fascination pour un inconnu mythique. L'Orient nous a ainsi révélé des réalités au-delà des apparences. À Babylone – où je suis entré en 331 et dont la taille était cinq fois celle d'Athènes –, les jardins suspendus, leur alimentation en eau par des mécanismes complexes de norias ne visaient pas au seul étalage du luxe et de la richesse et à la volupté. L'accession aux niveaux supérieurs était en réalité, comme avec ces tours en spirale appelées « ziggourats », la représentation du cheminement vers le ciel. À Pasargades, la ville sainte proche de Persépolis, j'ai d'ailleurs honoré la tombe de Cyrus par rapport à qui, selon Hérodote, « *aucun Perse ne se jugea jamais digne d'être comparé* ».

Le grand dessin de la découverte d'un Orient mystérieux s'en trouva conforté, mais celui-ci est encore un mirage et il demeure caché. En 327, en Bactriane, j'ai épousé Roxane, dont le nom signifie « lumière », qui est aujourd'hui enceinte pour la deuxième fois. Cette union des races, auxquelles les dieux ont successivement dévolu la domination du monde, ne correspondit pas au projet d'une simple alliance ; elle fut finalement l'incarnation de l'idéal suprême de ma politique. J'avais d'ailleurs refusé de Darius, il y a plusieurs années, la main de sa fille. J'avais alors dit à Parménion, compagnon de mon père Philippe II enclin à être un temporisateur, qui me pressait en octobre 333 d'accepter les offres du Grand Roi, dont sa fille : « *je les accepterais si j'étais Parménion* ». Mais Alexandre n'était déjà plus le Macédonien.

Les noces de Suse, célébrées il y a quelques mois, ont démontré une nouvelle fois que l'entreprise était autre. Il s'agissait de marquer les esprits et d'exprimer une fusion durable de l'Orient et de l'Occident. Mes officiers, qui ont épousé des princesses perses, et dix mille de mes soldats qui ont suivi leur exemple avec des Asiatiques verront leur descendance s'étendre sur des siècles. J'ai moi-même donné l'exemple en épousant finalement Statera, la fille de Darius ainsi que Parysatis, une descendante d'Artaxerxès.

Depuis les batailles d'Issus et du Granique, j'ai bâti un empire dans le fracas des armes, les cris des suppliciés, mais aussi par la construction de villes et de temples dédiés aux dieux. Alexandre s'est finalement laissé gagner par l'Orient dès le pèlerinage à l'oasis d'Ammon. Il est devenu un Grand Roi en refusant l'argent, un pacte d'alliance et enfin la fille de Darius puis en épousant cette dernière neuf années plus tard. Il a aussi épousé un mode de gouvernement. Tel est l'héritage que je laisserai à mes épigones, Ptolemaus et Seleucos. De vastes territoires, en Perse et plus encore en Syrie ou en Égypte, seront dominés pendant des siècles par l'hellénisme. Mais celui-ci aura aussi changé de nature comme en témoignera par exemple, y compris après moi, le développement d'un art produit de la fusion d'influences de la Grèce et de l'Asie.

Aristote, le mentor

Q – Aristote votre précepteur fut un mentor, mais vous êtes devenu Grand Roi. Que retiendra l'Histoire d'Alexandre, de ses conquêtes, de la taille et de la nature de l'imperium macédonien, de son aura auprès de tant de peuples, de Roxane ? Et y aura-t-il même un héritage d'Alexandre ?

A – Tout résultera finalement de l'enseignement de mon maître Aristote. On pourra parler de domination, du rayonnement de l'imperium macédonien, mais il faut évoquer ici une autre dimension. Mon empire ne me survivra finalement que par la séduction qu'il continuera d'exercer. En Orient, l'histoire se mue en effet en légende. Alexandre, vainqueur de l'Orient, aura aussi été vaincu par lui. Un affrontement d'extrêmes opposés aura finalement créé une synthèse supérieure, source de progrès pour l'humanité.

En gravissant chaque jour au petit matin un tertre, je hume les vents. Ceux du Nord-Est restent dominants et l'emportent sur ceux qui m'ont porté depuis la Macédoine. Mais ils ne me ramèneront probablement jamais à la mère patrie. J'ai rapidement compris que la

Grèce ne féconderait pas l'Orient de façon durable, mais qu'Alexandre deviendrait le messager d'un Orient qu'il rendrait compréhensible et attrayant pour des siècles. L'ubris de Dionysos l'emportera sur la perfection solaire d'Apollon. La raison humaine s'effacera face à l'emprise des dieux.

Je me suis gardé d'entièrement détruire parce que je voulais construire et séduire, mais j'ai été finalement subjugué par un ensemble qui nous dépasse et est lui-même paré de tant d'attraits. Beaucoup dépendra aussi du temps qui me sera donné, car il n'y a qu'un Alexandre qui puisse accomplir cette œuvre. Je m'interroge donc sur le lendemain : y aura-t-il encore après moi, dans des siècles, le rêve d'un empire universel ? Sera-ce l'ambition d'un nouveau Grand Roi ?

Pouvoir, mythe et divinité

Q – Mais votre caractère divin n'est-il pas la garantie de la pérennité ?

S'agissant de mon propre culte, celui-ci fut conforme au polythéisme hellénique. Il me permit d'assurer d'abord une autorité morale sur les colonies grecques, puis au-delà. Mais l'on ne m'a jamais rendu un culte dans ma propre patrie et mes compagnons de combat ont toujours été réticents à pratiquer la *proskynèse* en s'inclinant devant moi. En Orient, le divin est lié au vivant, c'est-à-dire à la puissance ; l'un et l'autre peuvent disparaître ensemble.

Q – Mais, Grand-Roi, tout l'univers en cette année 323 ne s'incline-t-il pas devant vous ? Votre ambition dès lors n'est-elle pas de poursuivre de grandes conquêtes, interrompues depuis 325, dans tout l'Oekoumène ?

Il est vrai que mon armée de l'Indus, multiraciale, a représenté l'apogée de mes forces, triples quant au nombre des fantassins et doublant celui de mes cavaliers au début de mes conquêtes. Celles-ci relèvent en fin de compte d'un monde du chaos dont il faut sortir pour accéder à celui des idées. Tel est le véritable *Oekoumène*. C'est d'ailleurs cette dernière supériorité qui a fait la force des Grecs. Outre la phalange macédonienne, qui fut une novation militaire, nous avons vaincu grâce à la géométrie, la mécanique, la physique ou encore l'astronomie. Ampleur de la pensée et précision du calcul furent indissociables.

Ce faisant, nous avons pensé accroître la liberté de l'homme afin de restreindre l'arbitraire des dieux. Mais Prométhée n'a-t-il pas été enchaîné au Caucase pour avoir dérobé le feu du ciel ? La lutte entre l'homme et les dieux sera éternelle jusqu'à leur réconciliation. Bien que j'aie essayé de mettre un terme aux grandes conquêtes, ce point d'aboutissement sera-t-il atteint ? L'Orient m'a peut-être néanmoins mis sur la voie : l'extase mystique et l'attachement à l'essence des choses l'emportent sur la recherche des apparences ; la sagesse y est préférée à celle de la connaissance pure. Il est important que la lumière ne s'éteigne plus et la véritable ivresse est celle de l'infini.

Chevauchée vers l'éternité

(Alexandre se lève mettant un terme à l'entretien. On lui amène un cheval qui n'est plus le fidèle Bucéphale qu'il avait dompté dans sa jeunesse et qui l'accompagna jusqu'en 326 en Bactriane. Quelques compagnons de chevauchée vont l'accompagner tandis que le cortège de Roxane prend déjà la direction de Suse. Alexandre part de son côté vers une destination mystérieuse.

On évoque dans son entourage un lieu sacré. S'agirait-il d'une nouvelle oasis de Siwah où l'oracle d'Ammon lui avait confirmé sa naissance divine et prédit la domination mondiale et la victoire infinie ? Celle-ci doit-elle être toujours renouvelée dans une quête d'absolu ? On murmure qu'il pourrait s'agir de Nisa ou Nysai dont l'homonymie rappelle des cités fondées aux confins de l'empire dont le nom même était dérivé de celui de Dionysos, une divinité finalement terriblement humaine.

Quoi qu'il en soit, il est prévu qu'Alexandre se rende en ce printemps 323 à Babylone. C'est là où tout a véritablement commencé, où le Macédonien a découvert à la fois la splendeur monumentale, la prospérité commerciale et l'exaltation dionysiaque, où il a pris pied sur le sol d'un empire qu'il a réussi à supplanter et dont on peut augurer que le legs illuminera les siècles.)

Épilogue

Un monde baroque
mi-grave, mi-voluptueux

Nous évoluons, vu de l'Ouest, dans un monde que l'on pourrait qualifier de baroque, fait de violence mais aussi de jouissance incontrôlée et de liberté exacerbée ne s'imposant aucune limite quant à des transformations dites sociétales. Le monde baroque fut historiquement lié à la Contre-Réforme et s'avéra une révolte contre l'austérité, l'éloignement de la nature et pour tout dire contre une forme de conservatisme ; ce soulèvement intellectuel et artistique conduisit à une exubérance décorative et à l'explosion des sens. De ce fait, le mouvement fut aussi l'expression d'un monde instable en contrepoint du classicisme ; nous vivons désormais dans un temps où le système international est extrêmement volatil, où les sociétés s'affranchissent de toute règle en voulant par exemple contrôler – de manière prométhéenne – tant le début que la fin de vie, ce qui n'est pas sans comparaison avec ce grand moment de la civilisation européenne historiquement daté.

L'essence du Baroque

L'essence du Baroque du XVIe au XVIIIe siècle est fondamentalement une opposition entre l'ombre et la lumière. La légèreté alterne avec la somptuosité des pièces sombres quand il s'agit de la musique. L'approche est mi-grave, mi-voluptueuse, dans la tradition des grandes figures de la Renaissance italienne du *Quattrocento*, tel Laurent de Médicis dit encore *Le Magnifique*. Il est vrai que nous cultivons souvent l'amour de l'ombre comme Xerxès dans le célèbre Largo *Ombra mai fu* (l'ombre n'a jamais été) de l'opéra de Haendel. Mais c'est en vain car la lumière peut s'imposer aussi à nous, malgré nous.

Finalement, le Baroque a une orientation résolument optimiste. La lumière triomphe, par exemple de la Reine de la Nuit, incarnation du mal (« *un vautour avec une voix de rossignol* »), dans *La Flûte enchantée* de Mozart, opéra maçonnique par excellence traduisant une déchristianisation avant l'heure, mais empreint de spiritualité avec le culte d'Isis et d'Osiris hérité de l'Antiquité égyptienne. Le Grand prêtre Sarastro conclut l'opéra par l'évidence et la sagesse selon laquelle : « les rayons du soleil chassent la nuit » (*die Strahlen der Sonne vertreiben die Nacht*). Le parcours initiatique nous conduit en effet de la nuit parsemée d'étoiles au jour resplendissant de soleil. Pouvoir, bravoure, amour naturellement mais associé à la vertu, travail, arts, amitié, vérité et finalement harmonie (*Macht, Tapferkeit, Liebe/Tugend, Arbeit, Künste, Freundschaft, Wahrheit und Harmonie*), au son de la flûte protectrice, sont le fil conducteur et les concepts clés et repères de l'existence.

Réforme et Contre-Réforme

Paradoxalement, la Contre-Réforme, mouvement échevelé orienté contre le protestantisme, finit par rétablir les ordres religieux, sinon l'ordre, et les jésuites furent parmi les plus actifs au sein de ce mouvement général. Mais dans ce monde baroque, l'Église catholique – mais l'on pourrait parler aussi des forces centrifuges au sein de l'islam, jusqu'à son expression la plus extrémiste – se trouve sans doute aujourd'hui à un moment qui s'apparente à celui de la Réforme protestante. Quelques similitudes de situation peuvent même être identifiées avec l'Allemagne du XVIe siècle.

Il s'agissait alors de faire face aux dysfonctionnements de l'Église romaine (cf. les « curetons » débauchés ; les papes se comportant en souverains, tel Léon X, fastueux mécène, fils de Laurent le Magnifique) dans un climat de profond désordre économique et social (cf. la Guerre des Paysans de 1525). Il faudrait ici parler de Thomas Münzer – l'un des chefs religieux de la Guerre des Paysans et l'un des grands protagonistes de la Réforme – tout autant que de Martin Luther qui prit finalement le parti des puissants (« *Chers seigneurs, poignardez, pourfendez, égorgez à qui mieux mieux* ») et mit fin au protestantisme révolutionnaire. L'inspiration essentielle du mouvement de la Réforme fut qu'il fallait revenir aux origines du christianisme, c'est-à-dire dans la pratique aux écritures (cf. « *le véritable trésor de l'Église, c'est le saint Évangile* », selon les thèses de Wittemberg). Pour Luther, auteur de ces thèses affichées à la veille de la Toussaint 1517, « *un chrétien est le maître de toute chose et n'est le sujet de personne* », ce qui est l'affirmation de la libre interprétation (sola fide), sinon du libre arbitre.

Crise de conscience européenne

Il faudrait relire Paul Hazard et son ouvrage *La Crise de la conscience européenne (1680-1715)* publié en 1961. Le grand basculement de la civilisation européenne est analysé à la fin du règne de Louis XIV. Le XVIIe siècle aima les contraintes, les dogmes, l'autorité, alors que le XVIIIe siècle les détesta, nous dit l'auteur ; au droit divin, s'opposa le droit naturel ; à une société de classes, le principe de l'égalité ; au siècle de Bossuet, succéda celui de Voltaire. L'homme devint la mesure de toute chose, mais il faudrait parler aujourd'hui d'individualisme et même d'un égoïsme abyssal ; après la société des devoirs, c'est celle des droits que l'on sort de sa poche comme une arme létale. Le manque de cohérence des temps nouveaux réside, en tout cas à l'Ouest, dans la recherche d'une liberté totale, sans la moindre entrave, qui soit en même temps garantie par la protection et le confort d'un ordre classique ayant disparu.

Dans sa recherche éperdue du bonheur, l'Europe a oublié aussi qu'elle n'est plus seule au monde ; l'Occident globalement a du mal à accepter ces nouvelles réalités. Au lieu de la stabilité du monde, il faudrait parler d'une agitation sans boussole. Blaise Pascal disait que « *le plus grand malheur de l'homme est qu'il ne sait pas rester au repos, dans sa chambre* ». Si Racine pouvait se limiter à Paris, cela est devenu inconcevable à l'époque des voyages et aussi des migrations.

La question des finalités n'est plus posée : on vit dans le présent et non plus pour l'éternité ; la crainte de Dieu a disparu et le Vatican, même pour des catholiques, puisqu'il s'agit de se référer principalement à une Europe aux origines chrétiennes, est parfois perçu tout autant comme une organisation non gouvernementale (ONG) que le cœur de la plus puissante religion du monde ; la spiritualité n'a pas entièrement disparu, et ce ne sera d'ailleurs jamais le cas, mais celle-ci ne se situe-t-elle pas en dehors des églises et même parfois contre elles ?

La partie émergée de l'iceberg

S'il ne s'agit de parler que de la France, celle-ci n'a plus la primauté du Grand Siècle à l'échelle du continent européen, voire alors du monde. Elle s'affirma en son temps après une Italie qui n'était plus que la terre des orangers et des ruines (cf. Goethe et sa nostalgie de l'Italie : « *Kennst-du das Land wo die Zitronen blühen?, im dunklen Laub dis Goldorangen glühen* »). À Versailles, centre du monde, on captait les eaux grâce à des bassins et fontaines spectaculaires ; mais tout s'est transformé en un mouvement qui paraît incontrôlable.

De manière plus terre à terre, les promesses, comme toujours, n'engagent que ceux qui y croient. Qui s'opposerait à l'augmentation annoncée du pouvoir d'achat du plus grand nombre ? À l'élévation du niveau et de la qualité de vie en travaillant relativement moins, sans augmenter les impôts ? Qui ne rêverait d'un monde idéal, sans pandémie, sans dérèglement climatique majeur, sans dépendance énergétique et sans guerre à nos frontières menaçant notre continent ?

Les choix véritables et raisonnables doivent tenir compte de toutes ces dimensions et variables. Ils devront également s'assurer de l'identité de ceux qui se retrouvent – et parfois même se cachent – derrière leur champion en véhiculant ou en voulant promouvoir des idées pouvant être contraires aux valeurs de la République, au temps du wokisme – qui n'est plus le seul apanage des campus universitaires américains – et de l'antisémitisme que l'on croyait appartenir à une histoire révolue, ignominieuse et tragique.

Il ne faut pas pour autant désespérer de la politique qui est indispensable aux sociétés et doit demeurer une activité noble : dans l'idéal, elle doit exprimer une volonté et une direction ; l'une ne va pas sans l'autre. C'est la destruction de la politique qui conduit des peuples désemparés aux extrêmes. Les discours politiques et ceux qui les soutiennent doivent être mis en lumière et parfois démasqués – au regard de la nécessité de construire, en permanence – et ne jamais être considérés que comme la partie émergée d'un iceberg.

Réforme et Contre-Réforme s'affrontent aujourd'hui, dans un grand fracas, à l'intérieur des sociétés comme sur la scène internationale où un Monde nouveau dérégulé et multipolaire émerge. Nietzsche distingua l'esprit apollinien – fait de rationalité et de lumière, symbolisé par l'esprit français – de l'esprit dionysiaque – fait de pulsions et de passions mais aussi de profondeur – caractéristique de la pensée et de la sensibilité allemandes. Mais une telle séparation mentale est-elle encore valable en Europe ou ne s'impose-t-elle pas aujourd'hui avec le choc des civilisations ?

Si le Baroque a accompagné la Contre-Réforme, il a aussi précédé le classicisme dont la France fut la plus éclatante incarnation au Grand Siècle. « *Le classicisme est un romantisme maîtrisé* », considéra André Gide. Le grand mouvement de l'Histoire est donc pendulaire et cyclique, mais la révolution de la personne qui succèdera au culte de l'individu sera toujours possible et elle pourra à nouveau transformer l'univers.

28 octobre 2024

Table des matières

À découvrir

René GUÉNON
LA CRISE DU MONDE MODERNE

JDH
ÉDITIONS

Préfacé par Jean-David Haddad

René GUÉNON

ORIENT ET OCCIDENT

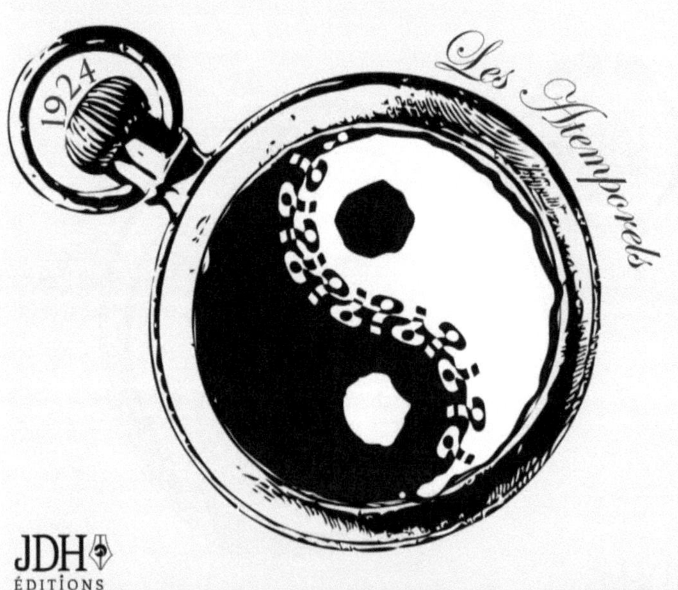

Préfacé par Pierre Vaude

Suivez **JDH Éditions** sur les réseaux sociaux
pour en savoir plus sur les auteurs,
les nouveautés, les projets…
Inscrivez-vous à notre Newsletter sur
www.jdheditions.fr
Pour recevoir l'actualité de nos nouvelles
parutions